심리부검: 사람은 왜 자살하는가?

심리 부검

: 사람은 왜 자살하는가

psychological autopsy : why do people commit suicide

서종한 지음

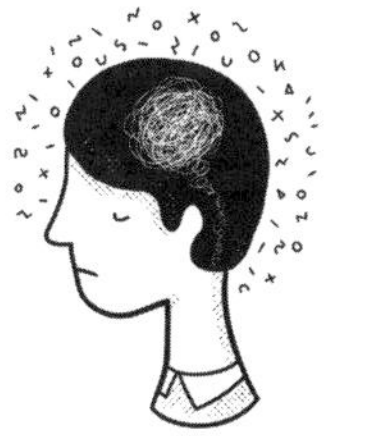

시간여행

말 없는 죽음의 전모를 밝히는 등불, 심리부검

한 해 한국에서만 1만 4천여 명, 하루 약 38명의 사람들이 스스로 목숨을 끊는다. 남은 사람의 마음에는 슬픔과 함께 의문이 남는다.

"고인이 왜 이런 극단적인 길을 택했을까?"

"미리 막을 방법은 없었을까?"

"남은 이들은 어떻게 해야 할까?"

죽은 이는 말이 없어서 우리는 이 질문에 답을 얻을 수 없다. 그러나 심리 과학이라는 도구를 통해 그 답에 가까이 다가갈 수는 있다.

지금으로부터 60여 년 전, 자살학자 에드윈 슈나이드먼은 '심리부검'이라는 과학적 방법을 정립하여 그 길을 열었다. 심리부검은 자살한 사람이 남긴 증거와 자료, 유가족 등 주변인과의 면담 내용을 과학적으로 분석하여 자살 사망자의 심리를 규명하는 것을 말한다. 법의학자들이 시신을 .부검하여 사망 원인을 알아내듯, 사망자의 심리적 흔적을 분석하여 자살의 이유와 그 배경을 알아내는 것이다.

사망자가 세상을 떠나도 자신이 살았던 흔적까지 함께 가져가지는 않는다. 그 흔적은 그가 살아간 장소, 죽음을 택한 장소, 그리고 그와 함께 살아온 사람들의 마음속에 뚜렷하게 남아있다. 이를 두고 슈나이드먼은 "유가족 마음의 벽장 속에는 망자의 심리적 유해가 있다"고 말했다. 심리부검은 이 가슴 아픈 유해를 발굴하는 과정이다. 유가족과 대화하고 망자의 삶을 더듬어가는 과정에서 우리는 그가 무엇을 생각하고 무엇을 견뎠는지, 왜 극단적인 행위를 선택했는지 그 동기와 배경을 만나게 된다.

심리부검은 자살 사망자의 마음속으로 들어가는 문이다. 이를 통해 우리는 그들을 이해하고, 유가족의 아픈 마음을 치유하며, 그들처럼 안타까운 선택을 하는 사람이 한 사람이라도 줄어들도록 예방과 치유의 과정을 마련할 수 있다.

물론 심리부검은 만능이 아니다. 자살하는 사람의 심리를 이해한다고 해도, 누가 자살할지 하나하나 예측해서 미리 막을 수는 없다. 애석하지만 그런 방법은 이 세상 어디에도 존재하지 않는다. 사람마다 세상을 다르게 경험하기 때문이다. 어떤 사람에게는 긍정적인 자극이 되는 경험이 다른 사람에게는 견디기 어려운 스트레스가 될 수도 있다. 따라서 특정한 사건이나 스트레스를 겪었다고 자살 위험이 있다고 단정할 수는 없다.

마찬가지로 전문가들이 특정인의 말이나 행동에서 자살 위험요인을 찾아낼 수는 있지만 그것이 자살 발생 확률을 예측할 수 있다는 의미는 아니다. 주요 우울증 같은 질환은 자살에 중대한 요인으로 작용할 수 있지만 우울증을 겪는 사람이 모두 자살하는 것은 아니다. 즉 자살 위험성이 높다고 평가되더라도 향후에 꼭 직접적인 자살 시도가 있을 것이라고 예단할 수는 없다는 것이다. 마찬가지로 자살 위험성이 낮다고 평가되었다고 해도 자살이 일어나지 않는다고 보장할 도리는 없다. 아무리 자살을 유인하는 요인이 많다고 해도, 반대로 겉보기에 안정적인 요인이 많다고 해도, 삶과 죽음의 무게추는 늘 한쪽만을 누르고 있는 것이 아니기 때문이다. 때로는 삶에 또 때로는 죽음에 무게가 실린다. 우리는 되도록 삶의 추 쪽에 힘이 실리도록 순간순간 노력할 뿐이다.

미국의 유명한 야구선수 요기 베라가 이런 말을 했다. "예측이란 어렵다. 특히 미래에 대해서 이야기할 때는." 그렇다. 미래의 삶도 말하기 어려운데 사람의 삶에서 가장 비극적인 선택인 자살을 어떻게 감히 예측하겠는가?

하지만 그렇기에, 우리는 더욱 더 자살을 연구하고 대비해야 한다. 사람이 자살할 마음을 먹게 하는 단 하나의 원인이나 유형이 존재하지 않는다는 것은, 자살에 무척 다양한 요인이 관여한다는 뜻이다. 우리가 이 요인들을 더 잘 이해하고 더 깊은 주의를 기울인다면, 의식적으로든 아니든 누군가의 자살을 막을 수도 있고 힘들게 살아가는 사람들의 삶을 더 좋은 쪽으로 이끌 수 있을지도 모른다.

몇 년 전《심리부검: 나는 자살한 것을 후회한다》를 펴냈을 때 많은 이들이 격려와 용기를 주셨다. 하지만 예화 중심의 책이어서 다 이야기하지 못한 부분도 있었다. 책을 읽으신 분들로부터 좀 더 구체적인 연구나 접근법에 대한 내용은 없는지, 적극적으로 자살을 예방할 수 있는 매뉴얼은 없는지 수십 차례나 질문을 받았다.

이 책은 그에 대한 나의 부분적인 답이다. 심리상담사들이나 교육 현장의 교사들, 이 문제를 깊이 들여다보고 싶은 독자들에게는 이 책이 나름의 도움이 될 것이라고 믿는다. 함께 고민하고 현장에서 적용해보노라면 어떤 형태로든 현장형 · 실무형 자살예방책을 마련할 수 있지 않을까? 적어도 상담사와 교사들이 현장에서 한 가지 자살 징후, 한 명의 자살 위험자라도 더 찾아내어 상담하고 그들의 이야기에 귀 기울여준다면 지금보다 더 많은 이들의 생명을 구할 수 있지 않을까?

이런 떨리는 마음으로 심리부검의 현장에 여러분을 초대한다.

2018년 가을
서종한

CONTENTS

* 사례에 수록된 이름은 모두 가명이며, 사례들은 일부 각색을 거쳤음을 밝힌다.

1장

심리부검은 무엇인가

생존자의 마음속 벽장에는 자살 사망자의 심리적 유해가 놓여있다.

_ 에드윈 슈나이드먼

01
심리부검의 정의

01 심리부검이란

사망 사건이 발생했을 때 경찰은 현장에 남겨진 물적 증거, 부검 결과 등을 바탕으로 사망 원인을 추정한다. 보통은 사인, 흉기가 발견된 위치 등을 통해 사망 유형, 즉 이 사건이 사고사인지, 타살인지 혹은 자살인지 등을 판단할 수 있다. 하지만 간혹 사인은 알아도 그를 초래한 원인을 명확히 구분할 수 없을 때가 있다. 예를 들어 절벽 아래에서 발견된 시신이 있다고 하자. 검시를 통해 사인이 추락사임을 밝혀내더라도 이것만으로는 사망자가 발을 헛디뎌 떨어졌는지, 남에게 밀려 떨어졌는지, 스스로 투신했는지 판단하기 어렵다.

그런데 자살일 경우는 증거를 얻을 대상이 또 하나 있다. 바로 자살 사망자 본인이다. 사망자는 자살의 실행자이므로, 자살을 결심하고 실행하기까지 주변에 유·무형의 흔적들을 남긴다. 사건 이전 사망자의 말과 행적, 남겨놓은 물건, 생전의 주변 상황 등을 살펴보면 사망자가 어떻게 하여 죽음에 이르렀는지 파악할 수 있다.

현대 자살학의 선구자 에드윈 슈나이드먼(Edwin Shneidman)은 이를 심리부검(psychological autopsy)이라고 칭했다. 그는 심리부검을 "사망자의 삶, 생활 형태와 환경, 죽음에 이르게 한 사건과 행동을 재구성하기 위한 사후 조사 과정"이라 정의했다.[1]

심리부검은 현장 조사, 자료 분석, 유가족과의 면담 등을 통해 사망자의 삶과 사망 직전 행적을 다양한 각도로 조망한다. 사망자가 주변에 남긴 것들, 주변 사람들이 갖고 있는 그에 대한 정보, 일정 기간 지속적으로 사망자를 알고 지내온 가까운 사람의 신뢰성 있는 이야기는 사망자에 대해 많은 것을 알려준다.

전문가들은 이를 통해 사망자가 죽음과 삶에 대해 어떤 인식을 갖고 있었는지, 특별하게 죽음에 관심이 있었는지, 자살과 관련지을 수 있는 직간접적 단서가 있는지, 사망자가 살아온 삶의 경로와 사망 직전에 그가 처한 상황은 어떠했는지, 그의 삶 속 자살과 연관된 위험요인들이 죽음을 선택할 정도의 필요충분한 요건을 갖추었는지 등을 꼼꼼하게 판단한다. 사망자가 한 행동이 정말 죽으려는 의도에서 비롯한 것인지도 점검한다.

이렇게 사망자가 스스로 자신을 죽음에 이르게 한 과정을 재구성

1 Shneidman, 1969

함으로써 사망자의 자살 동기를 신빙성 있게 밝혀낼 수 있다. 또한 여러 사례를 대조하면서 사람이 언제 어떻게 자살에 진입하는지를 확인하여 자살예방책을 마련하는 데에 바탕으로 삼을 수 있다. 다시 말해 심리부검이란, 자살이라는 비극을 이해하고 그에 대응하기 위한 경험적 분석 도구라고 할 수 있다.

02 죽음에 이르기까지를 재구성하다

사례 한국 여성 청소년

추운 겨울 아침, 고등학교 1학년 정미영은 친구를 만난다며 집을 나간 후 돌아오지 않았다. 아버지는 그날 밤 경찰서를 찾아 미귀가자 신고를 했다. 다음 날 아침 인근 해안가에서 낚시를 하던 낚시꾼이 바다에 떠 있던 시신을 발견하고 신고했다.

시신 부검

범죄와의 연관성을 알아보기 위해 검시관과 과학수사요원이 시신을 감식했다. 사망자는 키 155cm에 몸무게 40kg 정도의 작은 체격이었다. 집을 나서기 전 입었던 옷을 그대로 입고 있었으며 소지품도 없어진 것 없이 그대로였다. 머리와 어깨 부분에 심한 타박상이 있었으며 심하게 긁히거나 피가 날 정도의 찰과상은 보이지 않았다. 성폭력의 흔적이나 타인의 위력에 의한 상처, 저항한 흔적은 발견되지 않았다. 부검 결과 사인은 질식사로 밝혀졌다. 높지 않은 곳에서 뛰어내린 후 그 충격으로 정신을 잃고 물속에서 호흡을 하지 못해 죽음에 이른 것으로 판단되었다.

사망 당시 상황

미영은 부모님과 자주 찾던 바닷가 절벽에서 뛰어내렸다. 버스가 다니지 않는 장소라 택시를 타고 갔다. CCTV에도 미영이 뛰어내리는 장면이 잡혔다. 미영은 한동안 바다를 보며 서 있다가, 잠시 후 펜스 너머로 사라져버렸다.

부검과 수사 결과를 종합하면 미영의 죽음은 자살이 명확해 보인다. 하지만 스스로 뛰어내렸다고 해서 모두 다 같은 자살은 아니다. 심리부검은 가시적인 증거에서 한 발짝 더 나아가, 심리적 측면에 초점을 두어 사망자의 주변 상황을 조사한다. 협박이나 괴롭힘 등 자살에 영향을 줄 수 있는 외부의 위계가 있었는지, 사망자의 삶이나 환경에 자살에 이를 만한 특정한 위험요인이 있었는지 살피는 것이다. 조사는 사망 당일에서 시작하여 단계적으로 거슬러 올라간다.

사망 당일

미영은 그날 절친한 친구 상희와 심하게 다투었다. 상희는 미영에게 유일한 또래 친구였다. 학교에서 미영이 상희의 남자친구를 꼬신다는 거짓 소문이 돌았고 상희는 소문을 믿고 미영에게 화를 냈다. 상희는 미영의 뺨을 때리며 욕설을 퍼부었고 다시는 만나지 말자고 말하곤 헤어졌다.

사망 전 1년간

고등학교에 진학한 후부터 미영은 학교에 적응하지 못했다. 오랜 친구 상희 이외에는 어울리는 친구가 없었다. 미영은 사람을 대하는 데 서툰 편이었다. 직설적인 말투와 방어적인 태도 때문에 또래와 갈등을 빚었으며 충동성이 강하여 타인의 발언에 상처받고 화를 내는 일이 자주 있었다. 오랫동안 아토피성 피부염을 앓아와, 피부나 외모와 관련된 말에 격한 반응을 보였으며 그로 인해 같은 반 친구들과 심한 말싸움을 여러 번 했다.

미영과 사이가 나쁜 반 친구 몇 명은 미영을 지속적으로 괴롭히며 따돌렸다. 뒤에서 험담을 하거나 "여러 남자와 사귄다", "술집을 다니고 있다" 등 악의적인 소문을 꾸며내 동급생 모두가 가입해 있는 카페에 올렸다. 미영은 점차 반 전체로부터 노골적으로 따돌림을 받기 시작했다. 미영의 일기장엔 "친구들은 내가 없으면 나에 대해 수군거린다. 내가 뭘 잘못했는지, 내가 무슨 나쁜 짓을 했는지 알 수가 없다. 난 늘 혼자였으니깐. 왜 나를 괴롭히는 걸까? 왜 나에게 상처를 주는 걸까? 못된 인간들, 복수하고 말 거야!"라고 쓰여 있었다.

가족과도 거리를 두고 지냈다. 미영은 조각을 공부하고 있었지만, 고등학교 입학 후 학업성적이 곤두박질쳤고 조각도 그만두었다. 아토피성 피부염으로 인한 가려움증과 피로감 때문이었다. 미영은 조각 공부를 뒷바라지해준 부모님에게 실망을 안긴 것에 죄책감을 느꼈다. 자신을 짐이라고 여기며 대부분의 시간을 방에서 혼자 보냈다.

미영의 주변 상황을 살펴볼 때, 자살에 크게 영향을 미친 위험요인은 학교폭력이고 직접적인 방아쇠가 된 사건은 친구 상희와의 절교라고 볼 수 있다. 미영은 지속적인 따돌림과 괴롭힘으로 고립된 느낌을 받고 있었으며 자아효능감에도 문제가 있었다. 자신이 부모님께 짐이 된다고 여겼으며 나쁜 소문이 퍼지면서 사람들이 자신을 알아주지 않는다고 느꼈을 것이다. SNS에는 수시로 미영을 비방하는 글이 올라왔고, 사망 당일 상희를 만나기 위해 집을 나섰을 때도 자신에 대한 욕설 댓글을 읽었다. 상희가 소문을 믿고 절교를 선언했을 때, 미영은 완전하게 고립되었다고 느꼈을 것이다.

그러나 고립감이나 좌절감을 느끼는 사람이 꼭 자살에 취약해지는 것은 아니다. 심리부검은 사망자에게 '자살 의지가 있었는가'를 집중적으로 검증한다. 동기가 무엇이든 죽음에 대한 두려움을 견디고 생존 본능을 거스르면서 자살을 택했다면 그에 상응하는 수준의 의도와 충동이 있었을 것이다. 사망자의 마음속에 그만큼의 자살 의도가 존재했는지 심리부검을 통해 확인해야 한다.

고통에 대한 반응성

미영은 어렸을 때부터 아토피성 피부염 때문에 만성적인 스트레스를 받아왔다. 가려움증이 심할 때면 집중력을 잃고 우울 증상을 보였다. 정신과 치료를 받고 한동안 약물을 복용했다. 미영을 담당한 정신과 전문의는 미영의 상태에 대해 "만성적으로 신경성 두통을 앓았고 악몽, 수면장애, 신체적 혹은 정신적 고통에서 벗어날 수 없다는 무기력감이 늘 뒤따랐다"고 했다.

자살에 대한 생각과 자살 시도 이력

미영이 남겨놓은 일기장에는 죽음과 관련된 단어가 수차례나 등장하고 있었다. 자신을 "죽어도 싸다"는 등으로 비하하는 말, "(가해자를) 죽어도 용서하지 않을 거다"와 같은 말이 등장했다. 그 외에도 부모님에 대한 미안함, 반 친구들에 대한 극심한 화와 적개심 등 절망, 미래에 대한 비관, 무망감을 표현한 내용이 많았다.

이전에 아토피성 피부염이 심해지자 죽기 위해 자신이 사는 아파트 옥상에 올라가 문을 잠그고 내려오지 않은 일이 있었다고 한다. 부모가 죽음과 관련된 메모와 유서를 발견한 적도 있었다.

미영은 오랫동안 신경성 두통을 앓았고, 가려움증 등 여러 육체적 고통을 겪으며 고통에 무감각해진 상태였다. 이에 더해 학교에서 정신적인 폭력을 당하고 있었다. 이처럼 고통과 폭력에 지속적으로 노출되었던 사람은 자살의 고통과 두려움에도 상대적으로 무감각해질 우려가 있다. 실제 미영의 행동과 글 등을 보면 평소 죽음을 크게 의식하고 있었음을 알 수 있다.

조사를 통해 미영의 자살 의지를 확인할 수 있었고, 이 청소년의 죽음은 학교폭력과 우울증 등에 원인을 둔 자살로 결론이 났다.

이렇게 심리부검에서는 자살 사망자의 발견 시점부터 삶 전반에 걸쳐 탐색을 진행한다. 특히 자살 실행 현장은 경찰 수사만이 아니라 심리부검에서도 무척 중요하다. 사망자가 스스로 선택한 장소에서 스스로 선택한 방식으로 자살을 실행한 그 현장에는, 사망자의 두려움과 고통이 고스란히 드러나있기 때문이다.

사망자는 자살이 임박한 시점, 그리고 감정이 정점에 이른 자살 시도의 순간에 많은 흔적을 남긴다. 사망자가 자살을 시도한 방식, 발견 당시 사망자의 상태, 사망자가 현장에 남긴 물건과 흔적, 최초 발견자가 누구인지 등을 세심하게 살펴보는 것이 자살의 원인을 찾는 데 중요한 시작점이 된다.

현장에서 시작한 조사는 사망자의 발자취를 따라 그의 삶을 되돌아가가며 진행된다. 사망 직전 시점부터 태어난 시점까지 회귀하며 사망자의 심리를 이해할 단서를 찾는다. 미영의 경우는 미성년이었기에 사건 전 몇 년간을 살펴보면서 많은 것을 알 수 있었지만, 성인 사망자는 수십 년 전 과거까지 거슬러 올라가는 일도 흔하다. 결국 그 모든 과정은 "그 사람이 왜 자살했을까?"라는 하나의 질문에 대답하기 위한 끝나지 않는 노력이다.

02
심리부검의 역할

01 왜 죽었는가를 밝힌다

모든 심리부검은 망자의 사후에 이루어진다. 망자가 무슨 생각을 했고, 무슨 어려움을 겪었는지 알아내도 떠나간 망자는 돌아오지 않는다. 그렇다면 심리부검에는 어떤 의미가 있을까?

심리부검의 핵심 목적은 모든 이가 의문을 갖는 한 가지 문제에 답하는 것이다. "사망자가 왜 죽었는가?" 이 질문을 던지는 사람들의 숫자만큼 심리부검이 할 수 있는 역할도 다양하다. 유가족과 수사기관의 의문에 답하는 것은 물론, 자살에 대한 연구 자료나 심리치료 · 상담 자료도 될 수 있다. 정부의 자살예방 정책 수립에도 활용될 수 있다.

실제 심리부검은 여러 현장에서 다양한 목적으로 활용된다. 우선 심리부검은 사망 유형을 과학적으로 검증·규명하여 부검의, 법의조사관, 형사, 법의인류학자, 법심리학자, 과학수사요원 등 다양한 전문가들을 지원할 수 있다.

심리부검으로부터 알게 된 자살에 관한 정보는 누적과 분석의 과정을 거쳐 자살 위험 징후를 판별하는 데에도 활용할 수 있다. 자살하려는 사람의 말이나 행동에서 나타나는 징후를 판별할 수 있다면 추후에 자살 위험성이 높은 사람을 대상으로 사전에 개입하고 치료하는 데 도움을 줄 수 있다. 또한 이런 정보와 지식은 의사, 정신건강 전문가, 상담가들의 현장 상담에도 큰 도움이 된다.

심리부검은 사망자의 유가족에게도 큰 의미를 갖는다. 심리부검이 밝혀주는 진실이 유가족의 마음 가장 깊은 곳에 있는 의문을 풀어줄 뿐 아니라, 심리부검 진행 과정도 유가족에게 치료적 효과를 발휘한다. 유가족들은 심리부검 전문가와 면담하면서 심리적인 해소감을 얻을 수 있고 애도하는 과정에도 도움을 받는다.[2]

심리부검의 목적은 대상이 되는 사례의 수에 따라서도 나눌 수 있다. 단일 자살 사례에 대한 심리부검은 사망자가 죽음에 이르는 과정에서 스스로 어떤 역할을 했는지 재구성하는 것이 일차 목적이다. 이때는 사망자에게 자살 의도가 있었는지가 가장 중요한 탐색 지점 중의 하나가 된다.

두 건 이상의 사례를 대상으로 하는 심리부검은 대개 이들 사례에서 나타나는 공통된 자살 원인을 찾아내는 것을 목적으로 한다. 특정

---

2 Henry, & Greenfield, 2009

지역이나 계층에서 집단적 혹은 연속적으로 자살이 발생할 경우 심리부검을 통해 주요 원인을 파악하고 그에 맞는 예방책을 마련할 수 있다. 혹은 향후 자살예방에 필요한 전략과 계획을 마련하기 위해 여러 사례를 대상으로 사례-대조 연구(case-control study)를 진행하기도 한다. 일련의 자살 사례에 대한 심도 있는 이해, 자살 위험요인과 관련된 사례-대조 연구를 통해 우리는 자살 위험군에게 차별적으로 나타나는 특징들을 살펴볼 수 있다. 이를 통해 무엇이 자살을 불러오는 위험요인인지 파악할 수 있고, 이를 기반으로 합리적인 수준에서 대상자 혹은 대상 집단의 자살 위험성을 탐색하거나 자살예방 정책을 수립할 수 있다.

궁극적으로, 심리부검은 우리에게 자살을 이해하게끔 하는 길잡이 역할을 한다. 자살은 감당하기 어려운 비극이지만, 자살을 이해함으로써 우리는 좌절하거나 두려움에 빠지지 않고 그에 대처할 희망을 가질 수 있다.

"왜 죽었는가"에 의문을 품는 것은 살아남은 사람이다. 심리부검은 근본적으로 사망자의 지난 삶을 반추함으로써 현재 살아있는 사람을 돕는 일이라고 할 수 있다.

02 어떻게 죽었는가를 밝힌다

살인 사건의 범인을 체포한 후 경찰이 반드시 진행하는 것이 현장 검증이다. 사건이 어떤 방법, 어떤 순서로 진행되었는지를 실행자 본인에게 확인하여 모든 단서와 정황이 맞아떨어지는지, 풀리지 않은 수수께끼는 없는지 검증한다.

그러나 자살은 이러한 검증이 불가능하다. 자살로 추정되는 사건이라고 해도 현장에는 의문이 남기 마련이다. 사망자가 어떻게 해서 사망했는가? 왜 그 방법을 택해서 자살했는가? 그 장소, 그 시간에 사망하게 된 것은 무슨 이유 때문인가? 현장 상황을 바탕으로 어느 정도 추정은 할 수 있지만 검증되지 않으면 추측에 불과하다. 이때 판단의 신뢰도를 높여줄 수 있는 것이 심리부검이다.

각종 증거물로 볼 때 자살이 명백하지만 자살 이유는 불명확하거나 과정에 상식적으로 의문의 여지가 있는 경우, 심리부검은 그 행위의 이유를 밝히는 데 유효하다. 심리부검으로 밝혀낸 고인의 인생관과 가치관, 최근의 심적 변화, 동기, 자살 위험성 유무 등이 현장 상황과 일치한다면 우리는 "어째서 그런 방법으로 자살했는가?"에 대한 답을 얻을 수 있다. 또한 앞서 예시로 든 야산 실족사처럼, 사인은 확실하나 자살인지 타살인지 등 사망의 유형이 확실하지 않은 경우에도 심리부검만이 이 문제를 해결할 수 있는 경우가 허다하다.[3]

특수한 방법으로 자살이 시도되었을 때에도 심리부검이 필요하다. 보통 자살을 시도하는 사람들이 선택하는 방법은 어느 정도 한정되어 있다. 문국진 교수가 지적한 것처럼, 자살하는 사람은 가급적 빨리 죽을 수 있는 방법을 찾으려 하고 본능적으로 그 과정에 고통이

3 Berman, 2005; 서종한 등, 2012

따르지 않았으면 하기 때문이다.[4] 그래선지 자살 시도자가 많이 고려하는 방식은 목 매기, 투신, 음독 순으로 나타난다. 이런 방식은 자살 사망자가 직접 한 행동임을 현장에서 추정할 수 있는 경우가 많다. 하지만 반대 경우, 즉 흔히 시도되지 않는 방식으로 자살이 시도되었을 때는 사망 유형을 판단하는 단계에서부터 어려움이 생긴다. 이때에도 심리부검은 사망자의 행동을 파악하는 데 큰 역할을 한다.

다음 사례는 사망자 이해에 있어 심리부검의 중요성을 보여준다.

사례 미국 여성 의문사[5]

26세 여성이 공영 수영장의 야외 풀장 내에서 숨진 채 발견되었다. 수영장의 출입구는 잠겨있었고 주변에는 날카로운 펜스가 쳐져있었다. 사체는 하늘을 보고 누운 채 물에 잠겨 풀장 바닥에 가라앉아있었다. 목 아래 부근이 깊이 잘려나갔고 청바지는 무릎 부근이 찢어진 채 착의 상태였다. 손바닥에서도 방어흔으로 보이는 얕은 상처들이 발견되었다. 흉기는 전기회전톱으로 추정되었다. 피 묻은 회전톱이 근처에 놓여있어서 쉽게 발견되었다. 톱은 긴 전선으로 남자 화장실과 여자 화장실 사이의 전원에 연결된 상태였다.

처음 이 사건에서는 사망자의 상처와 찢어진 바지 등을 근거로 타살 가능성이 제기되었다. 하지만 수사가 진행되면서 타살이 아님을 보여주는 중요한 단서를 발견하게 되었고 사망 유형은 결국 자살로

4 문국진, 1991
5 Berman, 2012

판명되었다.

사망자는 수영장 근처에 살고 있었다. 모친의 말에 따르면 사망자는 우울증과 조현병으로 병원에 입원하여 치료를 받다가 최근 증세가 호전되어 퇴원했다고 했다. 우울증과 조현병은 진단적으로 자살과 관련성이 높다. 모친이 설명한 사망자의 성격이나 행동에서도 자살과 관련지을 수 있는 단서가 보였다. 잇따라 자살 유서가 사망자의 방에서 발견되었는데 죽고 싶다는 바람을 적은 짧은 문구와 자신을 어디에 묻어 달라는 유언이었다.

사망자가 자살을 결심하고 수영장에 왔으리라 전제하고 현장 상황을 재구성했다. 사망자는 출입구가 잠겨 있어 펜스를 넘다가 바지가 찢어졌다. 손바닥 상처는 이때 생겨난 것으로 보인다. 사망자는 긴 연결선을 이용하여 풀장까지 전기톱을 끌고 왔고 직접 톱의 전원을 켠 것으로 판단된다. 사망자는 치명상을 입었으나 숨이 붙은 동안 넓게 트인 장소로 나와 풀에 빠졌다. 죽음을 앞당기기 위한 것이었을 수도 있고 죽음 직전 도움을 요청하려던 것이었을 수도 있다.

이처럼 사망자에 대한 정보는 수사의 매 단계마다 계속 늘어나고 축적된다. 심리부검은 이 과정에서 사망자의 습관, 행동 방식, 성격, 자살 위험 수준을 이해하게 함으로써 사건의 재구성을 돕는다.

03 죽음의 책임 소재를 밝힌다

사례 한국 남성 공무원

젊은 세무 공무원이 아파트에서 투신하여 사망했다. 유서에는 "내가 죽는 이유는 업무 과다로 인한 스트레스 때문입니다"라고 적혀 있었다. 하지만 공무원연금공단은 자살과 업무 과다의 관련성을 입증할 수 없다며 보상 지급을 거절했고, 유가족은 소송을 제기했다.

위 사례는 몇 년 전 고등법원에서 재판을 진행한 사건이다.[6] 당시 법원에서는 공무상 재해 여부를 가리기 위해 심리부검을 실시했고, 이를 근거로 재해 인정 판결을 했다. 아마도 한국에서 심리부검 결과를 법적 증거로 인정한 최초의 사례가 아닌가 한다.

법원에서는 심리부검 전문가인 정신과 전문의를 감정인으로 선정했다. 감정인은 사망자를 잘 알고 지내온 직장 동료, 선후배, 가족 등을 상대로 장시간 면담을 진행했다. 그 결과 사망자에게 과중한 업무 스트레스가 석 달가량 누적되어있었음이 밝혀졌다. 당시 사망자는 기존의 업무에 더하여 추가 업무를 맡게 되었지만 약속한 인원 충원 없이 계속 업무를 책임져야 했다. 그러던 와중에 특별 승진 대상자에서 제외되는 등 좌절감과 상실감을 경험했고, 이후 우울증·불면증·체중 감소 등 정신건강 이상 증상을 보였다. 고등법원에서는, 1심 판결과는 달리 "중증의 우울증으로 정신적 억제 능력이 현저히 떨어진

---

6 고법판결, 2013; 서울고법 행정 9부 부장판사 박형남; 이에 대한 1심 판결 서울행정법원 2012. 7. 20. 선고 2011구합3272 판결 내용을 참고

상태에서 공무상 스트레스와 절망감이 함께 작용해 고인이 자살했기 때문에 업무와 사망 사이에 인과관계가 있다"며 유가족의 손을 들어주었다.

자살 사망자가 외부 요인으로 인해 자살에 몰렸을 경우, 심리부검은 그 책임이 어디에 있는가를 밝히는 데 중요한 역할을 한다. 산업재해를 비롯하여 협박 등 타인의 위계에 의해 사망자가 '타살적 자살'을 맞이한 경우 가해자에게는 직·간접적인 책임이 존재한다. 학교나 직장에서 따돌림, 구타, 성희롱, 폭력 등의 괴롭힘을 받아온 사람, 억울한 누명을 쓰거나 사기를 당한 사람이 자살 행동으로 항변할 경우 그 가해자들이 일정 부분 자살 사망자의 죽음에 원인을 제공한 것으로 보고 민사 혹은 형사상 책임을 지울 수 있다. 또한 일반적으로 자살은 생명보험청구의 대상이 아니나, 위와 같이 자살 사망자가 타인의 위계와 위협에 의해 자살한 경우 보험사는 유가족에게 보험금을 지급할 의무가 생긴다.

하지만 특정 개인이나 집단에 자살의 책임을 묻는 것은 쉽게 할 수 있는 일이 아니다. 공평하고 정확한 판단을 위해서는 합리적이고 신뢰성 있는 검증이 필요하다.

심리부검 전문가는 경찰이나 보험조사원, 근로복지공단 조사원 등에 비해 형식에 구애받지 않고 다양한 자료와 진술을 확보할 수 있으며, 보다 전문적이고 포괄적으로 정보를 분석할 수 있다. 따라서 법관 등 사실 판단자에게 더 풍부하고 다각적인 정보를 제공하여 사건

의 실체적 규명을 도울 수 있다.[7]

그만큼 심리부검 전문가가 객관성과 신뢰성을 담보하는 것이 중요하다. 법정 심리부검 감정인은 심리부검 분석 결과에 대해 편향과 왜곡을 최대한 배제하고 객관적인 사실에 근거한 판단을 합리적으로 기술할 수 있어야 한다. 또한 자살 사망자의 주변인들이 금전적 보상을 위하여 사망자에게 유리한 진술을 할 경우 이러한 정보를 배제하거나 진위 여부를 판단할 수 있어야 하며, 이를 검증하지 못한 경우는 심리부검 결과에 한계가 있음을 보고서에 명시해야만 한다. 또한 타 기관에서 조사한 증거와 수집 절차와 내용에서 차이점이 있다면 이를 논리적으로 설명할 수 있어야 한다.

향후 국내 법정에서 심리부검이 증거능력을 인정받기 위해서는 현장에서 활동하는 전문가들이 충분한 자질과 자격을 갖춤과 더불어, 충분한 연구가 축적되어 심리부검 도구의 과학적 타당성과 신뢰성이 학계에서 폭넓게 인정받을 필요가 있다.

04 자살 생존자를 치유한다

자살 사망이 발생했을 때 가장 큰 고통을 겪는 것은 자살 생존자, 즉 유가족이다. 유가족은 큰 충격과 상실감을 겪을 뿐 아니라, 사망자를 제때 도와주지 못했다는 생각, 자신 탓에 사망자가 자살했을지 모른

7 Berman et al., 2006

다는 생각 등으로 심한 죄책감에 시달린다. 이때 심리부검은 생존자들이 자살에 대처할 수 있도록 도움을 주는 치료 도구가 될 수 있다.[8]

심리부검에는 사망자의 유가족과 주변인의 협조가 반드시 필요하다. 훈련받은 면담자가 유가족과 면담을 진행함으로써 사망자의 삶 전반에 관한 정보를 얻는다. 사망자가 평생에 걸쳐 겪은 중요한 사건뿐 아니라 일상생활, 학교나 직장에서의 인간관계, 지병과 정신질환 등 많은 것이 고려의 대상이 된다. 면담자에게 이러한 정보를 제공하는 과정에서 유가족은 망자의 삶을 보다 폭넓게 돌아보게 된다. 특정한 사건이 원인이라는 생각에서 벗어나 자살에 연관된 여러 원인을 복합적으로 파악할 수 있는 것이다.

캐나다 맥길 대학에서 진행한 연구에 따르면 심리부검 면담을 한 유가족 중 20%가량이 망자의 죽음에서 새로운 의미를 찾게 되었다.[9] 한 모친은 아들의 죽음에 대해 줄곧 자신을 비난하고 있었다. 모친은 사망 전에 있었던 아들과의 심한 다툼에만 초점을 맞추고 그 사건이 자살의 원인이 되었다는 생각에 빠져 있었다. 하지만 심리부검은 사망자가 겪었던 고통과 어려움이 모친에게만 원인이 있는 것이 아니라 오랜 기간 동안 포괄적으로 만들어진 것임을 보여주었다. 이런 새로운 분석과 조망을 통해 유가족들은 지나친 죄책감으로부터 조금씩 벗어날 수 있다.

---

8 Henry, & Greenfield, 2009
9 Henry, & Greenfield, 2009

또한 유가족들은 심리부검에 협조하면서 이타적이고 의미 있는 일에 참여한다는 느낌을 받는다. 심리부검을 통해 얻는 과학적 지식은 효과적인 자살예방 정책을 세우는 데 큰 역할을 한다. 아픈 경험을 공유하는 것은 힘든 일이지만, 유가족들은 자신들의 도움으로 향후 일어날지 모를 또 다른 자살을 막을 수 있다는 희망을 가질 수 있다. 반려자를 잃은 한 유가족은 심리부검 면담 후 이렇게 말했다.

"그렇게 불행하게 떠날 수밖에 없었던 남편을 위해, 할 수 있는 일은 다 하고 싶었습니다. 자살을 예방하는 것 말고는 다른 방법이 없다는 생각이 들었어요. 두 번 다시 자살이라는 비극이 세상에 벌어지지 않기를 간절히 빌었습니다."

사회와 타인을 위해 기여할 수 있다는 생각은 유가족이 죄책감과 무력감을 경감하고 긍정적인 감정을 경험하도록 도와준다. 의미 있는 참여를 통해 유가족 스스로가 더 건설적으로 상실을 경험할 수 있는 길이 열리는 것이다.[10]

셋째로, 심리부검은 자살 생존자에 대한 지원을 이끌어내고 고립을 완화하는 데 도움을 준다.

우리 사회에서 자살은 언급하는 것조차 금기시된다 해도 과언이 아니다. 도덕적 · 종교적 · 사회적 이유로 자살 사망자를 비난하는 사람이 많다. 유가족과 주변인들도 쉽게 비난과 낙인찍기의 대상이 된다. 이러한 상황에서 자살 생존자들은 사회적 고립에 빠지기 쉽다. 깊

10 Hanus, 2001

은 상실과 아픔을 경험하고 있는, 세상의 보호와 연대를 가장 필요로 하는 상황에서 오히려 사회적 연대로부터 단절되는 것이다.

옥스포드대학 자살연구소 교수 키스 호톤은, 자살 생존자들이 심리부검 면담을 통해 상실에 대해 마음을 열고 타인과 이야기할 기회를 제공받는다고 말한다.[11] 이는 결국 고립을 완화하는 데 일조한다. 사망자의 죽음에 관해 친지나 가족들과 이야기하지 않으려 하는 유가족이라도, 면담자를 상대로는 입을 열 가능성이 있다. 사망자에 대한 원망이나 분노와 같은 부정적인 감정도 상대적으로 쉽게 드러낼 수 있다. 일단 자신의 감정을 이야기하고 그것이 받아들여지는 경험을 하고 나면 생존자는 면담자가 아닌 다른 사람에 대해서도 보다 열린 태도를 갖게 된다.

예전 진행한 면담에서 한 유가족은 자식의 죽음에 대해 면담자가 자신을 비난할 것 같은 두려움을 느끼고 있었다. 하지만 면담 중에 곧 그렇지 않다는 것을 깨달았다. 그는 자신이 자식의 자살에 대해 이야기하기를 꺼려온 것이 어쩌면 죄책감 탓일지 모른다고 생각하게 되었고 이후 진실하고 솔직하게 이 문제를 직면할 수 있었다.

유가족은 공통적으로 심한 죄책감을 경험한다. 그 고통 때문에 이들은 타인으로부터도 비난당한다는 느낌을 받거나 자신이 위로받을 자격이 없다는 생각을 갖고, 두려움과 불신을 겪으며 스스로 고립에 빠지기 쉽다. 하지만 심리부검 면담자는 단죄하거나 비판하는 태도를 일체 보이지 않고 중립적인 관점에서 사망자의 삶과 죽음에 대한

11 Hawton et al., 1998

정보들을 받아들인다. 이 과정에 함께하는 동안 유가족은 자신이 이제까지 거부해온 많은 감정들을 수용하고 통합할 기회를 얻을 수 있다. 심리부검 면담은 이들에게 자신이 무관심 속에 버려졌거나 혼자가 된 것이 아니라는 것을 경험하게 하고, 다른 사람과의 유대를 다시 확립하도록 도움을 준다.

네 번째, 심리부검은 유가족이 상실을 받아들이도록 돕는다. 감당할 수 없는 충격을 맞이했을 때 현실을 부인하는 것은 자살 생존자뿐 아니라 많은 이들이 보편적으로 보이는 방어 행동이다. 보통은 시간이 지나면서 자연스럽게 수용이 이루어지지만, 경우에 따라서는 시간이 지나도 상실이 거부된 채로 남을 수 있다.

그러나 영구적이고 돌이킬 수 없는 상실을 받아들이는 것은 죽음에 대처하는 데 있어 매우 중요한 과정이다. 이 단계를 거치지 않고는 진정으로 슬퍼하고 망자를 애도하는 시간을 가질 수 없기 때문이다. 죽음을 받아들이기를 거부하는 생존자는 슬픔과 비탄 같은 자신의 감정 또한 거부하면서 지속적인 고통 속에 남겨지는 경우가 많다.

보통 심리부검은 사망 이후 몇 개월에서 길게는 1~2년 정도의 시간이 지난 후에 이루어진다. 망자의 죽음을 외면한 채 지내온 유가족이, 몇 시간의 심리부검 면담을 진행한 후 죽음 자체에 대한 거부와 저항을 포기하고 애도의 단계로 넘어가는 경우를 볼 수 있다.

몇몇 유가족은 면담 후 이런 소회를 말했다.

"있는 그대로, 내가 알고 있고 말하고 싶은 것을 누군가가 들어줄

때, 내 앞길에 서서히 빛이 들어오는 느낌을 받았어요."

"심리부검을 마치고 세상에 나왔을 때, 나는 더 이상 과거의 내가 아니었습니다. 스스로 걸을 수 있게 되었고 제정신으로 내 발걸음을 실감할 수 있었습니다."

심리부검이 깊은 상실에 대한 치료 역할을 하고 있음을 보여준다.

다섯 번째, 심리부검을 통해 유가족은 적절한 보호와 지원을 받을 수 있다. 대부분의 유가족은 극히 취약하고 보호와 지원이 필요한 상태지만 상실을 겪는 당사자는 이 사실을 잘 모를 수 있다. 심리부검은 사망자의 삶과 죽음뿐 아니라 유가족의 감정 또한 면밀히 들여다봄으로써 당사자가 스스로를 이해하도록 돕는다. 유가족은 면담 과정에서 자신의 감정과 자신이 처한 상태를 보다 명확하고 객관적으로 알 수 있으며, 이를 바탕으로 필요한 도움을 받을 수 있다.

한 부친은 아들의 죽음을 떠올리는 것만으로도 극도의 비탄에 잠겼으며, 종종 자해를 하려는 충동을 겪는다고 고백했다. 3시간의 심리부검 면담 후 부친은 자해에 대한 충동이 아들의 죽음 후에 생겨났음을 인식하게 되었다. 그리고 아들과 삶을 공유하고픈 마음, 아들의 고통을 대신하고픈 마음이 그러한 충동을 부르는 것 같다는 결론을 내렸다. 자해를 하고 싶은 느낌에 대해 상세히 이야기하는 과정에서 부친은 아들에 대한 강렬한 애착, 아들을 구하지 못한 데 대한 무기력감 등을 구체적으로 표현할 수 있었고 자해나 자살에 대한 생각으로부터 벗어날 수 있었다. 또한 그는 면담을 통해 이해받을 수 있다는 생각을 갖게 되었고 이후 심리상담가에게 상담을 받기로 했다.

마지막으로, 심리부검으로 모은 각종 자료와 지표는 보편적인 자살 예방 프로그램뿐 아니라 유가족을 위한 자살 예방 프로그램을 수립하는 데도 쓰일 수 있다. 유가족이 자살 생존자라고 불리는 이유는 이들이 자살에 극히 취약한 상태이기 때문이다. 가족이나 가까운 사람의 자살을 경험한 사람은 자살을 시도할 확률이 현저하게 높다. 심리부검은 면담을 통해 이러한 2차 피해의 발생을 줄이는 역할을 하며, 나아가 유사한 사례에서 도움이 필요한 사람을 찾아내 상담과 지원을 제공하는 등 보다 적극적이고 효율적인 자살 예방 도구를 발전시킬 수 있다.

05 군의문사와 심리부검

사례 한국 남성 군인

20대 남성 최기성이 한강에 투신하여 사망했다. 군 복무 중 휴가를 나와 자택에 머물던 기성은 휴가 마지막 날 부대로 복귀한다며 집을 나섰지만 복귀하지 않았다. 해당 부대는 곧바로 탈영으로 수배를 내렸고 헌병대가 수사를 시작했다. 기성의 부친도 그날 저녁 경찰에 실종 신고를 했다. 기성은 실종 이틀 만에 주검으로 발견되었다.

복무 중이던 군인의 자살은 가족에게는 물론 사회 전체에 큰 충격과 안타까움을 던진다. 일반적으로 군인들은 부대 안에서 공동체 생활을 하고, 군부대의 특성상 안에서 일어나는 일이 외부로 잘 알려지지 않으므로 가족들이 자살의 징후를 눈치 채기가 어렵다. 따라서 군인의 자살은 유가족 입장에서 더욱 청천벽력처럼 느껴질 수 있다.

자살의 원인이 군 내에 있을 가능성이 높다는 것도 유가족의 마음을 더욱 힘들게 한다. 폐쇄적이고 위계적인 문화 속에서 공동체 생활을 하는 것은 당사자에게 큰 스트레스가 될 수 있다. 동료 병사들과 사이가 좋지 않거나, 특히 선임 병사로부터 폭언이나 폭력을 당하고 있다면 상황은 더욱 심각하다. 괴롭힘을 당하던 병사가 총기나 수류탄으로 자살한 사건, 휴가를 나와 복귀 직전에 자살한 사건 등은 이미 숱하게 보고된 바 있다.

그런데 자살 사건이 발생했을 때 군 내부의 사건 사고를 수사하는 군 헌병대는, 우울증 등 개인의 심리적 문제에서 원인을 찾으려는 경향이 있다. 기존에 앓던 정신질환이 사망자의 자살에 영향을 미쳤을 수는 있다. 그러나 자살과 같은 복잡한 문제의 원인을 전적으로 정신질환에만 돌리는 수사 결과는 심리부검 연구자로서 우려스럽다. 군과 같이 특수한 환경에서 벌어진 자살 사건일수록 정신질환의 발생 혹은 악화에 직간접적으로 영향을 준 생활 스트레스와 촉발 사건의 형태와 수준을 면밀히 살펴보아야 한다.

재조사로 밝혀진 진실

기성의 사례에서도 군은 기성의 자살이 우울증에 기인한 것이라고 결론을 지었다. 사망자는 군 복무 이전부터 우울 증상이 있었으며, 성격 문제로 군 생활에 적응을 하지 못해 우울이 심해져 그 결과 자살에 이르렀다는 것이 군의 주장이었다. 수사 결과에 납득하지 못한 유가족은 소청을 제기했고, 얼마간 시간이 흐른 후 법원에서 재심의가 결정되었다.

사망 전 기성은 자택에서 노트에 유서를 남겼다.

"아빠, 엄마, 누나, 미안해. 나 먼저 갈게. 군 생활이 너무 힘들어. 누나, 부모님 잘 돌봐줘. 군대에서 받은 돈, 통장에 있으니깐 찾아서 부모님께 용돈 드려."

유서만으로는 구체적인 자살 동기를 알기 어려웠다. 당시 무슨 일이 일어났는지 알 수 있었던 것은 기성의 누나, 그리고 부대 동기의 진술 덕택이었다. 사건 이후 시간이 흘러 동기는 복무를 마치고 제대한 상황이었다.

누나의 진술 | 휴가를 나왔는데도 우울해 보였다. 사람들도 만나지 않고 활기가 없었다. 혼자 있을 때 커터 칼로 손목을 그은 일도 있다. 내가 막 집을 들어서는 순간에 벌어진 일이어서 다행히 크게 다치지 않았고, 바로 병원에서 치료를 받았다. 도대체 무슨 일이냐고 물어도 울기만 하지 입을 열려고 하지 않았다.

나중에 알았지만 동생은 휴가 기간 동안 집에 있으면서 노트에 짧은 유서를 작성했다. 휴대폰으로 자살 방법을 검색하기도 했다. 인터넷 접속 기록에는 국가인권위원회 홈페이지에 수차례 들어가 검색했던 흔적이 있었고 성희롱, 성폭력, 성소수자 혐오 등의 검색어도 남아있었다. 나중에 알고서야 이 검색어가 자살과 연관이 있다는 것을 직감했다. 하지만 동생의 사망 당시에는 정신이 없어서 이런 사실조차 몰랐다.

제대한 군 동기의 진술 | 약 4개월 전부터 기성이가 이상해졌다. 새벽 2시만 되면 화장실을 간다며 나가서 30분 넘게 지나서야 돌아오곤 했다. 처음에는 일주일에 2회 정도였지만 갈수록 횟수와 시간이 길어졌다. 어느 날 목 부위에 시퍼런 멍이 든 것을 보고 무슨 일이나고 물었더니, 울면서 털어놓기를 선임인 박 상병이 새벽마다 자신을 불러내 성폭행을 한다는 것이었다. 덩치 좋은 박 상병은 후임을 자주 때리고 폭언을 하여 기피 대상자였다. 내무반장에게 호소하자고 이야기했으나 기성은 두려워했다. 박 상병은 기성이 말을 듣지 않으면 심하게 구타하고, 남에게 발설하면 죽여버리겠다고 협박하면서 허벅지에 칼로 상처를 내기도 했다고 했다. 나도 할 수 있는 일이 없어 무기력하게 몇 개월을 보냈다. 그 후 기성은 내게 아무 말도 없이 휴가를 나갔다가 세상을 떴다.

기성이 당한 폭력에 대한 증언은 그가 군대에서 심각한 스트레스를 받았음을 보여준다. "원래 있던 우울증과 성격 때문에 군 생활에 적응하지 못했다"는 군의 주장과는 상반된 결과였다. 다만 입대 전의 성격만 가지고 자살 원인을 판단할 수 없는 것과 마찬가지로 입대 후의 사건만으로 자살 원인을 단정할 수도 없다. 입대 이전 기성의 삶에 자살과 연관된 요인이 있는지 살피기 위해 가족과 주변인의 증언을 들었다.

입대 전의 생활 환경

기성은 입대 전 가족과 함께 살았으며 집 근처 학교를 통학했다. 부모님 두 분과 누나, 기성으로 이루어진 4인 가족이었다. 부친은 말수가 적지만 근면한 직장인이었고 모친은 주부로 가정을 꾸리면서 식당에서 파트타이머로 일했다. 부친과 모친 사이는 대화가 적은 편이었으나 기성과 가족들의 사이는 원만했다. 특히 모친과의 애착이 각별했다. 기성은 붙임성이 좋고 감수성이 풍부한 성격이었으며 평소 모친과 많은 대화를 나눴다. 모친 역시 기성을 많이 의지했다고 말했다. 네 살 터울의 누나 역시 동생에게 용돈을 주기도 하고 여러 모로 챙기면서 잘 지내왔다.

입대 전에는 대학에 재학 중이었으며 전공은 응용미술이었다. 호감 가는 외모에 차분하고 선량한 분위기, 붙임성 있는 성격 등으로 주변에 사람이 많았다. 이성에게도 인기가 많았지만 연애를 하지는 않았다. 외모를 꾸미는 데 자유분방한 면이 있어 머리를 길게 기르거나 파마를 하는 등 눈에 띄는 모습을 하기도 했다. 성실한 성격으로 주말에는 어머니 일을 자주 도왔고 아르바이트를 해서 급료를 받으면 어머니께 용돈을 드리기도 했다고 한다. 대학교 진학 후 군대에 가기 전까지는 학업에만 집중했다.

정신질환 가족력은 없었으며 친척이나 지인이 자살한 이력도 없었다. 또한 주변의 증언을 종합하면 입대 전에는 특별히 스트레스에 민감한 모습이 없었으나, 군에서의 사건 이후 취약해진 것으로 보였다.

위계적 폭력이 불러온 급성 스트레스성 자살

심리부검을 통해 사망자의 삶을 살펴보면 생애 전반에서는 심각한 스트레스가 없었으나, 자살 시점 이전의 비교적 짧은 시간 동안 극심한 스트레스를 받았고 이것이 자살에 영향을 끼쳤음을 알 수 있다. 나는 이런 경로로 벌어진 자살을 '급성 스트레스성 자살'로 분류하고 있다. 이렇게 급격히 스트레스가 높아진 경우는 특정한 사건이나 환경의 영향이 두드러지는 것이 보통이다.[12]

기성의 사례에서는 성폭력과 착취적인 대인관계가 스트레스의 원인임이 명백했다. 지속적이고 반복적으로 폭력을 경험하면서 피해자는 무력감과 무망감, 심한 불안과 우울을 느꼈을 것이다. 군대라는 특수한 상황에서 폭력으로부터 벗어날 방법이 없다는 것도 피해자의 고통을 가중시켰다.

군 입대 전 기성의 삶에서 자살과 연관지을 수 있는 위험요인이 그다지 보이지 않았던 만큼 가해자 박 상병의 성폭력이 자살의 직접적인 원인이 되었다고 할 수 있다. 직접 살인을 행하지 않았다 뿐이지 그 책임은 결코 가볍다고 볼 수 없다. 따라서 위계를 행사한 당사자는 그에 준하는 형사적 처벌을 받아야 하며, 군 또한 책임을 져야 한다는 것이 심리부검 결과에 대한 의견이었다.

---

12 서종한, 2015

상시적 군 심리부검 제도 시행의 필요성

군인 자살 사건의 심리부검을 하다 보면 자살의 근본적인 원인을 밝히는 데 한계를 느낄 때가 많다. 군부대의 폐쇄적인 특성 때문에 사건이 발생한 이후 한참이 지나서야 보호자에게 통보되고, 이중 극소수가 겨우 언론에 공개된다. 유가족 입장에선 갑작스러운 죽음에 당황할뿐더러 자살에 얽힌 상황을 전혀 모르므로 의구심을 품을 수밖에 없다. 군의 모호한 해명을 납득하지 못하지만 어디 가서 하소연할 곳도 없어 불신감과 원망에 빠지기 십상이다.

과거에 비해 나아졌다고는 하지만 군 헌병대의 수사에도 아직 미진한 부분이 많다. 경찰에 비하면 과학수사 역량도 미흡한 수준이며 현장 보존 등 수사의 가장 기본적인 규칙조차 지켜지지 않는 경우도 있다. 헌병대가 수사에 들어가기 전에 해당 부대 간부가 사실을 은폐 · 축소하는 일도 있다. 자살을 나약함이나 부적응으로 치부해온 군의 경직된 조직 문화도 수사에 영향을 미친다.

따라서 자살로 의심되는 군 사망사고의 경우에는 상시적으로 외부 전문가의 심리부검을 진행할 필요가 있다고 본다. 독립성이 보장된 민간 심리부검 전문가가 조사에 참여하고 이를 헌병대의 수사 결과와 교차 점검한다면, 군 내부의 확정적 편견이나 작위적인 수사 방식에 영향받지 않고 보다 합리적인 결과를 얻을 수 있다.

전문가의 심리부검을 통해 규명된 자살의 원인과 이에 대한 후향적 분석은 군 입장에서도 유용하다. 보고의 정확성을 높일뿐더러 군 자살예방 활동에도 유효한 실마리를 제공할 수 있다.

군 심리부검의 효과는 실제 미국에서 입증된 바 있다. 2002년 미국은 국방부에서 개발한 군대 건강증진프로그램 규정에 명시된 기준과 과정에 따라 군인 심리부검을 시행하기 시작했다. 프로그램이 시행된 이후, 미 공군의 자살률은 1997~2002년에 비해 33%나 감소한 것으로 나타났다.[13]

한국에도 군인에 대한 심리부검 제도와 전담 상설기구가 필요하다. 또한 여기에는 정신건강 전문가 등 민간 전문가가 참여함으로써 유가족을 비롯한 사회의 의문을 해소할 수 있는 신뢰성과 투명성을 확보해야 할 것이다. 무엇보다, 국방을 위해 헌신하는 군인들이 억울하고 고통스러운 죽음을 선택하는 일이 없도록 실효적인 자살예방 프로그램의 시행이 필요하다.[14]

13 Knox et al., 2010
14 현재 국방부 조사본부에서 군 심리부검 관련 업무 일부를 담당하고 있다.

03
전문가 대담으로 보는 심리부검

01 심리부검의 시작

미국에서 1934년에서 1940년 사이에 뉴욕 경찰 93명이 연속적으로 자살하는 수수께끼 같은 현상이 벌어졌다. 이전 6년 동안과 비교했을 때 2배나 높은 수치였다. 원인 규명을 위해 인류학자, 사회학자, 심리학자, 정신의학자 등 다양한 분야의 전문가에 의해 심층 조사가 진행되었는데, 이것을 최초의 심리부검으로 보고 있다.

당시 저명한 심리학자 그레고리 질부르그가 사망 경찰관의 배우자나 동료 등 유족과 주변인들을 만나 포괄적인 면담을 실시했다. 조사 내용은 구체적으로 밝혀지지 않았지만 총기에 대한 높은 접근성, 공격성과 충동조절 간의 문제, 조직 내의 스트레스 등과의 관련성이 보고되었다. 하지만 이 조사는 도중에 중단되어 결과가 발표되지 않았다. 후속 연구에 따르면 당시 뉴욕에서 진행된 반부패 근절 개혁 운동 과정에서 조직폭력 범죄에 연루되었던 다수의 비리 경찰관들이 스스로 목숨을 끊은 것으로 보고 있다.[15]

보다 체계적인 심리부검은 이후 세인트루이스 워싱턴 대학의 정신의학자 일라이 로빈스에 의해 진행되었다. 1956년에서 1957년, 미국 세인트루이스에서 약 한 해 동안 134건이나 되는 자살 사건이 발생했다. 연속된 자살 사건에 대해 보다 심도 있고 전문적인 조사의 필요성이 제기되었고, 일라이 로빈스 연구팀은 세인트루이스 지역에서 발생한 134건의 자살 전체에 대해 체계적인 조사와 분석을 실시했다. 정신질환에 대한 기준을 세워 적용하였고, 자살 사망자의 가족에 대한 표준화된 면담 방법을 사용했다는 점에서 매우 혁신적인 연구였다. 유가족, 친구, 담당 의사, 담당 심리상담사 등 평균 2.3명의 보조 정보 제공자들과의 면담이 이루어졌으며 수사 기록, 사망 현장 기록, 의료 기록, 상담 기록 등 다양한 정보를 참고하였다.

조사 결과 남성 자살 사망자가 여성에 비해 2배가량 많았다. 또한 전체 사망자의 94%가량이 생전에 정신병리적 문제를 겪었으며, 그중 57~86%가량이 기분장애나 알코올 사용 장애 혹은 이 두 장애를 함께 가지고 있었음이 밝혀졌다. 이 결과는 자살 위험성이 높은 집단을 파악하고 이들에 대한 체계적인 정보를 근거로 향후 자살예방을 위한 지침과 정책을 설정하는 데 중요한 방향을 제시했다.[16]

---

15 Clark, & Horton-Deutsch, 1992

16 Robins et al., 1959; Dorpat, & Ripley, 1960; Barraclough et al., 1974

1950년대 미국은 2차 세계대전의 후유증으로 자살률이 급증했지만 그에 대한 대비나 연구는 백지에 가까운 상태였다. 자살을 죄악시하는 기독교적 문화에서 사람들은 자살에 대해 언급하기조차 꺼려했다. 이런 상황에서 꾸준히 자살 문제를 연구해온 심리학자 에드윈 슈나이드먼은, 1958년 동료 학자 노만 파베로, 정신과 의사 로버트 리트먼과 함께 LA자살예방센터(Los Angeles Suicide Prevention Center)를 설립하고 한층 본격적으로 자살자의 심리와 자살예방책을 연구하기 시작한다.

이들은 LA카운티 부검 사무실과 긴밀하게 협조하며 자살 사건 혹은 자살 의심 사건에 대한 분석 체계를 확립했다. '심리부검'이라는 단어도 이때 만들어졌다. 이후 LA자살예방센터는 미국에서의 자살 연구 · 예방 · 대응에서 중추적인 역할을 했으며 미국과 전 세계 자살예방 기관의 모델이 되었다.

02 LA자살예방센터 전문가 심리부검

전문가들이 자살 사망자의 심리를 어떤 관점에서 조망하고 분석하는지 보여주기 위해 LA자살예방센터 소속 전문가들이 실시한 초기 심리부검 사례를 소개한다.[17] 이후 심리부검의 방법과 체계는 한

17 Bulletin of Suicidology, 1970, No. 7 - Fall, 27-33; National Institute of Mental Health; 심리부검 분석 과정에 대한 이해를 돕기 위하여 해당 기관과 저자의 허락 하에 수록하였다. 내용은 일부 편집을 거쳤다.

층 과학적이 되었으나, 확증편향을 배제하고 사망자의 삶을 다양한 관점에서 살피는 심리부검의 본질을 엿볼 수 있는 사례이다.

사례 미국 남성 은퇴 예정자

한 65세 코카시안 남성이 자신의 침실 침대 위에서 죽은 채 발견되었다. 스스로 발사한 38구경 리볼버 총알이 머리를 관통한 것이 사인이었다. 총알은 머리를 거의 수평으로 관통했고 이마에 화약 자국이 남아있었다. 흉기인 총은 사망자의 무릎 위에 놓여있었고 혈중 알코올 농도는 0.12였다. 그러나 사망자의 부인, 이웃, 친구들은 모두 입을 모아 "고인은 자살 같은 걸 할 사람이 아니다"라고 주장했다.

결코 자살할 리 없었던 사람의 죽음

위 사례에서는 사망자의 부인, 고용주, 외과의사, 그리고 절친한 친구 5명을 면담했다. 주변 사람들에 의하면 사망자는 활기차고 헌신적이며, 뚜렷한 독립심과 도덕심을 갖춘 인물이었다. 면담에 응한 정보제공자들은 한결같이 사망자에게 깊은 존경과 신뢰를 표했으며, "세상의 소금과 같은" 멋진 사람이라 칭송했다. 또한 모두가 그의 죽음이 자살이 아닐 가능성을 제기했다. 증언 내용은 대부분 일관성 있고 공통되어 상당한 신뢰성을 보여주었다. 어린 시절과 청년기에 대한 정보는 다소 빈약했지만, 지표들은 모두 고인이 안정적인 배경에서 살아왔음을 보여주었다.

원만하고 성실한 남편이자 친구

사망자는 부인과 함께 살고 있었다. 결혼생활은 원만했고, 부부는 35년 같은 집에서 함께 살았다. 딸이 한 명 있었고 결혼 후 사망자의 집에서 얼마 떨어지지 않은 곳에 살고 있었다. 사망자는 무척 성실하고 고집스러울 정도로 완벽을 추구하는 사람이었다. 직장에서는 부서장 자리에 있었으며 45년간 한 직장에 근속했다. 원래 사망 한 달 전에 은퇴 예정이었지만, 후임자 교육을 위해 5~6개월간 더 있어달라는 청을 받고 근무 중이었다.

활동적인 성격이었고 취미가 많았으며, 특히 꽃을 키우고 정원을 가꾸는 것을 좋아했다. 운동도 좋아해서 매주 일요일마다 친한 친구들과 골프를 쳤다. 사냥에도 취미가 있어서 몇 자루의 총을 소장하고 있었다. 다만 최근 몇 년간은 대상포진으로 투병하는 아내를 간병하느라 사냥에 거의 나가지 못했다. 사건에 쓰인 총은 사망자가 오랜 기간 아껴온 물건이었다.

사람들과도 활발하게 어울렸다. 남성 전용 사교클럽의 회원으로 왕성하게 활동했으며, 신입 회원의 교육을 맡아 많은 시간을 쏟았다. 모임을 좋아했지만 술을 많이 마시지는 않았다. 집에서 친구들과 가끔 하이볼을 마시는 정도였다.

경제적 문제는 특별히 없어 보였다. 은퇴 이후에도 회사에서 나오는 수입과 연금으로 안정적으로 생활할 수 있었고, 사망자와 부인은 수입에 맞게끔 생계를 꾸려갔다. 향후의 생활 계획도 마련되어 있었다. 보험 관련 문제도 없었다.

건강에 관련된 위험 요소들

면담 때 부인은 쇠약해 보였다. 지난 몇 년간 대상포진을 심하게 앓았으나 최근에는 회복 중이었다. 부인이 앓는 동안, 남편은 부인의 크고 작은 요청에 꾸준하고 세심하게 응해주었다.

사망자의 건강에 관해서, 부인은 사망자가 한쪽 눈이 잘 안 보였고 이 때문에 신체적인 어려움을 조금 겪었다고 말했다. 또 약 두 달 전 우울을 겪었는데 부인은 이것이 은퇴를 앞두고 있기 때문이라 짐작했다. 사망자는 우울할 때는 감정 자체를 부인하거나 회피하려고 했다고 말했다. 우울감은 약 2주간 지속되었고 그 이후에는 "평소처럼 행복한 사람"으로 돌아왔다고 했다.

주치의는 사망자가 눈 상태에 비해서는 줄곧 건강 상태가 양호했다고 증언했다. 다만 사망자는 몇 년 전부터 시력 감퇴로 한쪽 눈이 전혀 보이지 않았다고 했다. 사망자는 다른 한쪽 눈만으로도 생활을 잘 영위하였으나, 사망 약 두 달 전부터 다른 쪽 눈 시력마저 떨어지기 시작했다(이 시점은 사망자가 우울을 겪은 시기이다). 주치의에 따르면, 시력 손상이 심각한 수준이었지만 경과는 좋았다. 가까운 것을 보거나 글씨를 읽는 데 어려움이 있겠지만 완전히 실명할 우려는 전혀 없었다. 다른 정보제공자들은 그의 시력 장애에 대해 언급하지 않았다.

사망 당일의 행적

당시 사망자는 고대하던 행사 몇 가지를 앞두고 있었다. 몇 년 만에 처음으로 사냥 여행을 갈 계획을 세웠고, 그가 오랫동안 열과 성을 쏟아온 사교클럽에서 자선 바자회가 열릴 예정이었다.

죽음을 맞았던 날 사망자는 여느 때와 크게 다를 바 없는 하루를 보냈다. 그는 일찍 일어나 친구들과 골프를 쳤고 좋은 성적으로 라운드를 마감했다. 평소처럼 즐거워 보였고 특별한 사건은 없었다. 점심 때는 정원에서 부인과 함께 꽃꽂이를 했고, 중간에 드라이브인 식당에서 점심을 먹고 돌아왔다. 오후 4시쯤 친구들이 방문했다. 사교클럽에서 열릴 자선 바자회에 대한 이야기가 오갔다. 사망자는 자기 몫의 티켓을 바자회에서 팔 수 있겠다며 기뻐했다. 사람들은 술을 한잔씩 했고 편안한 분위기에서 대화를 나눴다. 친구들은 오후 5시 30분쯤 떠났다.

부엌에서 저녁 식사를 준비하던 부인은 중간에 자동차 폭발음 같은 소리를 들었지만 별로 신경 쓰지 않았다. 부인은 식사 준비를 마치고 남편을 불렀지만 대답이 없었다. 남편을 찾아 정원과 집 안팎을 둘러보던 부인은 침실 침대에 남편이 총상을 입은 채 누워 있는 것을 발견했다. 놀란 부인은 가까이 사는 딸에게 전화를 했고 급하게 달려온 딸이 뒤늦게 경찰에 신고했다.

사망 유형 판정을 위한 전문가 토론

부검과 면담 결과를 바탕으로 의사, 심리학자, 의료복지 전문가 등으로 구성된 LA자살예방센터 연구진이 심리부검을 진행했다. 참여자는 정신과 의사 로버트 리트먼 · 필립 알렉산더, 심리학자 노먼 파베로 · 칼 월드 · 마이클 펙, 의료복지 전문가 샘 하이리그 · 데이비드

클러그먼, 신학자 폴 프레첼, 그리고 진 마크스와 자넷 그린으로 모두 10명이었다.[18] 심리부검의 목표는 사망 유형을 판명하는 것이었다.

총기 오발의 가능성을 검토하다

펙 | 흉기인 권총은 평소 어디에 있었나요?

프레첼 | 사망자는 평소에도 침실에 총을 보관했습니다.

펙 | 그럼 총기를 청소하던 중에 오발로 사고가 났을 수도 있지 않을까요?

프레첼 | 현장에서 총기 청소 도구는 발견되지 않았습니다. 다만 부인은 고인이 사냥 여행 준비를 하려고 총을 손질하는 와중에 사고가 발생한 게 틀림없다고 믿고 있었습니다. 고인은 항상 권총을 몸에 지니고 다녔다고 합니다.

파베로 | 원래 총을 장전해두곤 했나요?

프레첼 | 부인은 잘 모르겠다고 합니다. 최근 이웃집에 강도가 든 적이 있기 때문에 그랬을 수도 있겠다고 하더군요.

리트먼 | 순서대로 진행해봅시다. 스스로 총을 발사해서 사망한 경우 보통은 자살이지만 사고인 경우도 있습니다. 총기를 다루는 데 서툴렀던 경우, 약이나 술에 취해 실수한 경우, 총기 불량이었던 경우입니다. 그는 어린애도 아니고 총을 잘 아는 사냥꾼입니다. 그러니 취했을 경우와 총기 불량일 경우가 남았군요.

프레첼 | 총기 불량을 의심할 이유는 없다고 봅니다. 고인은 평소 총기를 아주 주의 깊게 다뤘고 항상 잘 정비해두었습니다. 이 총은 더욱 신경

18 Robert Litman, Philip Alexander, Norman Farberow, Carl Wold, Michael Peck, Sam Heilig, David Klugman, Paul Pretzel, Gene Marks, Janet Green.

을 썼고요.

리트먼 | 그럼 알코올 문제를 생각해봅시다. 고인은 술을 많이 하지 않았다고 하는데, 혈중 알코올 농도를 보면 보통 잔으로 네 잔, 혹은 큰 잔으로 두 잔 정도는 마셨을 것으로 추측됩니다. 평소 술을 안 하던 사람이라면 이 정도로도 상당히 취할 수는 있겠지요. 그런데 제 추측입니다만, 고인은 사람들이 이야기하는 것보다는 술을 더 많이 하는 사람이었을 수도 있습니다.

프레첼 | 저도 비슷한 인상을 받았습니다. 왜냐하면 부인은 그날 남편이 술을 마시는 걸 본 적이 없다고 했는데, 친구들은 고인과 함께 하이볼을 마셨다고 확인해주었습니다.

알렉산더 | 이건 부인이 고인에 대해 잘 모르거나, 적어도 아는 것을 다 말하지는 않았다는 뜻이 될 수 있습니다. 이 점에서 결혼생활에 다른 일면이 있는 것은 아니었는지 고려해볼 수도 있고요.

건강 문제를 살피다

프레첼 | 눈에 띄는 점은요, 고인의 한 눈이 보이지 않았고 다른 눈에도 심각한 시력 손상이 있었다는 점을 아무도 언급하지 않았다는 겁니다.

리트먼 | 정말 이상하네요. 그 관점에서 보니 술 문제도 새삼 불길한 느낌을 줍니다. 눈에 관련해서 금주 지시 같은 것은 없었나요? 의사의 지시를 따르지 않았다는 증거가 될 수도 있습니다.

프레첼 | 주치의는 그런 이야기는 하지 않았습니다.

클러그먼 | 눈 상태에 대해 더 상세히 이야기해주십시오. 시력을 잃어가고

있었다는 것 말고는 정보가 없는데요.

알렉산더 | 시력 감퇴와 부종이 있었습니다. 신체 기능의 퇴화가 일어나는 노인들에게 발생합니다. 질환은 서서히 진행되는데, 시야가 가장 선명한 영역에 붓기가 생깁니다. 망막의 동맥경화와 혈액순환 변화에서 기인합니다.

하이리그 | 눈 때문에 운전을 못 하게 되었나요?

프레첼 | 주치의의 말로는 아니라고 합니다. 문제는 근시였고, 운전할 때처럼 떨어진 것을 보는 데는 큰 문제가 없었답니다.

알렉산더 | 사망 전까지 운전을 했습니까?

프레첼 | 그렇습니다.

드러나지 않은 사망자의 내면을 탐색하다

파베로 | 그가 지역사회에서, 직장에서, 또 가정에서 안정적인 위치였고 존경과 사랑을 받았음을 보여주는 증언이 놀랍게 많습니다. 하지만 그에게는 아직 의문스러운 면이 있음을 말해주는 자료도 몇 가지 있지요. 친구 누구도 그의 시력 문제를 이야기하지 않았다는 것은 중대한 요소이고, 알코올 남용에 대한 의문점 역시 생각해볼 필요가 있습니다. 그의 성격을 말해줄 만한 다른 정보가 또 있을까요?

리트먼 | 제가 그 질문을 부연하겠습니다. 심리부검이 논의하고자 하는 문제, 즉 그가 정말은 심리적으로 취약했는지, 50년간 성취 지향적인 삶을 살아온 입장에서 자신을 결함 있는 사람처럼 생각했는지 여부를 파악하기 위해 우리는 무엇을 찾아야 할까요? 어린 시절이 불우했을

까? 버림을 받거나 부모를 일찍 여의었을까? 이런 질문들은, 할 수도 있기는 하지만 필수적인 것은 아닙니다. 우리가 초점을 맞출 것은 최근의 스트레스입니다.

고인은 평생 요구된 바에 충실하게 살아온 것처럼 보입니다. 은퇴를 앞두고 있었던 만큼 개인적 측면에서는 더 이상 미래에 대한 부담도 없었습니다. 종교적, 그리고 철학적 관점에서 그는 삶과 죽음에 대해 어떤 생각을 갖고 있었나요? 건강 상태가 얼마나 나빴나요? 부인은 지지가 되었나요?

프레첼 | 면담을 진행하다 보면 보통 고인의 성격에 대해 어떤 인상 같은 것을 받게 됩니다. 저는 고인이 일관된 모습만 보여주려 애쓰는 사람의 전형이라고 느꼈습니다. 그는 언제나 활기차고 적극적이고 긍정적인 사람으로 보이고 있었습니다.

하이리그 | 그의 성격에서 우리가 놓친 부분이 있을 겁니다. 명백한 점은, 그는 무기력하거나 남에게 의지하는 모습을 보이는 사람이 아니었다는 겁니다. 그는 무엇이든 스스로 해결하고 어떤 상황에든 대처할 수 있는 사람이었습니다. 꾸준하고 성실하게 일해왔고, 아픈 아내를 잘 돌보았으며, 남성 전용 사교클럽에서 회원 교육을 맡아왔습니다. 하지만 자신의 병에 대해서는 사람들에게 이야기하지 않았습니다. 시력 악화로 걱정이 많았을 텐데도 그 염려를 주치의에게조차 털어놓지 않았습니다. 아마 우울 증상에 대해서도 상담하지 않았겠지요. 은퇴 문제에는 어떻게 대처하고 있었는지 궁금하군요. 아무도 알 것 같지 않고요. 고인은 남에게 기대려 하지 않고, 도움이 필요해도 그것을 드러

내지 않는 사람이었습니다.

알렉산더 | 이 이야기에서 도출할 수 있는 두 가지 성격 특성이 있습니다. 하나는 문제를 부인하는 것입니다. 눈에 대한 태도나 우울을 다루는 방식에서, 고인이 문제를 직시하지 않고 없는 것처럼 덮어두려는 모습을 볼 수 있습니다.

다른 하나는 억압적인 면이 있다는 겁니다. 고인이 그간 클럽의 정기 회원 교육에 많은 시간을 쏟았고 거기서 큰 만족을 느꼈다는 점에서 이를 짐작할 수 있습니다. 고인은 자기 자신을 일정한 능력을 가진 사람으로서만 받아들여 왔습니다. 이러한 사람에게는 향후 은퇴로 맞게 될, 특정한 직업도 없고 사회적 위치도 없는 삶은 상상조차 할 수 없는 것이었겠지요. 자살은 손쉬운 탈출법처럼 보였을 겁니다.

사망자는 어떤 유형의 사람이었나?

알렉산더 | 사고의 가능성은 생각해보셨습니까? 나빠진 시력 때문에 총을 다루다 실수했을 수도 있지 않을까요?

리트먼 | 그 가정도 해보았습니다만, 근거를 찾을 수 있을까요? (심리부검에서 사고사를 판별하기 위해) 우리는 사고 가능성이 높은 유형인지를 살핍니다. 과거의 사고 이력을 살펴보고, 덜렁대거나 부주의한 사람, 물건을 바로 정리하지 않는 사람, 장비를 잘 못 다루는 사람, 스릴과 도전을 즐기는 사람인지를 보지요. 고인은 규칙적이고 차분한 사람이었습니다.

하이리그 | 고인은 당일 아침에도 나가서 골프를 쳤습니다.

리트먼 | 그렇습니다. 그는 느리더라도 확실하게, 꾸준함과 지속성을 추구하는 사람 같아요. 모든 물건에 제자리가 있고, 우연과 돌발 사고를 용납하지 않는 타입 말입니다. 제 상상입니다만, 그를 잘 아는 사람한테 "고인이 총을 부주의하게 다루는 걸 본 적이 있으신가요? 총기 사고를 낼 수도 있다고 생각하십니까?"하고 묻는다면 아마도 모두가 이렇게 대답하지 않을까요. "사실 그건 자살만큼이나 있을 수 없는 일이에요. 저도 이해가 잘 안 가네요……."

프레첼 | 맞습니다. 직장 상사도 고인이 뭐든지 믿고 맡길 수 있는 사람, 신중하고 꼼꼼한 사람이었다고 누차 강조했습니다. 고인은 주의 깊게 행동하는 것이 습관이 되어있었고 사고를 낸 적도 없습니다. 그런 행동거지에 변화가 보이지도 않고요.

알렉산더 | 제가 반론하는 역할을 맡아서 논의를 해보겠습니다. 고인은 시력에 심각한 결함이 있었고 어느 정도 취기가 올라 있었습니다. 자신이 무기나 도구를 잘 다룬다는 확신에 차있었고요. 이 상태에서 총기를 살펴보려고 했다면 어떨까요? 안전장치가 잠겨있다고 오판하고, 순간적으로 손이 미끄러져서 발사했을 수도 있습니다.

유서가 없는 이유는 무엇인가

마크스 | 또 있습니다. 부인의 입장을 생각했다면, 이제까지 이야기한 것 같은 선량한 사람이 이렇게 충격적인 방식으로 생을 마감했을까요? 시기적으로도 부인에겐 너무나 안 좋은 영향을 주었습니다. 고인이 그렇게 세심한 사람이라면, 다른 사람들에게 신경 쓰는 것 만큼 부인

을 신경 썼다면 어떤 방식으로든 부인을 위한 준비를 했을 겁니다. 누군가에게 부인을 돌봐달라고 부탁한다든가요.

알렉산더 | 유서나 메모 같은 것을 전혀 남기지 않았다는 점, 사망자가 줄곧 돌봐온 부인이 이별을 암시하는 어떤 단서도 얻지 못했다는 점이 약간 수수께끼입니다.

리트먼 | 좋습니다. 다시 근거를 찾아보죠. 그가 작별을 고하는 방식은 어땠을까요? 사람들은 다들 선량한 사람이라면 이별의 말을 남길 거라고 여깁니다만, 고인도 그랬을까요? 그건 그의 방식이 아니었을 겁니다. 이것이 우리가 생각이나 예측을 바탕으로 추측하는 것과, 심리부검으로 도출한 실제 사실의 차이입니다. 사실 유서를 남기지 않는 사람이 많습니다. 자살 사망자 세 사람 중 두 사람이 유서를 남기지 않습니다. 일상에서도 형식을 갖추어 고별하는 것을 기피하는 사람들이 많지요. 고인은 작별, 헤어짐, 끝마침 같은 것에 어떤 태도를 갖고 있었나요?

프레첼 | 고인은 어지간해서는 작별 인사를 나누려 하지 않았습니다.

파베로 | 부인은 그의 시력 문제를 알고 있었나요?

프레첼 | 부인은 남편이 한 눈밖에 안 보인다는 것을 알고 있었고 다른 부차적인 문제들도 알고 있었습니다. 하지만 부인이 눈 상태에 대해 정확하게 알고 있는 것 같지는 않았습니다. 거짓말을 하는 것 같지는 않았어요. 부인이 잘은 몰랐다고 생각합니다.

파베로 | 뭔가 빠진 것 같은 느낌이 드는데요. 부인이 사고사 판정을 얻고 싶다면 남편이 한 눈밖에 보이지 않는다는 점을 근거로 주장하는 것이 가장 유력한 방법일 텐데요. 그런 주장을 안 했다는 것은 상황이

정 반대라는 느낌을 줍니다.

프레첼 | 부인은 그렇게 논쟁을 하려고 하지 않았습니다. 자기 생각을 어떻게 증명해야 할지 잘 몰랐을 겁니다. 슬픔에 싸여서 지치고 무기력해져 있었습니다. 운명에 희생당한 것처럼 느끼고 있었어요. 조리 있게 생각하거나 답변할 수 있는 상태가 아니었습니다.

각종 요인의 작용 방향을 살피다

리트먼 | 감정성(affectiveness)이나 실행 능력(competence)은 그간 심리 부검에서 중요시되어온 부분입니다. 이 두 성향은 대체로 자살에 이르는 데 촉진적 요소로 작용합니다.

파베로 | 말씀하신 내용이 (자살) 시행자(implementer)라는 개념을 떠올리게 하네요. 이는 확신이 심각하게 흔들리는 것, 혹은 새로 적응해야 하는 상황과 연관됩니다. 고인은 원치 않게 그 두 가지를 모두 느끼고 있었습니다. 새롭게 요구되는 자아상을 받아들이고 싶지 않았을 것이고, 혹은 그러기에는 너무 지쳤다고 생각했을 수도 있습니다.

리트먼 | 스트레스 요인으로는 눈이 멀지 모른다는 두려움, 은퇴, 그 이후에 찾아올 우울감이 있습니다. 고인은 융통성의 부족, 높은 안정지향성과 연관된 취약점을 지니고 있습니다. 높은 안정지향성은 자살 쪽의 요인인가요, 사고사 쪽의 요인인가요?

월드 | 자살 쪽입니다.

파베로 | 맞습니다. 특히 곧 변화가 찾아오리라 예측되는 상황에서는요.

리트먼 | 곧 퇴직하게 된다는 점은 자살, 또는 사고사와 어떻게 연결할 수

있을까요?

펙 | 고인은 머지 않아 변화를 겪으며 힘든 나날을 보내게 될 처지였습니다. 반면 그는 삶의 모든 측면에서 변화를 기피해왔고요.

월드 | 사고를 유발하는 종류의 변화는 책임이 가중되거나, 관계가 많아지는 것들입니다. 결혼, 전직, 승진처럼 다음 단계로 나아가는 종류의 변화죠. 자살과 연관된 스트레스는 사별, 손실, 자존감에 대한 위협 등입니다. 은퇴 시기라는 점은 사고 사망자보다는 자살 쪽에서 더 많이 보이는 스트레스 요인 같습니다.

리트먼 | 총이 사용되었다는 것은 어느 쪽의 요인입니까? 총기 사고 상황을 떠올려봅시다. 일반적으로는 사람들이 함께 뭔가를 하는 도중에 사고가 일어납니다. 사람들과 주거니 받거니 하는 과정에서 사고를 유발하는 행동이 촉진되지요. 이를테면 친구가 총을 집어던진다거나, 싸움을 하거나, 과시하려고 총을 돌리거나 하는 식으로요.

알렉산더 | 그런 사건은 아마추어한테 더 흔하게 일어날 법한데요. 하지만 숙련된 사람들이나, 스스로를 전문가라고 여기는 사람들은 혼자 있을 때 더 고도의 조작을 하려고 할 것 같습니다.

리트먼 | 총기 숙련자들은 자기가 "단 한 번도 총기 사고를 일으킨 적 없다"고 말하더군요.

알렉산더 | 술에 취했거나 한 눈에 문제가 있어도 말입니까? 만약 고인도 그렇게 자신만만했다면, 안전장치가 걸려 있는지 정말 알고 있었을지 의심스럽군요. 그는 장전된 총을 가지고 다니는 사람이었고, 자신감에 차있었습니다. 스키 숙련자들이 사고 나는 것과 비슷할 것 같은데

요. 어떻습니까?

리트먼 | 스키 숙련자들의 사고는 자기를 능력의 한계까지 밀어붙일 때 일어납니다. 자동차 경주 선수들도 그렇고요. 이런 것들은 스릴을 즐기는 과정에서 발생하는 사고들입니다. 알렉산더 선생님은 고인이 (자살이 아닌) 어떤 목적으로 총을 꺼냈을 가능성을 제기하고 계시는데요. 고인은 총기 청소를 하고 있지는 않았습니다. 어쩌면 그냥 총기를 점검하고 있었던 걸까요?

파베로 | 글쎄요, 살펴보기만 하지는 않은 것 같습니다. 보고서에 따르면 보통은 총을 장전해두지 않았다고 합니다. 고인은 그때 총에 총알을 넣었습니다.

프레첼 | 부인은 그 부분에 대해서는 좀 모호하게 나왔습니다. 부인은 총을 싫어해서 관심이 전혀 없었다고 합니다.

리트먼 | 고인이 평소 총을 베개 밑에 놔두지는 않았겠지요.

프레첼 | 아닙니다. 침실 벽장에 보관했습니다.

하이리그 | 고인은 사냥 여행을 가려고 했습니다.

프레첼 | 6주 정도 있다가요.

파베로 | 그리고 그는 오랫동안 총을 사용한 적이 없었지요.

리트먼 | 그러니까, 고인이 총을 꺼낸 게 일상적인 일은 아니었습니다.

하이리그 | 사냥 여행을 위해 총을 점검하고 있었을지도 모릅니다.

알렉산더 | 다른 총도 장전되어있었습니까?

프레첼 | 아닙니다.

그린 | 이마에 화약 화상이 남으려면 어느 정도 거리에서 발포해야 합니까?

리트먼 | 몇 인치 정도죠. 생각해 보면 그 각도에서는 총이 잘 보이지도 않았을 겁니다. 일반적인 경우라면 이마에 화약 화상이 남을 정도로 총구를 머리에 가까이 댈 일이 거의 없겠지요.

프레첼 | 총에는 탄약이 6발 들어있었습니다. 다른 말로 하면, 발사된 한 발을 제외하면 전부 장전되어있었습니다.

알렉산더 | 반론자 역할에서 벗어나서 얘기하자면, 고인이 지녔다는 강박적이고 세심한 성격, 총에 대한 전문성을 생각할 때 사고가 있을법한 일인지 의심스럽습니다. 설령 음주, 시력 문제, 그 외 기존에 제가 제기한 의문점들을 고려하더라도요. 하지만 고인에게 의지하고 있던 부인을 그렇게 급작스럽게 떠나버린 점은 상당히 신경이 쓰입니다. 이 점은 고려할 요인이라고 봅니다.

프레첼 | 부인의 병이나, 의존적인 면에 대해 품고 있던 분노와 미움이 자살로 분출된 것은 아닐까요?

결론: 전형적인 자살 사건

리트먼 | 그럼 한번 요약을 해보도록 하죠.

프레첼 | 고인은 65세 남성입니다. 높은 안정지향성, 완고함, 그리고 억압적인 면을 지닌 가부장적 인물이었습니다. 사람들 앞에서는 언제나 자립적이고 스스로 문제를 해결하는 사람, 쾌활하고 행복한 사람으로 행동해왔습니다. 고인에게는 직업을 갖고 일을 한다는 것이 중요했습니다. 언제나 일하는 사람이었으며 무엇을 해냈느냐로 자신을 정체화했습니다. 고인은 다가올 은퇴와, 어쩌면 실명을 불러올지도 모를 심

각한 질병으로 스트레스에 직면했습니다. 완화에 도움을 받았을 만한 요인은 보이지 않습니다. 사망으로부터 두 달 전쯤 짧은 우울을 겪었다는 보고가 있습니다만, 주변 사람들은 거기에 크게 관심을 기울이지 않았습니다. 그는 애용하는 총을 스스로 발포하여 머리에 총상을 입고 사망한 채 발견되었습니다. 전형적인 자살로 보이는군요.

자살 사망자 세 사람 중 두 사람이 유서를 남기지 않는 경향이 있음을 고려할 때, 사망자처럼 감정을 드러내지 않는 사람이 유서를 남기지 않는 것은 있을법한 일이다. 항상 유능하고 존경받는 모습을 유지해온 사망자에게 은퇴와 실명 위험은 커다란 스트레스 요인이 었을 것이다. 총기 사용에 능숙하여 자살을 실행할 능력이 충분했다.

가족과 친구들의 생각과는 달리, 전형적인 자살 사건이라는 것이 심리부검의 결론이었다.

2장

사람은 왜 자살하는가

자살을 하는 사람들은 자살 시도 이전에 반드시 신호를 보낸다.

_ 레니 버먼

01
자살은 어떻게 벌어지는가

01 자살 문제에 정답은 없다

자살 사건이 일어났을 때 사람들이 가장 알고 싶어 하는 것은 "왜 자살했는가?"이다. 그러나 대부분의 경우 딱 떨어지는 답은 존재하지 않는다. 자살행동은 여러 가지 문제 상황과 개인이 지닌 요인들이 어느 순간 겹쳐지면서 벌어지는 결과이기 때문이다. 하나의 특정한 자살 원인, 혹은 특정한 자살 사망자 유형은 존재하지 않는다. 그래서 자살은 그 누구도 단정할 수 없는 문제이다.

한 사람이 스스로 죽음이라는 선택을 하는 데에는 생각보다 훨씬 더 많은 요소가 작용한다. 자살 사망자들의 생애 이력을 살펴보면 다수의 스트레스와 생애 사건이 누적되어 있는 경우가 많다. 이들의 기저에는 공통적으로 무기력, 무망감, 충동성, 심각한 수준의 만성 고통 등이 핵심 요인으로 존재했다. 그 원인이 된 사건들은 오랜 세월에 걸쳐 일어날 수도 있고 특정 순간 동시다발적으로 벌어질 수도 있지만, 다른 요인 없이 한두 가지 사건만으로 갑자기 자살을 선택하는 사람은 없다고 할 수 있다.

환경이나 태생에 관련된 원인도 있다. 전문가들은 연구를 통해 자살에 뚜렷한 영향을 미치는 위험요인들을 찾아내왔다. 위험요인은 다양한 영역에 걸쳐 존재한다. 가족력, 세로토닌 기능 장애, 신경조절물질 장애, 인구 · 사회학적 특성, 병리 · 생리학적 특징 등이 복합적으로 얽히고설켜 영향을 미친다. 기분장애, 약물 남용 · 복용, 성격프로파일도 관련되어있다. 심리부검 연구를 통해 자살 사망자의 약 90% 가량이 생전에 기분장애 진단을 받았다는 사실도 발견됐다.

또한 심한 우울증이나 삶의 깊은 수렁에 빠져있는 사람이라 해도 자살을 실행하기 위해서는 직접적인 방아쇠가 되는 촉진 요인, 즉 촉발 사건이 필요하다. 사람들 앞에서 모욕당하거나 수치심을 느끼는 사건, 핵심적 열등감을 자극당하는 경험, 가족과의 사별, 실직, 고질적으로 앓아 왔던 질병의 악화 등 사람마다 다른 발화 요인이 있을 수 있다. 여기에 당사자가 자살을 준비하는 과정에도 다양한 요소가 작용하고, 당사자가 죽음에 이를 만큼 치명적인 수단에 접근할 수 있는지 여부도 자살 실행에 영향을 미친다.

그런데 이 모든 필요충분조건이 갖춰진다고 하더라도 사람이 반드시 자살하지는 않는다. 자살에는 '반드시'가 없기 때문이기도 하고,

사람의 삶에는 좌절을 일으키는 위험요인뿐 아니라 아픔을 견디고 치유하며 살아갈 힘을 주는 보호요인도 함께 존재하기 때문이다. 위험요인을 밝혀 통제하며, 보호요인을 밝혀 증대하는 것이 자살학과 심리부검의 최종 목표이다.

심리부검은 자살이 벌어진 후에 원인을 향해 거슬러올라가는 후향적인 분석 도구이다. 하지만 우리가 심리부검을 하는 것은 자살과 그에 이르는 연관 과정 전체를 이해하기 위해서이며, 궁극적으로는 자살이 일어나기 전에 이를 방지하는 것이다.

따라서 심리부검을 본격적으로 다루기에 앞서, 이 장에서는 먼저 자살행동이 발생하기까지의 과정과 이를 이해하기 위한 개념들을 소개하고자 한다. 자살 위험성이 있는 사람을 각각의 과정에서 어떻게 면담하고 보호할 것인지도 간략하게나마 함께 다루었다.

02 의도, 치명성, 동기

심리학자 토머스 조이너는 저서 《왜 사람들은 자살하는가?》에서, "죽으려는 의도와 함께 의도를 실행할 능력이 함께 결합될 때에만 치명적인 자살 시도가 발생한다"고 했다.[1] 자살이 발생하는 데에는 수많은 요인이 작용하지만, 자살 시도를 실행하는 개인에게 작용하는

1 토머스 조이너. (2005). 《왜 사람들은 자살하는가?》(김재성 옮김). 황소자리.

요인은 크게 의도(intention), 치명성(lethality), 동기(motivation)로 나눌 수 있다.[2]

의도는 자살 혹은 자해 행동을 하는 당사자가 행동을 통해 이루고자 하는 목표이다. 단순하게는 '죽고자 하는 의도'라고 할 수 있겠지만, 모든 자살 시도자의 의도가 동일한 것은 아니다. 삶을 끝내는 것일 수도 있고 고통을 표출하기 위한 것일 수도 있다. 혹은 자신의 자아를 소멸시키는 것, 현재의 세상을 떠나 사후세계로 이동하는 것일 수도 있다. 한 13세 청소년은 소설《워터십 다운의 열한 마리 토끼》[3]를 읽고 나서 "토끼로 다시 태어나고 싶다"는 짧은 메모를 남겨놓고 스스로 목숨을 끊었다. 여기서 사망자의 의도는 분명하다. 바로 다시 태어나는 것이다.

자살 시도자의 의도를 살필 때 또 하나 주목해야 할 점은 의도의 수준이다. 의도는 사람에 따라 아주 확고할 수도 있고 상대적으로 약하고 모호할 수도 있다. 자살 의도가 높은 수준이라는 것은, 자신이 시도하는 행동의 결과가 무엇인지 의식적으로 명확하게 자각하고 있다는 것, 그리고 그 결과가 초래되기를 스스로 바라고 있음을 말한다. 자살 의도가 높은 수준일수록 치명적인 자살 방식을 선택한다. 사람이 오지 않는 시간과 장소를 찾거나 안에서 문을 잠그는 등 구조 가능성을 낮추는 장치를 마련하기도 한다.

반복적으로 자해 행동을 하거나 구체적인 자살 계획을 마련하는

2 Shneidman, 1969
3 리처드 애덤스. (2005).《워터십 다운의 열한 마리 토끼》(햇살과나무꾼 옮김). 사계절.

것, 이를 주변 사람에게 이야기하는 것 등으로부터 자살 의도가 있음을 알 수 있다.

치명성은 계획된 행동이 얼마나 위험한지, 즉 죽음이나 심각한 상해에 이를 가능성이 얼마나 높은지를 말한다. 치명성은 자살 시도자가 선택한 자살 수단과 자살이 시도된 상황, 그리고 그 둘의 상호작용에 따라 결정된다.

총기나 고층 건물에서의 투신 등은 치명성이 아주 높은 수단에 속한다. 즉사 가능성이 높고 바로 구조를 시도해도 구하기 어려울 수 있다. 반면 죽음에 이르기까지 지연이 있는 수단은 상대적으로 치명성이 낮다. 하지만 이 경우에도 자살을 시도한 상황에 따라 치명성이 높아질 수 있다. 한 남성이 호텔방 문고리에 "방해하지 마시오"라는 표찰을 걸어놓고 약물을 사용하여 자살한 사례가 있었다. 약물 자체의 치명성은 그리 높지 않았지만 외부의 접근을 차단하여 구조 가능성을 낮춤으로써 치명성이 올라갔다.

일반적으로 자살 의도가 높은 수준이고 동기가 명확할수록 치명적인 방식을 선택하는 경향이 있다. 자살 시도자가 겪는 고통, 분노, 무기력감, 무망감 등이 강력하다면 자살 의지가 높아질 수밖에 없다. 평소 학대를 당하거나 폭력적인 환경에 노출되어온 사람, 군인이나 경찰처럼 총기나 기타 무력을 다루는 데 숙련된 사람도 보다 치명적인 방식을 선택하기 쉽다.

동기는 자살 시도자가 자살을 마음먹은 이유를 가리킨다. 동기와 의도는 다른 개념으로, 의도가 자살 자체에 대한 지향이라면 동기는 그러한 의도를 가지게 된 바탕이다. 동기는 사람마다 다양하다. 육체적 혹은 정신적 고통으로부터 벗어나고자 하는 경우, 빚이나 파산 등 문제 상황을 회피하려는 경우, 죽음으로써 결백을 증명하거나 복수 등 특정한 의지를 달성하려는 경우 등이 대표적이다.

앞서 설명했듯 사람이 자살을 결심하는 데에는 한두 가지 동기 이상의 복잡한 요인들이 작용하지만, 자살 시도자 개인의 입장에서는 자살에 대한 생각을 반복하면서 점점 형태화된 자살 동기를 의식하게 된다. 막연하게 죽고 싶은 것을 넘어서 죽을 이유, 즉 동기가 명확해졌다면 그만큼 자살 위험성이 높은 것이라고 할 수 있다. 반면 동기가 있었다 해도 문제 해결의 희망이나 변화된 관점이 제시된다면 위험성을 낮출 수 있다.

따라서 자살 시도자의 위험성을 결정하거나 치료를 진행하는 데에는 동기를 파악하는 것이 중요하다. 동기를 비롯하여 자신을 드러내는 데 조심스러운 사람, 면담자에게 적대적인 사람, 면담이나 치료에 비협조적인 사람은 더 높은 위험성을 가지고 있는 것으로 볼 수 있다.

02
자살행동을 이해하라

01 자살행동과 자기 위해 행동

자살행동(suicidal behavior)은 자살의 위험성을 상승시키는 모든 행위를 폭넓게 아우르는 말이다. 직접적인 자살 시도와 같은 치명적인 것으로부터, 자살을 생각하고 계획하는 것, 자살하겠다는 협박, 죽으려는 의도가 없이 이루어지는 자해 행동 등 다양한 층위를 모두 포함한다.

자살행동은 각각이 분명한 자살 위험요인이며 이를 바탕으로 자살 위험성 평가가 가능하나, 그 행동이 언제 어떤 결과로 이어지게 될지 예측할 수는 없다.

자살행동 중에서도 특히 중요하게 다루어져야 하는 것은 실제로 자살을 시도하거나 자해를 하는 등 자기 위해를 실행한 경우이다. 이러한 행동 역시 얼마나 치명적인가, 자살 의도가 명확한가, 행위의 목적이 무엇인가 등에 따라 여러 층위로 구분된다.[4]

자살 완료(completed suicide)

자기 위해의 실행으로 당사자가 죽음에 이른 행위 혹은 그 상태를 의미한다.

비치명적 자살행동(non-fatal suicidal behaviors)

치명적 결과, 즉 죽음에 이르지 않은 자기 위해 행동을 말한다. 여기서 말하는 '비치명적'은 결과를 기준으로 한 구분이며 선택된 수단의 치명성, 자살 의도의 명확성과는 관련이 없다. 따라서 치명성이 낮은 자해에서부터 고도로 치명적인 자살 시도까지, 당사자가 살아남았다면 모두 비치명적 자살행동에 포함될 수 있다.

다만 비치명적 자살행동은 자살을 의도하거나 최소한 자살 의도를 암시하는 행위이며, 자살 의도가 없는 비자살적 자해와는 구별되어야 한다.

자살 시도(suicide attempt)

자살을 하려는 의도 하에 이루어지는 자기 위해 행동을 말한다. 자살 의도의 수준, 행위의 치명성은 다양할 수 있다.

---

4 Klonsky et al., 2011

비자살적 자해(non-suicidal self-injury) **혹은 자해 행동**(self-harm behaviors)

비자살적 자해는 자살하려는 의도가 없는 자기 위해 행동이다. 스트레스를 겪는 개인이 긴장과 고통을 감소시키기 위한 목적으로 행하는 경우가 많다. 토머스 조이너는 비록 죽으려는 의도가 없다 해도 자해 행동은 중요한 자살 위험요인이 될 수 있다고 말했다. 반복적인 자해 행동은 고통에 대한 내성을 키워 향후 있을지 모를 자살 시도의 치명성을 높이기 때문이다. 또한 자해 행동 자체의 치명성도 시도가 반복될수록 증가하여 사고사로 이어질 위험이 높다.

비치명적 자살 시도와 비자살적 자해의 구분

여러 자살행동의 구분에 있어서 특히 중요한 것은 자살 의도가 있었으나 죽음에 이르지 않은 비치명적 자살 시도와 자살 의도 없이 자기 위해를 가한 비자살적 자해를 구분하는 것이다. 치명적 수단에 대한 접근성이 사람마다 다르므로 수단이나 상황의 치명성만으로 자살 의도와 그 수준을 판단해서는 안 된다.

비치명적 자살 시도(non-fatal suicide attempt)는 비치명적 자살행동과 마찬가지로 죽음에 이르지 않은 자살 시도를 가리키는 말이다. 고통을 회피하거나 삶을 종결하는 등 죽음을 맞으려는 의도를 가지고 행해지며, 자살 자체가 행위의 목적이다. 치명성은 낮은 수준에서 높은 수준까지 다양하게 나타나고, 한 번으로 멈출 수도 있고 수차례 반복될 수도 있다. 자살 시도가 반복되는 경우 같은 수단이 사용될 때가 많지만 반복과 함께 점점 치명성이 높아질 수도 있으며 완료에 이를 때까지 반복되는 경우도 있다. 당사자는 깊은 우울, 참을 수 없는 심리적 고통, 상황이 좋아질 희망이 전무하다거나 죽음 외에는 방법이 없다는 식의 극단적인 사고와 협소한 관점에 빠져있다. 무기력감과 무망감이 핵심적 감정이며 치료와 개입이 절대적으로 요구된다.

반면 비자살적 자해 행동에는 삶을 끝내려는 의도가 없다. 불편한 감정을 해소하거나, 긴장이나 분노를 완화시키고 공허함에서 벗어나려는 데 목적이 있다.[5] 고통스러운 감정을 일시적으로 해소하기 위한 도구적(instrumental) 행위라 할 수 있다. 보통 한 번 이상 발생하고 습관이 될 수도 있다. 일반적으로 비자살적 자해 행동은 치명성이 거의 없거나 낮은 편이지만, 반복되기 쉽기 때문에 만성적인 형태로 삶에 파고든다. 당사자는 스스로 자해 행동을 억제하기 어려워하고, 이로 인한 고통을 호소하기도 한다.

수단과 상황 면에서 치명적이지 않은 자살 시도는 종종 자살 의도가 없는 자해와 구분하기 어렵다. 과거에는 자살 의도가 불명확하고 치명성이 낮은 자살 시도를 자살 제스처(suicide gesture)라 칭하여 따로 구분하기도 하였으나, 이 명칭은 그 정의가 모호할뿐더러 해당 자살행동의 위험성을 절하하여 비판을 받아왔다. 협동으로 표준 자살학 용어를 개발하고 있는 미 국립정신건강연구소, 정신건강서비스센터, 미 자살예방협회는 자살 제스처라는 용어의 사용을 권고하지 않고 있으며[6] 연구자들은 자살 제스처라는 용어를 사용하는 대신 비치

5 서종한 등, 2017; Nock, 2009; Nock, & Prinstein, 2004; 2005
6 Heilbron, Compton, Daniel, & Goldston, 2010

명적 자살 시도와 비자살적 자해 행위, 기타 다른 자살행동을 보다 세밀하게 구분할 것을 제안하기도 한다.

자살행동 반복에 주의하라

다수의 자살 사망자들이 자살 시도를 여러 번 반복한 끝에 자살 완료에 이른다. 바꾸어 말하면 이전에 자살을 시도한 적 있는 사람은 그만큼 자살 완료의 위험성이 높다.

영국 리즈대 정신과의 데이비드 오웬은 비치명적 자살행동과 자살, 자살행동 반복의 상관관계를 다룬 연구들을 종합 분석했다. 그 결과를 보면, 자살을 시도한 사람은 다시 자살을 시도하거나 자살 완료에 이를 가능성이 대폭 높아진다. 자살 시도자의 16%가 자살 시도 1년 이내에 추가적인 비치명적 자살 시도를 했으며 2%는 자살을 완료했다. 9년 혹은 그 이후까지 살펴보면 자살 시도자의 약 7%가 자살을 완료했다.[7] 이는 일반적 자살률의 수백 배에 이르는 수치이다.

이전의 자살 시도가 치명적이었거나, 자살 시도 이후 적절한 보호를 받지 못했다면 위험성은 더 높다. 뉴질랜드 캔터베리 대학의 자살학자 아네트 보트레는 자살 시도자 중에서도 상대적 위험성이 더 높은 경우를 다음과 같이 제시했다.[8]

- 최근에 자살을 시도한 경우

7 Owens et al., 2002; 제시된 수치는 유럽 · 북미 · 오세아니아 지역에서 실시된 연구 90건의 중앙값
8 Beautrais, 2004

- 치명성이 높은 시도를 한 일이 있는 경우
- 예전의 자살 시도로 죽음에 이르지 않은 것에 대해 당사자가 후회를 드러낸 경우
- 자살 시도 이후 적절한 도움이나 심리치료를 받지 못한 경우
- 이전 시도가 다른 사람의 개입에 의해 실패했지만 치명성이 높았을 경우

또한 최초의 자살 시도를 더 젊은 나이에 했을수록 만성화 가능성이 높으며, 내담자의 충동성이 강한 경우, 우울증 등 정신질환 · 성격장애 · 약물 남용 경험이 있는 경우, 외상후스트레스증후군이나 학대 경험이 있을 경우 더 위험성이 높다.[9]

02 자살생각의 이해와 탐색

사람은 어느 날 갑자기 죽을 마음을 먹지 않는다. 자살이나 자살행동을 하는 사람들은 자살에 이르는 의도나 동기가 형태를 갖추기 전, 반복적으로 자살생각을 하는 시기를 거치게 된다.

자살생각(suicidal ideation)이란 자살을 생각하거나 계획하는 것을 말한다. 막연하게 스쳐지나가는 단상부터 구체적인 자살 계획까지 모두 자살생각에 포함된다.

---

9 Rudd et al., 2006

자살생각 자체는 많은 사람들이 흔하게 하는 경험이다. 스트레스가 심한 상황에서 자살생각을 경험하는 경우가 많고, 대부분은 실제 자살로 이어지지는 않는다. 하지만 자살생각이 한두 번으로 지나가는 것이 아니라 계속해서 나타난다면 주의할 필요가 있다. 자살생각이 반복되는 동안 그 내용은 점차 막연한 충동에서 분명한 의도, 구체적인 계획으로 발전할 수 있으며 그에 따라 자살 위험성이 상승하기 때문이다.

자살생각을 보여주는 말들

주변 사람이 자살생각을 하고 있는지 알아보는 일차적인 방법은 말과 행동을 주의 깊게 살펴보는 것이다. 지속적인 자살생각을 경험하는 사람은 내적으로 상당한 고통을 겪기 때문에 대화나 상담 중에 이를 호소하는 경우가 많다. 이는 "죽고 싶다. 죽어버리겠다"와 같이 직접적인 방식으로 표현될 수도 있고 보다 우회적인 방식으로 드러날 수도 있다.

흔하게 나타나는 명료한 유형의 자살생각 단서는 다음과 같은 것이 있다. 다만 이 예시는 이해를 돕기 위한 일부 사례에 불과하며, 특정 발화가 예시와 비슷하거나 비슷하지 않다는 이유로 위험성을 단정할 수는 없음을 말해둔다.

"전부 끝내고 싶어. 아무도 날 도와줄 수 없을 거야."

"이게 다 무슨 소용인가 싶어."

"내가 없어져도 신경 쓸 사람은 하나도 없어."
"난 아무 쓸모가 없어. 가족들도 내가 없는 게 더 나을 거야."
"이대로 잠들어서 영영 깨어나지 않을 수 있으면 편할 텐데."

이에 비해 보다 우회적이거나 비유적이어서 듣는 사람이 곧바로 의미를 파악하기 어려운 자살생각 단서도 있다.

"다음 생이란 게 있을까?"
"이제 병원에 그만 가도 될 거 같아."
"내 고양이 좀 데리고 있어줄래? 내가 가는 곳에 같이 데려갈 수가 없어서 그래."

이런 모호한 단서로부터 자살 위험성을 포착하기는 전문가에게도 어려운 일이다. 하지만 평소 그런 화제에 관심이 없던 사람이 갑자기 죽음과 연관된 이야기를 자주 하거나, 이전에 좀처럼 사용하지 않았던 단어나 표현을 사용하여 무기력감과 무망감을 호소한다면 주위에서 관심을 기울일 필요가 있다. 특히 대상자가 우울을 겪고 있거나 심한 스트레스 상황에 처해 있다면 더욱 그렇다.

단 높은 수준의 자살 의도를 품고 있는 사람이라도 자살생각을 시도 직전까지 감추거나 부인하기도 하므로, 겉으로 드러나는 자살생각만으로 전체 위험성을 평가할 수는 없다.

자살생각을 탐색하는 질문

면담을 통해 대상자의 자살생각을 탐색하고자 할 때는 질문이 기본 수단이 된다. 다음과 같은 질문을 통해 자살에 대한 대상자의 생각을 알아볼 수 있다.

- (현재 겪고 있는 문제가) 좋아질 가망이 없다고 느낀 적이 있나요?
- 최근 죽고 싶다는 생각을 한 일이 있나요?
- 최근 사는 것이 가치 없다는 생각을 한 일이 있나요?
- 자살을 생각한 적이 있나요?

질문 방식은 면담자와 대상자의 관계, 대상자의 성격과 상황에 따라 달라질 수 있다. 직접적으로 질문할 수도 있고 우회적으로 물을 수도 있지만, 책망하는 태도를 보이거나 특정한 대답을 유도하지 않고 열린 자세로 대상자의 말과 반응을 받아주는 것이 필요하다.

대상자에게서 자살생각이 탐색되었다고 해도 그것이 바로 높은 자살 위험성을 의미하는 것은 아니다. 자살생각의 강도가 어느 정도인지는 다음과 같은 요소를 살핌으로써 알 수 있다.

- 얼마나 오래 전부터 시작되었는가?
- 얼마나 자주 떠오르는가? 오늘을 포함하여 최근 한 주 몇 번이나 자살생각이 떠올랐는가?
- 자살생각이 한번 떠오르면 얼마나 지속되는가?

- 그런 생각이 들 때 괴롭고 힘들다고 느끼는가?
- 자살이나 자해의 상황과 방법을 구체적으로 떠올리는가?
- 그 생각을 스스로 멈추거나 통제할 수 있는가?

기간이 길거나 횟수가 잦을수록, 강렬하고 고통스러울수록 신중하게 다루어져야 한다. 특히 구체적인 자살행동을 계획하거나 시도하고 있다면 주변의 도움이 필요한 상황이라고 볼 수 있다. 자살생각이 자살행동으로 이어지는 대상자에 대한 탐색은 다음 절에서 다루고 있다.

또한 현재 특별한 스트레스 요인이 없는 상태에서, 대상자 스스로도 뚜렷한 이유를 알 수 없이 찾아오는 자살생각에 대해서도 유의할 필요가 있다. 잦은 자살생각은 우울증, 양극성장애, 기타 정신건강 문제의 증상일 수 있다. 이 경우 병원이나 상담기관 등 전문가의 도움을 받게 하는 것이 좋다.

자살생각을 부인하는 대상자의 탐색

모든 대상자가 솔직하게 면담에 응하는 것은 아니다. 자살생각을 하고 있지만 걱정을 끼치지 않으려고, 혹은 비난받고 싶지 않은 마음에 이를 부인하는 대상자들이 많다. 한 연구에 따르면 자살하기 전 마지막으로 의사와 면담을 하면서도 자살생각을 끝까지 부인한 환자가 78%가량이었다.[10] 자살생각을 부인할 경우 주변의 개입이 어렵기 때

10 Busch et al., 2003

문에 고립이 지속될 위험도 커진다.

자살생각의 우려가 있는 대상자가 계속 이를 부인하고 있다면, 면담자는 추가적인 접근을 통하여 탐색할 수 있다.

첫째는 대상자의 부인(denial)을 정면으로 다루는 것이다. "자살 생각이 없다고 말씀하셨습니다만, 최근 모습을 보면 꼭 그런 것 같지 않습니다."와 같이 직접적으로 의문을 제기하여 대화를 이끌어간다. 이때 면담자는 대상자의 말을 덮어놓고 부정하는 것이 아니라, 근거와 전문적인 판단을 바탕으로 이야기를 진행해야 한다. 면담자가 우려하는 대상자의 말과 행동, 자살과 관련된 위험 행동을 제시하고, 대상자가 어떤 생각과 동기로 그러한 행동을 해왔는지 설명해달라고 부탁하는 것이다. 적극적이고 직접적인 질문을 통해 대상자는 문제를 직면하고 솔직한 내면을 털어놓을 기회를 얻을 수 있다.

둘째는 일반화(normalization)이다. 대상자가 경험하는 자살생각이 대상자 혼자만이 겪는 것이 아니며, 비정상이거나 잘못된 것이 아님을 주지시켜 고백하기 쉬운 상황을 조성한다. 이를테면 다음과 같이 운을 뗄 수 있다.

"많이 힘들면 죽고 싶다는 생각이 들 수도 있지요. 그런 사람이 꽤 있어요."

자살생각이 잘못된 것, 나약한 것이라고 여기거나, 자살생각을 토로해도 이해받을 수 없을 것이라 믿어서 자살생각을 부인하고 있던 대상자라면 이런 접근을 통해 보다 부담 없이 이야기를 꺼낼 수 있다.

검사를 활용할 수도 있다. 널리 활용되고 있는 자살생각척도검사

(SSI-BECK, Scale for Suicidal Ideation)는 질문지 방식의 자기보고 검사이지만 면담자에게 직접 자살생각을 털어놓는 것보다는 더 편안하게 자살생각을 드러낼 수 있다. 또한 단어에 대한 반응을 통해 대상자의 거짓말, 편견 등을 알아보는 데 많이 쓰이는 암묵적 연합검사(ICT, implicit association test)를 자살생각에 적용하는 방법도 있다. 2010년 하버드대 심리학과 노크 교수 연구팀이 진행한 실험에서 이 검사는 일반적으로 사용되는 자살척도검사보다 더 높은 예측 수준을 보여주었다.[11] 국내에서 쓰이고 있지는 않으나, 향후 현장에 적용될 경우 유효한 자살 위험성 평가 도구가 될 수 있다.

자살생각의 자살 위험성 평가

자살생각이 오랫동안 빈번하게 지속되는 것, 구체적인 실행 방법이나 계획을 생각하는 것, 생각에만 그치지 않고 실제 자기 위해 행동으로 이어지는 것은 모두 자살 위험성이 높다는 의미이다. 이 경우 적절한 치료와 개입이 요구된다.

면담자는 자살생각의 위험성을 평가하기 위해 아래와 같은 측면들을 살펴볼 수 있다. 선행 질문에서 위험성 수준이 높다고 판단되었을 경우 다음 질문으로 옮겨가며 탐색한다.

기간 | 자살생각이 얼마나 오랫동안 지속되었는가?

구체적 빈도와 강도 | 어떤 때, 얼마나 자주 자살생각을 경험하는가?

---

11 Nock et al., 2010

자살생각이 어떻게 떠올라서 어떻게 진행되는가?

의도 | 죽고자 하는 의도와 이유가 분명한가?

치명성 | 당사자가 인식하는, 그리고 객관적인 치명성 수준은 각각 어떠한가?

계획성 | 구체적인 실행 계획을 짰는가? 일시, 장소를 정하거나 예행 연습 등을 한 일이 있는가?

충동성 | 비치명적 자살 시도, 자해 등 자살생각을 충동적으로 행동으로 옮긴 일이 있는가?

구조 가능성 | 자기 위해 행동을 했다면 그 치명성과 구조 가능성은 어떠했는가?

당사자가 떠올리는 자살 상황이 구체적이고 치명적일수록, 혹은 구체적인 계획 유무와 상관없이 충동이 찾아왔을 때 행동에 옮긴 일이 있을수록 위험성이 크다. 위해 행동을 실행할 때 사람들이 오지 않는 장소와 시간, 집이나 생활공간에서 멀리 떨어진 장소 등을 선택하여 구조 가능성을 낮추었다면 그만큼 더 위험하다고 할 수 있다.

또한, 당사자가 자신의 자살생각에 대해 자각하고 있는지, 그러한 생각을 의식적으로 통제하거나 다스릴 능력이 있는지도 함께 살펴보아야 한다.

자살생각의 위험성 수준 탐색

기간	얼마나 오랫동안 경험했는가?
▼	
구체성	언제, 어떤 때, 어떤 방식으로 경험했는가?
▼	
자살 의도	죽고자 하는 의도가 분명한가? 이유는 무엇인가?
▼	
치명성	얼마나 치명적인 상황을 생각하고 있는가?
▼	
계획성	자살 계획은 얼마나 구체적인가?
▼	
충동성	위해 행동을 실행에 옮겼는가? 반복되었는가?
▼	
구조 가능성	위해 행동 상황에서의 구조 가능성은 얼마나 되는가?

03
자살 위험요인 이해하기

01 자살 위험성을 높이는 요인

자살에 정해진 원인이 없음은 거듭 강조한 바이지만, 상대적으로 자살에 더 취약해지게 만드는 조건은 있을 수 있다. 심리부검을 비롯한 여러 후향적 연구 결과를 통해, 통계적으로 자살 사망자들이 흔하게 지니고 있었으며 자살이라는 선택에 영향을 끼친 요인들이 밝혀졌다. 이 요건들을 찾아내고 가능한 한 통제하여 자살을 예방하는 것은 자살학과 심리부검이 지향하는 중요한 목적이다.

자살에 취약하게 만드는 요인을 자살 위험요인(suicide risk factor)이라고 한다. 자살의 위험요인은 크게 소인적 위험요인과 촉진적 위험요인으로 나뉘며, 생애에 걸쳐 지속적으로 영향을 미치는 것을 지속적 위험요인으로 따로 분류하기도 한다.

소인적 위험요인(predisposing risk factors)은 개인이 지닌 속성 중 자살에 대한 취약성을 증가시키는 요건을 말한다. 유전이나 가족력 등의 선천적인 요인과 후천적인 요인, 환경적인 요인을 모두 포함한다. 나이, 인종, 계층, 교육 수준, 성격, 자존감 등 자신에 대한 태도, 정신과적 혹은 육체적 질병, 약물과 알코올 남용, 과거 자살행동 경험 등 다양한 측면에서 존재할 수 있다.

촉진적 위험요인(precipitating risk factors)은 자살행동을 촉발시키는 요인들이다. 신변이 불안정한 상황에서 큰 갈등과 스트레스를 겪게 될 경우 자살 위험성은 증가된다. 주변의 자살에 노출되는 사건, 사회적 고립 등도 우울감을 증폭시키는 역할을 한다. 학교폭력 등 폭력과의 연루, 이혼 · 이별 · 사별 · 실직과 같은 사건, 자살 공동체 등에 관련되는 경우도 자살 위험성을 상승시킨다.

자살에 영향을 줄 수 있는 대표적인 촉진 요인은 다음과 같다.[12]

- 주요 상실 혹은 기타 상실(관계, 직업, 경제, 명성, 자기 관념, 가족 구성원, 이사, 개인적으로 중요한 모든 것 등)
- 중요한 (혹은 중요하다고 지각했던) 관계 중단
- 경찰과 관련된 법률적 문제
- 당사자에게 외상으로 지각된 사건 경험
- 중요한 생애 변화 (결혼, 출생, 승진 등 긍정적 변화를 포함함)

12 Ebert, 1987

- 가족 구성원 혹은 사랑하는 사람의 자살 완료 혹은 자살행동
- 중요한 사망 혹은 상실과 관련된 기일, 기념일
- 지인 혹은 매체를 통해 알게 된 자살 이야기
- 최근 자살을 준비한 증거(예: 보험 약관 갱신 등)
- 죽은 자와 함께하고 싶다거나 다시 태어나고 싶다는 소망 표현
- 최근 혹은 과거 진단: 만성적 질환, 치명적 질환, 불치병 등
- 최근 신체적 혹은 기능적 능력 감소
- 최근의 치료: 순응도 변화, 최근 약물 처방 등 변화

지속적 위험요인(perpetuating risk factors)은 한번 요건이 성립되면 생애에 걸쳐 지속적으로 영향을 미치는 요소를 말한다. 가족의 자살·정신질환·폭력 이력, 학대·가정폭력·따돌림 등 성장기에 겪은 외상적 경험, 당사자의 자살행동과 폭력 이력, 다중적이거나 만성적인 상실의 경험 등이 대표적이다. 이는 당사자의 생애에 걸쳐 높은 자살 위험요인으로 작용하며, 당사자가 자살행동을 할 경우 그 행동의 치명성을 증대시키는 영향이 확인되었다.

위험요인 중에는 고립, 가난, 질병, 사회적 지원 부족 등 주변의 개입을 통해 완화가 가능한 것들이 있다. 하지만 모든 위험요인을 문제시하거나 부정적인 속성으로 보아서는 안 된다. 유전적 소인이나 과거 경험 등 개인이 선택할 수도 없고 제거할 수도 없는 영속적인 요인들이 있을뿐더러, 성별, 인종, 사회적 소수자성과 같은 소인은 위험요인이기는 해도 부정적 특성은 아니기 때문이다.

02 자살에 영향을 주는 정신과적 증후군

위험요인 중에서도 정신질환은 다른 위험요인과 상호작용하며 자살 위험성을 크게 증대시키는 소인이다. 회복 탄력성, 문제 대처 능력을 손상시키고 고통을 증폭하며, 당사자를 주변으로부터 고립시켜 보호요인을 감소시키기 때문이다. 주요 우울증, 알코올 남용, 조현병 등 다수의 정신질환이 자살과 밀접한 연관성을 보이고 있다. 지금까지의 심리부검 연구 결과 90% 이상의 사례에서 주요 정신과적 징후가 발견되었다.[13] 특히 2개 이상의 질병이 공존할 경우 위험성이 현저히 상승하며, 질병이 생애 초기에 발병할 경우, 불안 증상이나 공황장애가 있는 경우, 자살 시도 이력이 있으면서 기분장애로 입원한 경험이 있는 경우 등도 자살 고위험군으로 드러났다.

자살과 유의미한 상관관계를 보여주는 대표적인 증후군은 다음과 같다.[14]

기분장애(mood disorder)

기분장애는 정서 조절에 어려움을 겪는 질환이다. 우울감이나 고양감과 같은 기분이 조절할 수 없이 지속되어 불편과 고통을 야기한다. 자살 위험성을 높이는 기분장애로는 주요 우울증과 양극성장애가 대표적이다. 기분장애 환자 중 4분의 1가량이 지난 2주 이내 자살

13 Cavanagh et al., 2003
14 미국 정신의학협회(American Psychiatric Association)의 정신장애 진단 및 통계 편람(Diagnostic and Statistical Manual of Mental Disorder, DSM) 제 5판에 근거하였다.

생각이 있었다고 보고했으며, 기분장애로 진단받은 환자의 자살률은 인구 10만 명당 106명으로 일반에 비해 현저하게 높은 수치이다.[15] 전체 자살 사망자의 50%~70%가 생전에 우울감을 느꼈다는 결과도 있다. 특히 주요 우울증과 충동적 · 공격적인 기질, 알코올 남용 등이 공존할 경우 자살 위험성은 훨씬 더 높아진다.[16]

10대와 20대에게서 많이 나타나는 비전형(atypical) 우울증 역시 자살 위험성이 높다. 비전형 우울증을 보이는 사람들은 주변 사람들의 반응에 예민하게 반응하는 것이 특징이며 그로 인해 관계의 불안정성과 스트레스가 크다. 따라서 다른 유형보다 더 자주 자살생각을 갖고 있으며 실제 자살 시도나 자해 빈도가 더 잦아진다.[17]

조현병(schizophrenia)

조현병은 사고, 인지, 감정 등에 광범위한 이상 증상이 나타나는 질환이다. 뇌 이상이 원인으로 알려져 있으며 증상은 환자에 따라 다양하다. 연구에 따르면 조현병 환자 중 약 5%가 생애 전반에 걸쳐 자살 위험성을 보인다고 한다.[18] 비결핍증후군 환자, 편집증을 보이는 경우, 남성인 경우는 더욱 자살 위험성이 높았다. 발병 이후 첫 10년이 가장 자살 위험성이 높으며 입원치료 후 퇴원한 직후에 자살 위험성이 갑자기 증가하므로 주의가 필요하다. 재발 이후 호전(remission) 중에도 자살이 많이 발생하는 경향이 있었다.

15 AAS, 2014
16 Dumais et al., 2005
17 Matza et al., 2003
18 Palmer, Pankratz, & Bostwick, 2005

알코올·약물 등 물질 오남용(substance abuse)

알코올, 약물 등의 물질 남용은 술이나 약물 등을 습관적으로 사용하여 의존증이 생기거나 다른 해로운 영향을 일으키는 것을 말한다. 자살 위험성을 증가시키며, 다른 질환과 공존할 경우 더욱 위험하다. 알코올과 약물은 사고 능력을 저하시키거나 충동성을 높이는 방향으로 작용하여 당사자가 더 치명적인 방식으로 자기 위해를 가하게끔 유도할 수 있다.[19] 일종의, 자신에게 더 강한 수준의 고통을 가할 수 있는 용기와 충동성이 생기는 셈이다.[20] 2012년의 한 연구에서는 한국 국립과학수사연구원이 부검한 자살 사망자의 48%가 음주 상태였던 것으로 나타났고[21] 질병관리본부의 2008년 심층조사에서도 자살 시도자와 자살 사망자의 약 44%가 당시 음주 상태였던 것으로 밝혀졌다.

알코올 남용은 다른 자살 위험요인을 증폭시키기도 한다. 알코올 남용 상태가 지속되면 자아효능감이 떨어지고, 직장생활이나 결혼생활에 문제가 생기는 등 사회적·경제적 어려움이 늘어난다. 결국 당사자는 더 외롭고 고립된 처지에 빠지기 쉽다.[22]

경계성 성격장애(borderline disorder)

감정·행동의 불안정과 극단적 기복이 특징인 경계성 성격장애는 특히 자살 위험성이 높은 정신질환 중 하나이다. 경계성 성격장애 환

---

19 Darke, & Ross, 2002
20 McCloskey, & Berman, 2003
21 최호선 등, 2012
22 Åkerlind, & Höernquist, 1992

자는 그렇지 않은 사람에 비해 전 생애에 걸친 자살 위험성이 8~10% 높다.[23] 흔히 자살 위험요인으로 우울증을 꼽지만, 경계성 성격장애 환자들은 주요 우울증 환자보다 2배가량 많은 반복적 자해와 자살 시도를 보였다.[24]

이들은 타인과 애착을 맺거나 유지하는 데 어려움이 있으며 충동성이 강하다. 이별이나 상실을 겪을 때 극단적으로 반응하며, 자기 위해적인 행동도 자주 보인다. 공허함, 정체성 불안, 소외되고 버림받은 느낌을 경험하기 쉬우며 이러한 특성들은 모두 자살 위험성과 치명성을 상승시키는 방향으로 작용한다.

반사회성 성격장애(antisocial personality disorder)

반사회성 성격장애는 타인의 권리를 대수롭지 않게 여겨 침해하고, 습관적으로 범죄 행동을 보이며 타인에 대해 거짓말, 사기, 공격, 무책임으로 일관하는 것이 특징이다.[25] 이들은 충동성이 강하고 완벽주의 기질이 있으며 우울증과 공존하는 경우 조급증, 짜증 등을 보이는데 이는 모두 자살 위험성을 증가시키는 성격 특질들이다. 반사회적 인격장애 환자군에서는 자기애 손상이나 충동성에 기인한 자살이 많다.

반면 소위 '사이코패스'라 불리는 정서 결핍형 인격장애는 오히려 자살과는 관련성이 없거나 반대의 연관성을 보이기도 했다.[26] 이들은 자살과 연관되는 무능감, 죄의식, 단절감을 느끼지 않기 때문이다.

---

23 APA, 1994
24 Gunderson, & Ridolfi, 2001
25 《정신질환의 진단 및 통계편람 제 5판(DSM-5)》을 참조.
26 Cleckly, 1941

03 자살 위험성을 낮추는 보호요인

보호요인이란 위험요인과는 반대로 자살 위험성을 낮추는 경향성이 확인된 조건들이다. 자존감이나 삶에 대한 만족감 등의 개인적 요인도 있고 가족이나 환경과 같은 외부 조건도 있다. 심리부검을 통해 드러난 보호요인으로는 다음과 같은 것이 있다.

낙관적 태도와 믿음

자존감, 자신감, 삶에 대한 만족감 등이다. 긍정적 태도는 힘든 상황에서도 밝은 면을 보게 하고, 상황을 수용하며 문제에 적극적으로 대처할 수 있게 한다.

스트레스 대처 능력

문제에 대처하는 인지 · 행동 기술, 건강, 가용 자원, 사회 자원에 대한 접근성 등이다. 스트레스 상황을 현실적으로 인지·검증하고 적절히 대처할 수 있으면, 문제에 매몰되지 않고 스트레스를 경감할 수 있을 뿐 아니라 자기효능감도 높아진다.

수용성과 유연성

수용성은 힘든 상황을 부정하거나 회피하지 않고 받아들이는 자기화 능력이다. 문제가 있을 때 주변 사람에게 솔직하게 털어놓고 도움을 요청하거나, 도움을 주려는 사람의 호의를 기꺼이 받아들일 수 있는 유연성 또한 수용성과 연관된다. 수용성과 유연성이 있는 사람은 문제 상황이 악화되는 것을 막을 수 있을 뿐 아니라 주변 사람들과 더 단단한 사회적 결속감을 느낄 수 있다.

억제와 안정화 요인

간단히 말하면 '죽으면 안 되는 이유'이다. 신앙이나 믿음, 꿈, 목표, 자기 삶에 대한 만족감 등은 일종의 내적 억제 요인으로 작용한다. 가족과의 친밀감과 유대감, 가족에 대한 책임감, 돌볼 아이들, 경제적 안정성, 적절한 시기에 이루어지는 정신과 진단과 치료 등은 외적 억제 요인으로 작용한다.

사회적 관계

다른 사람과의 대화, 소속감, 의미 있는 상대와의 긍정적인 애착 등을 말한다. 가족·학교·공동체를 통한 타인과의 교류, 의지하거나 도움을 청할 수 있는 대상, 상담자와의 의미 있는 관계 등이 대표적이다.

여러 보호요인 중에서도 사회적 관계는 특히 중요한 역할을 한다. 건강하고 안정적인 애착 관계는 고립감과 같은 위험요인을 완화하며 일상에서 겪는 문제와 스트레스에 대처하는 능력을 상승시키는 등 다양한 측면에서 기여한다.

하지만 보호요인이 급성 위험요인을 상쇄시키거나 자살을 원천적으로 막아주기를 기대할 수는 없다. 가족과의 관계가 원만한 사람, 갓 결혼한 사람, 독실한 종교인 등 보호요인을 다수 갖춘 사람도 자살할 수 있다. 다만 여러 보호요인이 복합적으로 존재할수록 당사자가 문제 상황과 스트레스에 더 잘 맞서 싸우고, 위기의 순간에 살아갈 이유를 찾는 데 도움을 받을 수 있는 것은 사실이다. 사회적 안전망을 확충하고 자살과 고립에 대한 이해를 넓혀 취약한 사람들에게 가능한 한 보호요인을 제공함으로써, 장기적으로 자살을 줄이는 데 기여할 수 있을 것이다.

04

유서에 나타난 사망자의 심리

01 유서는 무엇을 담는가

자살 사망자가 발생하면 대중매체는 사망자가 남겨 놓은 유서나 메모 등에 주목한다. 유서가 자살을 입증하는 데 있어 중요한 요소로 여겨지고, 유서가 없다는 이유로 자살이 아니라고 주장하는 유족이 많다.

하지만 미국에서 진행된 연구에 따르면 2,936건의 자살 사례 중 사망자가 유서를 남긴 사례는 18.25%에 불과했다. 또한 유서를 남긴 사람과 남기지 않은 사람은 인구통계학적 변인과 환경적 변인에서 특이한 차이를 보이지 않았다.[27] 이 연구는 사망자가 유서를 남기는

27 Cerel et al., 2015

것은 드문 일이고, 유서를 남기지 않은 데 특별한 법칙이나 이유 같은 것은 없음을 유족들이 이해하는 데 도움을 줄 수 있다. 그러나 개인에 따라서는 유서가 의미 있는 내용을 담고 있으며, 애도의 과정에 도움이 될 수 있다는 점도 밝혀둔다.

심리부검에서도 유서는 중요한 분석 자료이다. 보통 전체 자살 사망자의 10%~33% 정도가 유서를 남긴다. 유서를 남기는 비율이나 유서의 내용에 남녀의 차이는 거의 없으며, 유서 내용을 살펴보면 남녀 모두 성취에 관한 주제보다는 인간관계나 사랑과 관련한 내용을 담는 것이 더 일반적이다.[28] 북아일랜드의 의사 톰 포스터는 42건의 유서와 그에 담긴 내용을 연구했다.[29] 이에 따르면 유서에서 다룬 내용은 "미안함과 수치심"(74%)이 가장 많았다. 뒤이어 "남겨진 이들에 대한 사랑"(60%), "삶이 견디기 힘들다"(48%), "장례식 등 사후의 실무 처리에 대한 지시"(36%), "무망감과 살 이유가 없음"(21%), "남겨진 이들을 위한 조언"(21%) 등이 나타났다.

유서가 남겨질 경우 보통 자살 사망자의 사체 주변에서 발견되는 경우가 흔하다. 가슴 위, 머리맡, 주머니 속, 책상 위, 방바닥 등 몸에 가깝고 또 쉽게 눈에 띄는 곳에서 자주 발견된다. 하지만 가끔은 액자 뒷면, 이불 안감 속, 책장 사이 같은 곳에 숨겨져 발견이 어려운 경우도 있다.

유서가 남겨졌는데 유가족이나 관계자가 이를 멸실하는 경우도 있다. 한국사회에서는 자살이 금기시되기 때문에 유가족이 망자가

28 Canetto, & Lester, 2002
29 Foster, 2003

남겨놓은 유서나 일기, 메모 등을 경찰이나 조사관 몰래 태우거나 숨겨버리곤 한다. 유가족 면담 시에 이러한 경우에 대해서도 가능성을 열어두고 접근할 필요가 있다.

최근에는 컴퓨터, 인터넷 혹은 다양한 형태의 전자 메시지도 흔하게 사용하고 있다. 특히 젊은 층은 자신의 자살 의도나 생각을 특정한 상대에게 직접 말로 표현하기보다는 SNS 등에 남겨두는 경우가 많다. 이전에 심리부검을 진행한 몇몇 청소년의 경우 SNS에 자신의 심경을 고스란히 적어놓았다. 학교에서 무슨 일을 당했는지, 어떤 심정이었는지, 어떤 사건을 경험했고 그것이 삶에 어떻게 영향을 미쳤는지 등이 시간 순서로 저장되어있었다. 또한 죽고 싶은 심리가 표현되어있었고 그런 생각이 언제부터 나타났는지도 확인할 수 있었다. 따라서 심리부검 과정에서 이러한 중요한 정보들을 놓치지 않도록 유족에게 꼭 관련 정보와 열람 허가를 요청할 필요가 있다.

02 가장 미심쩍은 유서

토머스 조이너는 저서《자살에 대한 오해와 편견》[30]에서 이런 사례를 언급한다. 한 남자가 "자살에는 고통이 없다"는 일종의 유서를 남기고 자취를 감추었다. 조이너는 이것을 그가 본 유서 중에 "가장 미심쩍은 유서"라고 표현했다. 자살하려는 사람은 자살의 위압적이

30 토머스 조이너. (2011).《자살에 대한 오해와 편견》(지여울 옮김). 베이직북스.

며 두려운 면모를 너무나 잘 이해하고 있기 때문에 자살에 고통이 없다는 식의 가볍고 경박한 말을 남길 리가 없다는 것이다.

자살 유서를 심리부검 대상으로 삼을 때 특히 유의해야 할 것은 가짜 유서이다. 자살할 의도가 없는 사람이 다른 목적으로 자살을 암시한 유서도 가짜 유서라고 할 수 있지만, 타인이 자살 사망자의 의도를 조작하기 위하여 유서를 작화하는 경우도 있다. 이해관계가 얽혀있는 지인이 가짜 유서를 작화하거나, 심지어 자녀나 배우자 등 유가족이 자살 사망자의 유서를 숨기거나 조작하는 경우도 있다. 가장 유의해야 할 것은 타살을 자살로 위장하기 위해 유서를 작화하여 남겨놓는 경우이다.

사례 가짜 유서 1

20대 남성이 자택에서 여동생을 칼로 찌르고, 이후 귀가한 모친마저 목을 졸라 살해하려 했다. 범인은 모친이 동생을 죽이고 자살한 것으로 위장하고자 자신 앞으로 가짜 유서를 작성했다. "동생에게만 신경써서 미안하다. 사랑하는 아들아, 내가 죽거든 집을 팔아서 하고 싶었던 것을 차려라"라는 내용이었다. 그러나 죽지 않고 기절했던 모친이 깨어나 경찰에 신고하는 바람에 검거되었다.

사례 가짜 유서 2

연인으로부터 결별 선고를 받은 50대 남성이 상대를 목 졸라 살해하고 자살로 위장하기 위해 문고리에 시신의 목을 매었다. 그리고 PC를 이용하여 피해자의 두 딸에게 남기는 가짜 유서를 작성했다. 왜 자살하는지, 왜 유서를 자필이 아닌 PC로 남기는지까지 길고 구구절절하게 작성되어있었다. 범인은 유서를 출력하고 피해자의 도장을 찍어 테이블에 올려놓았는데, 특이하게도 글씨가 빨간색으로 출력되어있었다. 이것이 빌미가 되어 수사가 시작되었고 범인은 결국 검거되었다.

작화된 유서와 진짜 유서를 구분해내기 위해 많은 연구가 이루어지고 있지만 이를 객관적으로 명확하게 구별할 근거는 아직 없다. 그러나 그간의 경험에 따르면 진짜 유서와 가짜 유서에 각각의 경향성은 존재한다. 한 예로 진짜 유서는 가짜 유서에 비해 받을 사람의 이름을 봉투에 적어두는 경우가 많다.

사례에 따라 다르기는 하지만, 정말로 죽으려는 사람이 쓴 유서는 길이가 긴 경향이 있다. 마지막으로 못다 한 말을 최대한 남기려는 것이다. 사무적인 내용이 길게 나타나기도 한다. 죽은 뒤에 누구에게 빚 얼마를 갚고, 어디서 돈을 받고, 재산과 물건을 어떻게 처분하라는 등 사소해 보이지만 사망자와 남겨진 자에게는 중요할 수 있는 일상적 일처리를 건조한 문체로 적어놓는다. 그리고 자살에 대해 직접적으로 표현하지 않는 경우가 많다. 죽음을 택한 이유를 굳이 명확하게 표현하지 않는 사례가 많으며, 반면 자책, 분노, 갈등을 겪어온 상대에 대한 비난, 복수심 같은 부정적인 감정이 상대적으로 많이 나타난다.

반대로 죽을 의도 없이 만들어진 유서는 우선 분량이 상대적으로 적고, 사무적인 내용이 많이 나타나지 않는 편이다. 이해관계를 조작하기 위한 유서에도 일상적 사무보다는 특정인에 대한 요구나 지시만이 나타난다. 또한 지나치다 싶을 정도로 죽음에 대한 표현을 많이 담거나, 죽은 이유나 자살 원인 제공자가 누구인지 등을 세세하게 서술하기도 한다. 그에 비해 증오, 비난, 복수, 자책의 표현은 적거나 없는 편이었다.

형태에서 드러나는 차이도 있다. 자살 사망자는 유서 작성에 즈음하여 극도의 소진이나 우울감을 경험하기 때문에, 평소에 논리적인 글쓰기를 하던 사람이라도 상대적으로 짜임새가 산만하고 조리가 잡히지 않은 글을 남기는 경우가 태반이다. 무망감에 사로잡혀 생각의 폭이 협소해지고 소위 흑백논리에 빠진 상태이기 때문에 '항상', '언제나'와 같은 말을 자주 쓰고, 제약이나 한계에 관련된 단어도 자주 나타난다. 명사의 수에 비해 형용사와 부사의 수가 상대적으로 적고, 어휘와 문구를 반복해 쓰는 경향도 보인다.[31]

이에 비해 가짜 유서 쪽은 기승전결을 잘 가다듬은 명문을 쓰는 경우가 많다. 아래는 한 가짜 유서에 인용된 시이다.

"나 하늘로 돌아가리라. 새벽빛 와 닿으며 스러지는 이슬 더불어 손에 손을 잡고 나 하늘로 돌아가리라. 노을빛 함께 단 둘이서 기슭에서 놀다가 구름 손짓하며……(하략)"[32]

죽음에 대한 낭만화는 접어두고서라도, 조이너가 제시한 사례와 마찬가지로 "미심쩍은 유서"의 전형이라 할 수 있다.

가짜 유서와 진짜 유서 간의 차이에 대한 연구 중에 가장 오래된

---

31 서종한 등, 2017
32 천상병의 시 〈귀천〉의 앞 구절

것은 에드윈 슈나이드먼과 노먼 파베로가 1953년에 진행한 연구이다.[33] 이들은 LA카운티 부검 사무실이 보유한 700건의 자살 유서 중 33건을 선별하고, 자살 의도가 없는 사람 33명에게 자살 직전이라 가정하고 유서를 작성해달라고 요청하여 양쪽을 비교했다. 그 결과 진짜 유서는 가짜 유서보다 전반적으로 내용이 많았고, 불편하다/힘들다(discomfort) 등의 정서적 단어들이 더 많이 나타났다. 고통에서 벗어나리라는 안심감이나 해방감/해소감(relief)을 나타내는 표현은 양쪽 모두에 공통적으로 들어갔다. 사후 처리할 일들에 대한 지시, 남은 이들에 대한 요청이나 조언 등 사무적인 내용들은 진짜 유서에 훨씬 많았다. 마지막으로 지적된 것은 진짜 유서에는 추상적인 개념이 잘 등장하지 않는다는 점이었다. 간혹 추상적인 개념어가 등장하더라도 다른 일상적인 내용에 밀려버리기 일쑤였다.

2014년 영국의 심리학자 마리아 요아누와 아가타 데보스카는 마찬가지로 진짜 유서 33건과 가짜 유서 33건을 대조·분석했는데, 이들은 유서의 내용과 함께 그 내용에 당사자가 담고자 한 의미에도 주목했다.[34] 유서가 사랑, 미안함, 반려자를 향한 긍정적인 말 등으로 구성되는 것은 진짜와 가짜를 가리지 않고 공통적이었지만, 이를 다루면서 나타나는 주제에는 차이를 보였다. 진짜 유서는 계획된 회피, 부정적 감정과 자기 완화, 긍정적 감정과 관계의 실패, 자기 수용 결핍을 드러낸 반면 가짜 유서는 회피, 긍정적 감정과 자기 비난, 삶의 의미 상실 등을 이야기하고 있었다.

33 Shneidman, & Farberow, 1957
34 Ioannou, & Debowska, 2014

진짜 유서에서 두드러지는 계획된 회피(planned escape)는 삶으로부터의 탈출을 예전부터 염두에 두어왔음을 말한다. 사망자는 오랜 기간 벗어나기 어려운 고통을 겪어왔으며, 이 때문에 죽음을 일정 기간 이상 계획해왔거나 결정이 이미 확고하다. 더불어 자신이 겪은 고통에 대한 분노, 비난 등 부정적 감정(negative affect)과 자살을 선택한 데 대한 자기 완화(self-mitigation)가 짝지어 나타난다. 사망자는 고통의 원인이 된 타인이나 상황을 공격하면서 자신을 희생자로 해석한다.

또한 사망자는 반려자나 가족 등 타인에 대한 긍정적인 감정(positive effect)을 표현하면서도 동시에 자신이 상대와의 관계에서 실패(failed relationship)했음을 내비친다. 소중한 상대를 실망시켰다는 생각, 상대에게 짐이 된다는 생각 등은 토머스 조이너가 자살의 주요 동기로 지적한 좌절된 소속감과도 연결되며, 그 연장선에서 자신의 실패, 무능력 등을 용납할 수 없다는 자기 수용 결핍(lack of self-acceptance)을 드러내는 표현들이 전반적으로 유서에 뿌리 깊게 침착해 있다.

이와 대조적으로 가짜 유서에서는 삶이나 문제를 회피하려는 의도를 드러내면서도 자살의 계획성을 드러내는 부분은 결여되어있었다. 타인에 대해 긍정적인 표현을 하면서 자신을 부정적으로 묘사하지만 둘 사이에 분명한 연관성은 보이지 않았다. 또한 분노, 삶에 의미가 없다는 표현 등 부정적인 의미를 보이면서 그에 연관된 지시를 남기기도 했는데, 진짜 유서에서는 이와 반대로 특정인에게 지시를 하는 경우 긍정적인 정서에서 비롯한 경우가 많았다. 이를테면 "나 없이도 열심히 살아라", "공부 열심히 하고 엄마 말 잘 들어라", "어느 은행에 돈이 있으니 찾아서 생활비로 써라" 같은 것이다.

전체적으로 진짜 유서가 더 내적 일관성과 서로 연관되는 의미를 담고 있었다. 이렇게 유서에서 드러나는 심리의 흐름은 자살의 상황을 더 선명하고 명확하게 해석하는 데에도 도움을 주고 있다.

이러한 대조 연구는 가짜 유서의 특성을 밝혀내 미결정된 죽음의 조사에 활용할 수 있을 뿐 아니라, 진짜 유서를 더 깊이 이해하는 데에도 도움을 준다. 자살생각을 포함하여 자살 사망자가 죽음을 결심하기까지 어떤 사고 과정을 거쳤는지, 그 생각들이 언어와 인지에 어떤 영향을 주는지 알 수 있다.

03 망자의 유서는 진실을 말하는가

자살한 사망자가 남긴 유서라고 해서 모두 진실은 아니다. 한국에서 유력한 범죄 용의자로 지목되어 수사를 받던 중 심리적인 압박감을 이기지 못하고 자살한 사람들이 자신의 결백을 주장하며 남긴 유서 15건을 모아 비교해 보았다. 진범임이 유력시되는 이들, 즉 결백하다고 보기 어려운 이들의 결백 주장 유서에서 공통적으로 나타나는 특징은 다음과 같았다.

첫째, 글에 내용이 적고, 논점이 없는 말을 늘어놓으며, 문장이 끊어지거나 생략 혹은 축약되는 현상이 자주 나타났다.

둘째, 억울한 상황에서 죽음을 맞이하는 이가 흔히 경험하는 화와 분노 같은 감정이 상당히 옅었고 대신 불안, 초조, 남겨진 사람들에 대한 죄책감이 주로 표현되어있었다. 또 결백 주장의 적극성과 강렬함에 비해 모호함과 즉흥성이 두드러졌다.

셋째, 분량이 짧다. 이것은 가짜 결백 유서에서 흔하고 두드러지게 나타나는 특징 중 하나다. 짧은 유서가 모두 가짜 유서는 아니지만, 결백 유서가 짤막한 경우는 흔하지 않다.

사례 가짜 결백 주장 유서

"나는 알지도 못하는데 자꾸 나한테만 추궁한다. 견디질 못했다. 이걸 선택한 것에 대해 참 죄송하고 착잡하다. 내가 뭘 해야 할지도 모르겠고 훗날 모든 걸 알게 되면, 결백한 걸 알게 되면……. 미안해, 여보. 죄송합니다, 어머니."

이 가짜 결백 유서들과 경찰청 과학적 범죄분석시스템(SCAS)에 입력되어 있던 진짜 결백 유서 10건 가량을 비교한 결과, 가장 큰 차이점은 단연 분량이었다.

내용과 형식에서도 차이가 드러났다. 진실한 결백 유서들은 억울함에서 기인한 다양한 감정과 이를 드러내는 단어들을 많이 포함하고 있었고, 자신이 결백한 이유에 대한 구체적인 정보를 제공하고 있다. 해당 사실을 확인할 수 있는 결정적 단서를 함께 남기기도 했다. 그리고 읽는 사람이 잘 이해할 수 있도록 글자를 정자로 썼다. 일반적인 유서로는 드문 경우지만 가독성을 높이기 위해 PC로 작성한 사례도 2건 있었다.

결백 유서는 막다른 곳에서 비극적 선택을 한 사람이 남긴 마지막 항변이자 망자의 뜻을 이해할 최후의 단서이다. 그러나 죽은 사람이 남긴 유서라고 해서 모든 것을 액면 그대로 받아들일 수는 없다. 용의자가 자살로 사망하면 수사는 종결되지만, 범죄 사실이나 범죄가 남긴 피해가 사라지는 것은 아니기 때문이다. 또한 범죄를 저지른 사람이라 해도 자살은 막아야 한다. 억울한 이의 마지막 주장에는 귀를 기울이되, 죽음으로 모든 것을 묻어버리려는 시도에는 응하지 말아야 한다. 이런 측면에서도 유서에 대한 체계적이고 신뢰성 있는 분석은 중요한 의미가 있다.

04 언어에 담긴 마릴린 먼로의 마음

배우 마릴린 먼로의 죽음은 널리 알려진 초기 심리부검 사례이다. 먼로는 1962년 8월 자택에서 수면제 과용으로 사망했다. 그러나 사망 유형을 두고 논란이 벌어졌다. 경찰은 자살로 판단했지만 사고사의 가능성도 배제하지 못했고, 먼로가 연루된 정치 스캔들과 연관하여 타살 의혹이 제기되었다.

사망과 자살 발표

살아있는 먼로를 마지막으로 목격한 사람은 동거 가정부 유니스

머레이였다. 머레이의 증언에 따르면 먼로는 전날 저녁 8시경 침실로 들어갔다. 새벽 3시 25분경 머레이는 먼로의 방 문틈으로 희미한 빛이 새어 나오는 것을 보았다. 문은 잠겨있었고, 밖에서 불러도 대답이 없었다.

머레이는 정원으로 나가 유리문을 통해 침실을 들여다보았다. 먼로는 침대에 누워있었는데 모습이 이상하게 보였다. 한 팔은 침대에 길게 걸쳐져있었고 다른 한 손은 전화기에 닿아있었다. 머레이는 먼로의 임상가 그린선 박사에게 전화로 도움을 청했다. 그린선은 곧바로 찾아와 유리문을 깨고 침실 안으로 들어갔다. 먼로는 이미 사망한 상태였다. 그린선은 먼로의 주치의를 불러 사망 확인을 거친 후 경찰에 연락했다.

현장 조사를 마친 후 사체는 LA카운티 시체안치소로 옮겨졌다. 부검 결과 사인은 급성 바르비투르 중독이었다. 먼로는 당시 수면제로 사용되던 바르비투르와 클로랄 수화물을 의존성을 보일 정도로 남용하고 있었다. 과거에도 처방된 약물을 과다 복용함으로써 자살 시도를 한 일이 있었고, 지난 몇 년간 심한 스트레스를 받고 있었다. 극작가 아서 밀러와 이혼했고, 주연을 맡은 영화가 연속으로 흥행이 좋지 않았으며 약물 남용으로 촬영에도 차질이 생겼다. 사망 직전에는 비방 기사를 쓴 기자와 말다툼을 하기도 했다.

사체를 부검한 LA카운티 부검의 토머스 노구치는 약물 과용에 의한 자살 가능성이 높다는 판단을 내렸다. 하지만 약물 과용이 실수인지 의도적인 것인지 보여주는 단서는 없었다. 또한 먼로는 유서나 메모 등 죽음을 직접적으로 암시하는 것은 아무것도 남기지 않았다.

사람들의 의문과 심리부검의 진행

먼로는 당시의 최고 스타 중 한 사람이었던 만큼 사망의 파장이 컸다. 사람들은 유서가 남지 않은 점, 경찰 신고가 늦어진 점, 현장 조사가 불충분했던 점, 당시 대통령이었던 케네디와의 스캔들 등을 들어 경찰의 발표에 불신을 드러냈다. 먼로가 살해된 후 현장이 자살처럼 교묘하게 위장되었다는 주장도 나왔다.

사망 유형을 판단하기 위해 LA자살예방센터장 로버트 리트먼이 주축이 되어 심리부검을 진행했다. 리트먼은 먼로의 죽음은 소위 "자기 자신이 자초한 죽음(self-inflicted death)"이라고 판단하였으며 먼로에게 뚜렷한 자살 의도가 있던 것은 아니라고 보았다. 이전에도 유사한 자살 시도가 있었지만 항상 구조되었고, 이번에도 구조되리라는 희망을 가지고 자살행동을 했을 것으로 추정했다. 하지만 이번에는 구조가 늦어졌고, 반복적인 시도가 결국 자살 완료에 이르렀다는 것이다.

하지만 심리부검이 사망에 얽힌 의문을 풀어주지는 못했다. 독성학적 부검 결과 등 법적 증거도 뒷받침되지 않았다. 결국 먼로의 죽음은 사후 수십 년이 지난 현재까지도 논란의 대상이 되고 있다.

먼로의 글귀에 나타난 심리

사망 시 유서를 남기지는 않았지만, 생전에 먼로는 독서를 좋아했고 시, 일기, 편지 등 글을 많이 썼다. 영화제작자 스탠리 부찰이 펴낸 《먼로의 조각들》[35]은 먼로가 17살 때부터 사망 전까지, 20년 가까운 시간 동안 남긴 글귀들을 모은 책이다. 삶과 문학과 사랑에 대한 생각, 아이를 가지고 싶은 마음, 대중의 편견에 대한 불만 등 먼로가 느끼고 고민했던 많은 것들이 그 안에 고스란히 담겨있다.

자살 사망자가 생전에 쓴 글은 죽음의 시기에 가까워질수록 부정적인 정서나 우울감을 나타내는 단어들이 증가하는 경향성을 보인다. 만일 먼로에게 뚜렷한 자살 의도가 있었다면, 사망 시기에 가까워질수록 글 속에 자살생각이 드러날 가능성이 있다.

《먼로의 조각들》에 담긴 글을 보면 생애에 걸쳐 고독이나 두려움에 대한 언급이 반복해서 나타나고 있다. 다만 죽음이나 우울감을 직접적으로 표현하는 단어들이 눈에 띄게 높게 나타나지는 않았다. 오히려 부정적인 정서 표현은 인생 후반으로 갈수록 줄어드는 경향도 보였다.

> "Only parts of us will ever touch only parts of others — one's own truth is just that really — one's own truth. We can only share the part that is understood by within another's knowing acceptable to the other — therefore so one is for most part alone. As it is meant to be in evidently in nature — at best though perhaps it could make our understanding seek another's loneliness out."

---

35 Monroe, 2010

"우리의 한 단면만이 타인의 한 단면과 접촉할 수 있을 뿐이다. 한 사람의 진실은 실제로는 그저 본인의 진실에 불과하고, 우리가 공유할 수 있는 부분은 단지 서로가 이해하고 받아들일 수 있는 범위에 국한되어있다. 우리가 그렇게 태어났듯이, 사람은 대체로 혼자이다. 그런 의미에서, 최소한 우리는 다른 사람의 외로움을 찾아내 이해할 수는 있을지 모른다."

- 20대 초반(1943~1951년 사이 추정)에 남긴 메모에서

"working(doing my tasks that I have set for myself) on the stage—I will not be punished for it or be whipped or be threatened or not be loved or sent to hell to burn with bad people feeling that I am also bad, or be afraid of my [genitals] being or ashamed exposed known and seen— so what or ashamed of my sensitive feelings"

"무대에서 역할을(나 스스로 내게 부여한 과업을) 할 때는, 나는 벌을 받거나 매를 맞지 않을 것이다. 남들에게 사랑받지 못할 것이라고 위협을 받거나, 내가 지옥에 가 마땅한 사람이고 나쁜 사람들과 함께 지옥에 가서 불타게 될 거라는 말을 듣지도 않을 것이다. 내가 성기를 가지고 있다는 걸 두려워하지도 않을 것이고, 남들 앞에 내가 드러나거나 알려지거나 시선을 받거나 하는 것을 수치스러워하지도 않을 것이다. 나는 내 감정이 섬세하다는 사실을 수치스러워하지 않을 것이다."

- 1955년, 11살 무렵 고모할머니로부터 당한 학대를 떠올리며 남긴 메모에서

"Just now when I looked out the hospital window where the snow had covered everything is a kind of muted green. The grass, shabby evergreen bushes—though the trees give me a little hope—the desolate bare branches promising maybe there will be spring and maybe they promise hope"

"지금 내가 바라보는 병원 창문 밖은 모든 것이 눈에 뒤덮여있습니다. 일종의, 녹색이 침묵당한 상태라고 할 수 있겠지요. 잔디, 앙상한 상록수 덤불…. 그래도 나무들이 제게 작은 희망을 줍니다. 고적하게 헐벗은 가지들이 봄이 올 거라고 약속하는 것 같습니다. 어쩌면 희망을 약속하는 것일지도요."

-1961년, 정신과 입원 중에 담당 의사에게 쓴 편지에서

스페인의 정신의학자 메르세데스 페르난데스카바나와 동료들은 먼로가 생애에 걸쳐 남긴 글을 분석하여 자살을 암시하는 단서가 나타나는지 알아보고자 했다.[36] 먼로의 글을 분량과 시기를 기준으로 4개 묶음으로 나누고, 언어분석 프로그램 LIWC(Linguistic inquiry and word count, 언어 분석과 단어 계산)을 활용하여 시기에 따른 단어 사용에 변화가 있었는지 살폈다.

분석 결과 부정적인 감정을 표현하는 단어는 오히려 생애에 걸쳐 점진적으로 감소하는 추세를 보였는데, 이는 먼로가 명확한 자살 의도를 가지고 있었는지에 대해 의문을 제기하게 한다.

36 Fernandez-Cabana et al., 2013

반면 눈에 띄는 점은, 생애 마지막에 다다를수록 글에서 'we', 'us'와 같은 복수 1인칭 대명사가 감소하고 단수 1인칭 대명사 'I', 'me'의 사용이 증가했다는 점이다. 단수 1인칭 대명사는 연기자 생활에 부침이 시작된 50년대 후반부터 계속 증가했다.

"For someone like me it's wrong to go through self analysis—I do it enough in thought generalities enough. Its not too much fun to know yourself too well or think you do—everyone needs a little conceit to carry them through & past the falls."

"나 같은 사람에겐 자기 분석을 거듭하는 것은 좋지 않은 일이다. 나는 일반적으로 자기 분석을 너무 자주 한다. 자신을 너무 잘 알거나, 너무 잘 안다고 생각하게 되는 것은 그다지 유쾌하지 않은 일이다. 실패에 굴하지 않고 나아가려면, 사람은 약간 기고만장한 구석이 있어야 한다."

-사망 한 해 전인 1961년에 남긴 메모에서

인칭대명사의 사용은 사람의 인식이나 심리 상태와 잠재적 관련성이 있다. 특히 '나'와 '우리'를 융통성 있게 활용할 수 있다는 것은 화자가 심리적으로 건강하다는 것을 보여준다.[37] 반면 '우리'라는 표현이 줄어드는 것은 사회적 통합성이 낮다는 신호가 될 수 있으며, 단수 1인칭 대명사는 오로지 자기 자신에게만 초점이 쏠려있고 우울한 사람에게서 많이 나타난다고 한다. 이런 측면에서 먼로의 글은 먼로

37 Pennebaker, & Stone, 2003

가 생애 막바지에 이를수록 자신의 내면에 빠져들고 있었음을 암시한다.

글에 드러난 삶과 죽음의 조각들

먼로는 평소 심적 고통을 겪을 때마다 친구에게 전화를 해서 하소연을 하는 습관이 있었다. 이전 자살행동을 했을 때도 도움을 줄 사람에게 전화를 건 덕택에 구조를 받았다. 또한 먼로와 잘 알고 지내던 지인들은 먼로가 약물 남용이 심해진 이후 종종 약의 종류나 용량을 구분하지 못했으며, 사고사로 보인다고 진술했다.

먼로가 실수로 약을 과용했거나, 의도적으로 치명적인 양을 복용했더라도 구조받을 것을 염두에 두고 행동했다면 자기 위해 행동을 했더라도 자살 의도는 없었다고 할 수 있다. 명확한 자살 의도를 지닌 사람들이 나타내는 극단적인 우울감과 자살생각이 글 안에 드러나지 않은 것은 이런 이유라고 볼 수도 있다. 먼로는 우울했지만 무기력하지는 않았으며, 글이나 주변 사람들과의 대화에서는 절망뿐이 아니라 희망과 미래에 대한 계획도 드러냈다.

하지만 리트먼의 심리부검 결과가 말해주듯 먼로의 자살 위험성은 결코 낮지 않았다. 먼로에게는 정신질환 가족력이 있었고, 약물 남용과 자살 시도 이력이 있었으며, 불안정한 성장 배경, 학대, 성폭행, 가정폭력, 3번의 이혼, 유산 등 심한 스트레스를 주는 생애 사건을 경험했다. 사망 전 1~2년간 극심한 심리적 고통에 시달렸으며, 촬영 중에 해고를 당하거나 케네디와의 관계로 구설수에 오르는 등 촉진 요인이 될 수 있는 사건도 경험했다.

삶, 행동, 글에서 드러나는 먼로의 생각은 자살과 삶이라는 서로 다른 조각들로 구성되어 있다. 먼로뿐 아니라 많은 자살 사망자의 심리부검 결과를 살펴보면 자살 의도를 보여주는 단서와 삶의 의지를 보여주는 단서가 복잡하게 엇갈린다. 이는 삶의 의지를 보여주는 사람에게도 자살 위험성이 존재한다는 뜻이기도 하지만, 아무리 위험성이 높은 사람이라도 항상 구조 가능성이 열려 있음을 의미하기도 한다. 먼로의 자기 위해적인 행동이 한편으로는 구조의 요청이기도 했음을 먼로의 언어는 보여주고 있다.

3장

심리부검은 어떻게 이루어지는가

심리부검은 사망자의 지난 삶을 반추함으로써
현재 살아있는 사람을 돕는 일이라 할 수 있다.

01
심리부검은 무엇을 다루나

01 가장 무거운 질문, 자살인가 아닌가

심리부검의 가장 중요한 목적 중 하나는 미결정된 죽음의 사망 유형을 밝혀내는 것이다. 사망 유형은 보통 자연사, 사고사, 자살, 타살 등으로 분류할 수 있다.[1] 노화나 질병 등 점진적인 원인으로 이루어진 죽음이 자연사라면, 사고사, 자살, 타살 등 갑작스러운 죽음을 사건성이 있는 죽음이라고 말할 수 있다. 사건성이 있는 죽음은 범죄에 의한 것일 수도 있고 특정인이나 단체에 귀책사유가 있을 수도 있어 과학적인 검증과 수사가 필요하다.

그런데 모든 죽음의 사망 유형을 바로 알 수 있는 것은 아니다. 사

1 NASH(Natural, Accidental, Suicidal, Homicidal) 분류; Roth, 2009

체가 발견된 상황이나 사인만 가지고서는 사망 유형이 모호할 때도 있고, 범인이 현장을 조작할 수도 있다. 이렇게 현장에서 사망 유형을 즉각적으로 기술할 수 없는 죽음(deaths that are not immediately descriptive of the manner of death)을 모호한 죽음, 혹은 미결정된 죽음이라고 칭한다.

한국에서 일어나는 사망 사건 중 10%가량이 정확한 사망의 유형을 구분할 수 없다고 한다. 한 해 2만 5천 명가량이 사망 유형 불명으로 판단되는데, 이는 자살로 판단된 사건의 배에 가깝다.[2] 미국 등 외국에 비해서도 월등히 높은 수치이다. 여기에는 사인을 규명할 수 있는 법의학자의 부족, 부검 및 사체 보존에 관한 법률의 미비, 행정검시제도의 활용 미비 등 다각적인 원인이 있다.

사망 유형 판정에 어려움이 생기는 이유는 대부분 현장 목격자가 부족하거나 설령 있더라도 목격자 증언이 충돌하기 때문이다. 현장에서 수집된 법적 증거가 서로 모순되는 방향을 가리킬 때, 자살이 의심되지만 사망자가 죽을 의도가 있었는지 불분명할 때도 판정이 어렵다. 이렇게 모호한 죽음을 규명하기 위해서는 현장 증거, 검시보고, 사망자의 행적 등에 대한 광범위하면서도 철저한 단서 수집과, 동시에 그 단서들을 하나로 아우르는 통합적인 분석이 필요하다.

심리부검은 이러한 분석에 효과적인 실마리를 제공한다. 지인과 가족들을 면담하여 사망자가 처한 상황과 과거 이력, 만성적 문제 등을 파악하고 이를 바탕으로 사망자의 죽음 직전 심리와 행동을 신빙

2 통계청, 2013

성 있게 재구성할 수 있다. 그 결과와 법적 증거를 종합하여 최종적으로 사망 유형을 판단하는 것이 심리부검의 진행 과정이라고 요약할 수 있다.

심리부검은 수십 년간 효과적인 분석 방식으로 활용되어왔지만, 일각에서는 심리부검의 객관성과 타당도에 의문을 제기하고 있다. 1989년 미국에서 벌어진 아이오와 호 사건은 명확한 기준 없이 진행된 심리부검의 문제점을 잘 보여주고 있다.

미 해군 전함 아이오와 호가 함포 사격 훈련 도중 폭발을 일으켜 승무원 47명이 사망했다. 사고 원인을 규명하기 위해 FBI 프로파일러와 해군 소속 심리학자가 심리부검을 진행한 결과, 사건으로 사망한 한 군인이 자살을 하기 위해 고의로 폭발을 일으켰다는 결론이 났다. 그 군인이 동성애자이며, 연인 관계에 있던 동료 군인과의 불화로 사건을 일으켰다는 것이다. 하지만 군은 정황 증거만 제시했을 뿐 해당 승무원이 동성애자라거나 동료와 연인이었다는 증거는 제시하지 못했다. 미 상원과 하원의 군사위원회는 심리부검을 진행한 조사팀이 명백한 증거 없이 정황 증거에만 근거해 판단했다고 비난했다. 결국 이듬해 재조사가 진행되었고, 조사에 임한 샌디아 국립연구소 소장 리처드 슈어벨은 실수 혹은 장비 결함으로 장약과 탄두가 약실 안에서 직접 충돌한 탓에 사고가 일어났다는 의견을 제기했다.[3] 이 의견이 사실이라면 처음 조사 결과와는 달리 미 해군에 상당한 귀책사유가 있는 것이었다. 해군은 국립연구소의 의견을 인정하지 않았지

3 Schwoebel, 1999

만 유감을 표명했다. 사건은 논란 속에 종결되었고 사망 군인들의 유가족은 소송을 제기했다.

사우스플로리다대학의 노먼 포이트레스는 아이오와 호 사건을 다룬 연구논문에서 신뢰성 있는 심리부검을 위해 전제되어야 할 요건을 다음과 같이 밝혔다.[4]

- 심리부검은 엄격한 절차와 과학적 기준에 따라 진행해야 한다.
- 판단자의 편견과 예단을 배제해야 한다.
- 그럴듯한 가정이 아니라 종합적 사실에 근거하여 판단해야 하며, 객관적 사실 여부가 입증되지 않은 정보는 조사 과정에서 통제해야 한다.
- 불가피하게 정보가 미비했을 경우 분석 결과의 한계성에 대해 분명히 언급하고, 다른 법률적 판단자가 이를 인지할 수 있도록 고지해야만 한다.
- 결과의 과잉 해석 · 적용을 경계해야 한다.

다른 방법과 마찬가지로 심리부검도 오류와 오판의 여지가 있다. 거기에 사람의 심리라는, 아직 명확히 규명되지 않은 대상을 분석하기에 더욱 신중이 요구된다.

---

4 Poythress et al., 1993

02 어떻게 자살을 판단하는가

심리부검 연구자들은 사망 유형 판정에 적용할 수 있는 신빙성 있고 표준화된 기준과 도구를 마련하기 위해 노력해 왔다. 심리부검의 창시자 중 한 사람인 로버트 리트먼[5]은 자살을 판정할 때 사용할 수 있는 결정적 준거로 다음과 같은 항목을 제시했다.

- 일상생활에서 현격한 이탈을 보였다.
- 죽음을 준비하고 예비했음을 보여주는 명확한 증거가 존재한다.
- 죽음 직전에 죽고 싶다는 표현이 부쩍 많이 나타났다.
- 과거 자살 시도나 자살 위협 이력이 있다.
- 과거 정신질환 병력이 있다.
- 최근 우울 증상 혹은 다른 정신질환을 보였다.
- 알코올이나 기타 물질을 남용했고 최근 심각한 남용을 보였다.
- 최근 유의미한 생활 스트레스를 경험했다.
- 최근 정신건강 전문가의 도움을 거절했다.
- 자살 행동을 실행하던 중 사람들이 구조를 시도했을 때, 이를 뿌리쳤다.

또한 에드윈 슈나이드먼은 자살 판정을 위해 반드시 검토해야 할 최소한의 정보를 다음과 같이 제시했다.[6]

---

5 Litman, 1968
6 Shneidman, 1976

- 사망자의 신상 정보: 이름, 나이, 주소, 결혼 상태, 종교, 직업, 기타
- 사망에 관한 상세 정보: 사인, 자살 수단 및 기타 관련 정보 등
- 간략한 삶의 이력: 가족관계, 결혼, 신체적 · 정신적 질환과 치료 이력, 자살행동 이력 등
- 가족의 사망 이력: 자살 · 암 · 기타 치명적 질병을 포함한 사인, 사망 시의 연령, 기타 세부 사항
- 사망자의 성격과 일상생활
- 사망자가 평소 스트레스, 분노, 슬픔, 당혹 등 문제 상황에 대응하는 전형적인 방식
- 최근(지난 며칠부터 12개월 사이) 사망자가 겪은 혼란, 중압감, 긴장, 어려움 등 정서적 문제에 대한 정보
- 알코올이나 약물 사용이 사망자의 일상생활과 죽음에 미친 영향
- 사망자의 대인 관계 특성(담당 의사와의 관계 포함)
- 사망자가 죽음과 자살, 사고 등에 대해 품고 있던 생각들: 관념, 환상, 꿈, 예상, 두려움 등
- 사망 전 나타난 변화: 습관, 취미, 식생활, 성생활, 기타 일상적 부분
- '살아갈 의도' 측면을 보여주는 정보: 상승세, 성공, 앞으로의 계획 등
- 자살 의도 수준. 즉 죽음에 이른 행위에서 사망자가 직접 한 역할
- 치명성 수준
- 사망자의 죽음에 대한 유가족 반응
- 사람들의 진술, 기타 특징적인 요소 등

미국에서는 각 주마다 제각각인 자살 판단 기준을 통일하고 신뢰성 있고 보편적으로 통용 가능한 자살 판정 기준을 제시하고자 노력해왔다. 1988년에는 미국질병관리본부, 과학수사연구원, 자살예방협회, 검시관 및 법의조사관 협회, 국립보건통계센터 등등이 참여하여 자살 판단을 위한 운용 가능한 준거(Operational Criteria for the Determination of Suicide)[7]를 개발하였으며, 1991년에는 추가로 자살 판단을 위한 경험적 기준(Empirical Criteria for the Determination of Suicide)[8]을 제시했다.

이 기준들을 요약하면 다음과 같다.

1. 죽음을 초래한 자살행동을 스스로 실행했을 것

이는 부검, 독물학, 법적 증거, 심리적 증거, 사망자 본인이나 목격자가 진술한 내용에 의해 입증될 수 있다.

2. 자살 의도가 있을 것

상해가 발생했을 때, 사망자가 죽고자 의도하거나 소망하였으며 행위가 초래한 결과를 이해하고 있었다는 명시적 혹은 암시적 증거. 이는 다음을 포함할 수 있다.

① 말이나 행동을 통한, 자살을 하고자 하는 명백한 의사 표현

② 자살 의도가 있다는 암시적 증거. 다음을 예로 들 수 있다.

- 지병, 노화 등 죽음을 예견할 만한 삶의 맥락이 없는 상태에서 부자연스럽게 죽음을 준비하는 행동을 보임

---

7 Rosenberg et al., 1988
8 Jobes et al., 1991

- 주변에 작별인사를 하거나 죽고자 하는 소망/곧 죽을 것을 알고 있음을 드러내는 표현을 함
- 무기력하고 아무 희망이 없다는 생각을 주변에 드러냄
- 감정적 혹은 육체적으로 심각한 고통과 고뇌를 호소함
- 자살 수단을 마련하거나 알려고 함. 치명적 행동을 예행연습함. 구조가 오지 않도록 대책을 마련함
- 자살 수단의 높은 치명성을 사망자가 사전에 알고 있었다는 증거, 과거 자살 시도, 과거 자살 위협
- 심한 스트레스를 주는 사건, 실제적 혹은 잠재적 상실, 심각한 우울증이나 정신질환을 겪었다는 증거
- 최근 갑작스러운 심경의 변화를 겪었다는 증거
- 가까운 가족과의 관계에서 전반적인 불안정을 겪었다는 증거
- 최근 대인관계 갈등을 겪었다는 증거
- 전반적으로 취약한 신체건강을 가지고 있었다는 증거

법심리부검에서는 미국의 법심리학자(forensic psychologist) 브루스 이버트가 1987년에 개발한 심리부검 지침이 널리 활용되고 있다. 이 지침은 언어적 단서에서부터 사망자 개인의 이력, 사망 현장에서 발견될 수 있는 법적 단서까지 모든 내용을 아우르는 구체적 항목들을 담고 있으며, 심리부검의 체계성을 상당 부분 개선했다는 평가를 받고 있다.

이버트의 심리부검 지침[9]

- 개인정보 관련 변인 6항목: 알코올 문제, 결혼생활, 가족 사망 이력, 가족력, 직업, 교육 수준
- 심리 관련 변인 7항목: 기분, 내적·외적 스트레스, 심리학적 진단, 동기, 생전에 열중했던 문제, 환상, 죽음에 대한 감정
- 사망 전 사망자의 정신건강 상태를 보여줄 수 있는 검사 결과 혹은 심리학적 진단
- 자살행동 평가 관련 변인 2항목: 자살 전 행동, 선택한 자살 방법의 친숙성
- 약물 사용 이력 및 검시·부검 관련 변인 3항목: 복용 약물, 병원 기록, 검시보고서
- 현장 분석 관련 변인 4항목: 사망 전 일어난 사건, 재구성된 사망 전 행동, 현장분석 결과, 수사 보고서
- 관계 관련 변인 1항목: 가족·친구·지인 등 주변 사람들과의 관계

더욱 정교한 자살 판단을 위한 연구와 노력은 현재에도 계속 진행되고 있으며, 전문가들은 공통적으로 한두 가지 단서에서 결론을 도출할 것이 아니라 가능한 한 폭넓은 정보를 다각적으로 살피도록 권고하고 있다.

---

9 Ebert, 1987

03 심리부검에서 반드시 살펴야 할 것

사건 기록과 수사 기록

사건 기록은 사망자의 신원 정보, 사건 경위와 장소 및 시기, 사건 발생 시 개입 과정에 대해 자세히 기술하고 있다. 이는 사건의 진행 과정을 파악하는 데 가장 기본이 되는 자료이다. 이 자료를 바탕으로 경위를 파악하고, 모호하거나 빠진 정보에 대해서는 면담을 통해 확인한다. 사건 경위에서 자살로 판단하기에 석연치 않은 부분이 있다면 자살 사망자가 명확한 의도와 치명성을 충분히 보였는가를 중점으로 관련 정보제공자를 면담하도록 한다. 이런 측면에서 사건 기록 일체는 심리부검의 중요한 시작점을 제시해줄 수 있다.

사망 현장 정보

자살 사망자가 발견된 장소, 자살에 사용된 수단, 사망 당시 사망자의 차림새나 소지품 등은 사망자의 성격 특성과 심리 상태에 대해 많은 것을 보여준다. 주변에 남겨진 유서나 메모 등은 자살 의도를 판단하는 데 영향력 있는 증거가 된다. 목격자 증언 등을 통해 사망자가 사망 직전 취한 행동에 부자연스럽거나 인위적인 요소가 있었는지도 세밀하게 살펴볼 필요가 있다.

부검 결과(검시보고서)

부검 기록은 검시관이 사망자를 대상으로 부검을 실시한 기록이다. 부검의 목적, 사인, 사망 유형, 사망 당시 사망자의 상태에 대해 중요한 정보를 제공한다. 또한 독성학적 분석을 통해 사망자가 복용한 약물이 죽음에 이를 만큼 치명적인 분량이었는지 등을 알 수 있다.

사망자의 소유물

자살 사망자의 물건 중 자살에 대해 가장 많은 정보를 담고 있는 것은 유서일 것이다. 하지만 자살 유서가 발견되지 않았더라도 사망자의 일기장, 노트, 시, SNS 글귀 등을 바탕으로 사망자에게 자살생각이 있었는지 살펴볼 수 있다. 직접 쓴 글이 아니라도 소지한 잡지, 책 등이 사망 환상이나 자살 계획과 연관될 수 있다. 그 외 다른 일상적 소지품 관리의 유무, 관리 상태 등에서도 삶에 대한 사망자의 태도를 엿볼 수 있다. 한 예로 소장했던 물건을 주변 사람들에게 이유 없이 나눠 주는 것은 전형적인 자살 징후 중의 하나로 볼 수 있다.

사망자가 사용하던 PC, 스마트폰은 사망자의 일상이나 인간관계에 대해 무수한 정보를 담고 있을 수 있다. 검색 기록, SNS 등에 자살 의도가 그대로 드러나 있는 경우도 있다. 유가족에게 열람을 요청하여 빠뜨리지 않도록 해야 한다.

건강 관련 기록

병원 의료 관련 정보와 진료 기록을 검토한다. 지병이나 난치병 유무, 정신과 진료 혹은 입원 기록, 진단명, 급격히 악화된 증상, 불규칙적인 약물 처방 여부, 과잉 진료나 진료 회피, 약물 처방에 대한 순응도와 반응도 등을 살핀다. 정신과 진단 부분은 특히 중요하다. 정신질환에 대한 부정확한 정보로 편견이 생기는 것을 막기 위해 가급적 빨리 검토하는 것이 좋다. 진단명, 증세, 그로 인한 장애와 적응 문제 등을 고루 파악하도록 한다. 생전에 심리치료가 이루어졌다면 어떤 과정을 밟았는지, 순응도와 반응도는 어땠는지도 검토해보아야 한다. 특히 진료 차트나 의료기록지 등을 통해 약물치료의 순응도와 반응도를 확인할 필요가 있다.

자해나 약물 남용 등 자기 위해 행동이 있었는지, 그에 대한 적절한 치료와 대응이 이루어졌는지도 의료 기록을 통해 면밀하게 살피도록 한다. 이때 사망자가 2차적 목적, 즉 이득을 목적으로 자기 위해 행동을 한 것은 아닌지 주의 깊게 조사해야 한다. 또한 이 정보와 함께 사망 시점까지의 정신건강 기록을 시간순으로 검토하되, 특히 자살생각, 자살 의도의 표현, 자살 위협, 시도 혹은 저지 등에 대한 기록을 중심으로 살핀다. 이를 통해서 자살행동의 의도, 수단, 치명성과 주변의 환경 등을 객관적으로 평가할 수 있다.

자살 시도나 자해행동 이후 진료나 입원이 있었다면 어떤 진단과 처치를 받았는지 순차적으로 살펴보아야 하고 진료 결과 진단명이 달라졌다면 이유가 무엇인지, 그리고 그에 따른 경과는 어땠는지 조사할 필요가 있다. 특히 심리 진단 결과에 주목하여, 충동성, 감정 등 정서 상태, 쾌감상실, 정신질환 재발, 자살생각 등을 눈여겨 보아야 한다.

가족 자살 이력과 가족의 정신질환 이력 등도 연관하여 살펴볼 필요가 있다. 이는 유가족 등 정보제공자와의 면담 과정에서 추가적으로 확인해야 하는 내용이다.

수용시설 기록

수형시설, 요양시설, 입원시설 등 사망자가 생전에 수용되어 생활한 모든 시설의 기록을 살필 필요가 있다. 이러한 기록은 자살 사망자에 관한 포괄적인 자료들을 담고 있는데, 심리검사 결과, 수형 기록, 분류등급 기록, 생활 사건 기록, 수용 중 적응 기록, 징벌 등의 내용이 포함될 수 있다. 가족력, 사회성, 교육 수준, 범죄 기록, 심리학적 평가 등 배경 정보도 찾아볼 수 있다.

증언

법적 증거나 기록으로 확인할 수 없는 부분에 대해서는 목격자와 주변인 등으로부터 신뢰성 있는 증언을 확보해야 한다. 진술을 수집하는 데 있어서 특히 중요한 것은 사망 당시 사망자가 실제 자살 의도와 계획이 있었는지 확인하는 것이다.

먼저 사망으로부터 48시간 안쪽의 사망자의 행동, 발언, 사망자에게 일어난 사건과 스트레스, 알코올·약물 사용 여부 등을 살펴본다. 자살 행동에 사망자의 의도와 계획이 반영되었는지, 반대로 충동성이 보이는지 등도 살핀다.

지난 두 달 간 자살생각을 보이거나 자살을 준비했는지도 중요하다. 이전에 자살행동이 있었다면 그중 가장 심각한 자살 시도, 자살 시도 횟수, 과거 촉발 사건, 가장 최근 사건의 계획성과 치명성도 탐색한다.

02
심리부검의 출발점, 현장 조사

01 사망 현장 조사와 검시보고서

사망 유형이 무엇이든 사체 발견 현장은 아주 중요하다. 철저한 조사를 완료할 때까지 현장은 오염되지 않도록 완전하게 보호되어야만 한다.

현장 조사는 현장에서 얻을 수 있는 모든 정보, 단서, 증거를 확보하고 이를 정리하는 과정 일체를 말한다. 법적 증거물의 획득에서 시작하여 현장과 사체에서 얻을 수 있는 시각·청각·후각적 정보 일체, 장소의 특성에 대한 조사, 현장 목격자들에 대한 면담, 그리고 이 모든 내용에 대한 보고서를 완성하는 것까지 현장 조사에 포함된다. 수집된 단서에 대해 보다 세밀한 조사가 필요할 경우 수사기관 감식

팀이나 국립과학수사연구원이 분석을 진행한다.

조사를 진행하면서 찾아낸 단서나 정보는 즉시 보고서나 파일로 남긴다. 현장을 스케치한 기록, 35mm 정밀 사진, 법의조사관 보고서, 현장 혹은 현장 검증 영상 자료 등이 그 예이다. 목격자 진술은 내용을 2차적으로 전달받은 사람이 아닌 면담한 당사자가 직접 기록으로 남겨야 한다.

이렇게 정리된 정보는 수사 과정에서 체계적이고 통합적인 분석 틀을 제공할 뿐 아니라, 사후에 다른 조사관이나 심리부검 조사관이 사건을 분석할 때에도 중요한 역할을 한다. 조사관들에게 서로 다른 정보가 주어진다면 결론이 달라질 가능성도 있기 때문이다. 누가 언제 조사에 임하든 똑같은 수준의 정보를 가지고 사건을 살펴볼 수 있도록 해야 한다.

검시보고서는 사인을 비롯하여 사체에서 발견된 모든 정보를 담고 있다. 정확한 사망 유형을 밝혀내는 과정에서 중요한 법적 증거를 제공한다.

사체의 조사는 통상 사체의 사진을 남기는 것으로 시작된다. 발견 당시 상황과 사체의 상태를 보여줄 수 있는 다양한 각도의 사진을 원·근접으로 촬영하거나 영상으로 남겨놓는다. 이와 함께 현장 조사관이 사체를 관찰하고 그 내용을 기록한다. 이를 전문적으로 수행하는 조사관을 법의조사관(forensic medical examiner)이라고 하는데, 한국 경찰에서는 13년 전부터 법의조사관 제도를 운영하고 있다. 법의

조사관은 일반 공무원으로 선발되며 과학수사계에 소속된다. 이들은 사체가 발견된 현장에 나가 오염되지 않은 상태에서 사체의 상태, 외관상 상처, 특징 등을 즉시 기록으로 남기고 사망 원인을 탐색한다.

현장의 보존과 단서 수집을 진행하고 나면 사체를 현장에서 옮겨 탈의한 후 보다 면밀하게 사체를 살핀다. 사체의 전신이 담긴 사진을 전후좌우 모든 각도에서 촬영하고, 상처 부위, 특이한 상처 부위, 얼굴 등 사체에서 중요한 신체 부위를 중심으로 찍거나 영상을 남긴다. 사체의 신장과 신체 치수, 외부의 상처, 상흔, 자국, 문신, 멍, 시반, 사후 경직, 울혈점, 부상, 피부 조직 손상, 치료된 상처나 골절, 기타 특기할 만한 점을 차트에 담는다.

사망에 의문점이 있으면 부검을 진행한다. 부검의는 국립과학수사원이나 의학전문대학원 법의학 교실에 소속되어 있으며, 사체를 해부하여 보다 심층적인 법의학 정보를 제공한다. 체내 기관의 상태, 위 내용물, 혈류 흐름 등 사망에 연관될 수 있는 다양한 정보를 찾아내고 필요가 있을 경우 엑스레이 사진을 기록으로 남기기도 한다.

자살을 명확하게 판정하기 위해서는 현장 조사 기록과 검시보고, 심리부검 결과를 모두 검토할 필요가 있다. 대개 수사 과정에서 조사관이 유가족을 면담하고 범죄행동을 분석하면서 약식 심리부검이 진행되므로, 심리부검에 의한 자살 판정이 먼저 이루어지는 경우가 많다. 하지만 이런 경우에도 현장의 법적 증거와 검시보고서라는 물적 근거가 뒷받침되어야 한다. 마찬가지로 사체 부검을 통해 자살이 증명된 경우라도 심리부검 결과와 교차 검토하여 이를 재차 확인할 필요가 있다. 사망 유형의 판별에는 종종 판단자의 확증적 오류나 편향이 반영되기 때문에, 심리부검이 판단을 재검증하고 확인하는 역할을 하는 셈이다.

사례 한국 성인 남성 가출자

한 강변 주차장에 세워진 차량 안에서 테이프에 결박된 성인 남성의 사체가 발견되었다. 사체는 앞좌석과 뒷좌석 사이 공간에 우측으로 모로 누워 있는 상태였다. 무릎 부근에 좌측 손과 함께 투명 테이프가 감기고, 코와 입에 노란색 테이프가 붙어있었다. 얼굴에는 13회, 다리와 좌측 팔에는 7회 정도 테이프가 감겨있었다. 의복과 양말 등은 모두 착의한 상태였다. 현장인 강변 주차장은 사건이 발생한 평일에는 인적이 드문 곳이었다. 차량의 키는 on 상태로 놓여있었고, 시계와 에어컨 패널에 테이프가 붙어있었다. 차량의 엔진룸과 배기구에서 기타 특이한 사항은 발견되지 않았다.

이 사건은 유서 등 자살을 뒷받침하는 증거물이 발견되지 않았고 현장 상황 및 사체의 위치 등 타살이 의심되는 정황이다.

검시보고서에 따르면 사인은 질식이었다. 몸 좌측에 선홍색 시반이 있었는데 저체온에 의해 형성된 것으로 보였다. 격투흔 혹은 반항흔, 사망에 이를만한 특이한 외상은 발견되지 않았다.

현장 단서를 국립과학수사원이 분석한 결과 사체에 감겨 있던 테이프의 지문, 운전석 핸들에서 발견된 쪽지문 등은 모두 사망자의 것이었다. 이 결과와 몸에 특별한 상처가 없다는 점은 자살 가능성을 높여주었다. 이를 바탕으로 주변인 진술을 받았다.

사망자는 지난해 가출이 신고된 사람으로, 5년 전 사업에 실패한 후 우울증 진단을 받고 치료를 받아왔다. 부친의 진술에 따르면 가출 당시에 증상이 악화되고 있었다. 죽음을 시사하는 말을 자주 했고 동생에게 "남겨진 처자식을 부탁한다"는 문자메시지를 보내기도 했다. 모든 단서를 종합하여 볼 때 타살이 아닌 자살로 결론내릴 수 있었다.

02 검시보고에 기반한 사망 유형 판단

심리부검 조사관들은 자살에서 흔히 발견되는 상흔과 그렇지 않은 상흔, 즉 비전형적인 상흔의 특징을 숙지하고 있어야 한다. 상흔은 사망 유형을 구분하는 데 중요한 준거가 될뿐더러, 흔하지 않은 형태의 상흔이 나타났을 경우 어째서 사망자가 그러한 방식을 선택했는지도 심리부검에서 규명해야 할 대상이다.

또한 타살 사건에서 범인이 자살처럼 보이기 위해 범행 현장을 위장한 경우, 현장 조사관이 자살에서 전형적인 상흔과 비전형적인 상흔을 구분할 수 있어야 적확한 현장 조사와 증거 수집이 가능하다. 예를 들어 교살을 하고 끈으로 목을 맨 것처럼 위장했다면 사체와 끈의 위치, 매듭의 형태, 상흔의 위치와 형태 등에서 살인 고의가 있는 목맴과 자살에서 나타나는 목맴을 구분할 수 있어야 한다.

흔하지는 않지만 타살처럼 보이도록 위장한 자살도 있을 수 있다. 그런 경우 조사관은 사망자 스스로가 치명적인 상처를 냈을 가능성을 보여주는 현장 증거를 수집하되 이와 별도로 사망자에게 그러한 행동을 할 동기, 이를테면 특정 지인에 대한 분노나 복수심 등이 존재하는지 주의 깊게 살펴보아야 한다.

자살과 타살의 구분

끈 등으로 목을 압박하여 질식사하는 목맴은 한국에서 가장 자주 나타나는 자살 방법이다. 하지만 타살을 자살로 위장하기 위해 스스로 목맨 것 같이 현장을 조작하는 경우도 있다. 자살은 대개 자신의 체중으로 끈에 압력을 가하지만 타살은 타인의 위력이 작용하므로 서로 다른 특징이 나타난다. 타살은 끈 자국이 여러 갈래로 나거나 옷이 쓸리는 경우가 많고, 끈을 고정시킨 지점이 달라지는 등 부자연스러운 점이 발견된다.[10]

칼을 사용한 상처로 사망한 경우, 자살 사망자는 흔히 주저흔(hesitation marks)을 남긴다고 알려져있다. 주저흔은 치명적인 상처 주변에 일정한 패턴을 그리며 얕은 절개 형태로 나타난다. 자해 상처는 다양한 부위에 나타날 수 있다. 손목, 가슴, 목, 목 주변 부분에 나타나기도 한다. 그러나 자살 시에 항상 주저흔이 남는 것은 아니다. 스스로 자상을 입혀 사망한 사람들 중 55%에서만 주저흔이 나타난다는 보

10 윤중진. (2013).《법의학》. 고려의학 출판사; 강신몽 외. (2010).《타살의 흔적》. 시공사.

고도 있다.[9] 반면 타살에서는 일반적으로 방어흔(defensive marks)이 나타나는데 피해자 전체의 절반 정도가 팔뚝이나 손에 방어흔을 입는다.

사체가 옷을 입지 않은 상태로 발견될 경우 성폭행과 타살 가능성을 염두에 두게 된다. 하지만 나체 상태로 자살하는 경우도 있다. 중증 우울증, 특히 지시 환청 망상 등의 정신질환을 지닌 사람들에게서도 이러한 행동이 나타날 수 있다. 복수심이나 화를 표현하기 위한 수단으로 삼기도 한다. 미국에서 진행된 연구에서는 나체 상태로 자살한 사망자의 95%가량이 정신질환 징후가 있었다.[12] 상당수가 높은 치명성을 보이며, 투신 자살의 비중이 높다.

총기를 이용한 자살은 총구를 접촉하고 발포한 흔적이 나타나는 경우가 많다. 특히 오른쪽 관자놀이나 입 안쪽에서 나타난다. 또한 단 한 번의 치명적 손상에 의해 사망하는 경우가 많다. 반대로 여러 발이 발포되었을 경우, 중거리에서 발포된 경우, 머리 뒤편에서 탄환을 맞는 등 총상 위치나 각도가 비전형적인 경우는 보통 타살로 판정한다. 하지만 언제나 예외는 있다. 극히 드물지만, 자살을 의도하고 스스로 머리에 총을 쏘았지만 한 발로 죽음에 이르지 않아 다시 발포한 사례가 존재한다.[13] 또한 총기에 의한 자살과 타살을 비교한 연구에 따르면 자살로 확인된 총기 사망 1,700건 중 중거리에서 발포된 경우가 30건이 넘었고 머리 뒤편에서 총알이 들어간 사례도 68건 발견되었

---

11 Rouse, 1994
12 Simon, 2008
13 Prahlow, 1998

다.[14] 다른 연구에 따르면 총으로 자살할 때 총이 자살한 사람의 손에 남아있는 경우는 전체 사례의 4분의 1에 지나지 않는다.[15] 몸에서 수십 센티미터 이상 멀리 떨어지는 경우도 있다. 사망자와 총기가 어느 정도 떨어져있다고 해서 꼭 살인이라고 볼 수는 없다는 사실이 밝혀진 것이다. 모두 자살에 대한 통념에 반하는 사례이다. 이렇게 비전형적인 상황이 있을 수 있음을 고려하면서 현장의 다양한 단서들을 함께 분석해야 한다.

국내의 미결정된 총기 사망 사건으로는 김훈 중위 군의문사 사건이 있다. 1998년 2월 판문점 공동경비구역 JSA내 벙커에서 김훈 중위가 권총상을 입고 숨진 채 발견됐다. 군은 자살로 판정했지만 근접사라는 점, 총탄의 방향이 위에서 아래로 흐른 점, 사입구가 뒤에, 사출구가 앞에 있었다는 점을 들어 타살 주장이 나왔다. 하지만 현장의 훼손으로 정확한 사인을 밝힐 수 없었다. 이 사건은 대표적인 군의문사 사건으로, 김훈 중위는 사망 19년 만인 2017년 8월 순직으로 인정받았다.

1984년 발생한 허원근 일병 사건도 비슷한 경우다. 군은 자살로 판정했으나 유족과 의문사진상규명위원회는 타살을 주장했고, 당시 사건을 담당했던 군과 수사팀이 현장을 은폐하여 정확한 사망 유형을 알 수 없게 되었다. 2015년 대법원은 진상규명이 불능이라 판단하고 국가가 이에 대한 책임을 지고 유족에게 배상할 것을 결정했으며, 2017년 5월 허원근 일병의 순직이 인정되었다.

---

14 Karger et al., 2002

15 Lacks et al., 2008

위의 사건에서 보듯이 사망의 유형을 밝히기 위해서는 오염되지 않은 현장 정보가 필요하며, 이와 함께 부검과 현장 분석 결과를 뒷받침할 수 있는 심리적 요인과 인과관계 등을 찾아야 한다.

자살과 사고사의 구분

약물 과다 복용으로 인한 죽음은 사망 유형을 구별하기 어렵다. 약물을 마련하고 복용한 것은 대개 사망자 본인이지만, 사망자가 자살을 의도한 것인지 실수로 과다 복용을 한 것인지 알 수 없기 때문이다. 이 경우 면담 등 심리부검이 사망 유형을 밝히는 데 유효할 수 있다. 그만큼 함부로 자살로 단정하고 심리부검에 임하는 것은 위험하다. 자살 판정이 명확하게 내려지지 않은 사건이라면 끝까지 가능성을 열어놓아야 한다.

끈 등으로 목을 졸라 질식을 일으키는 것은 타살과 자살 양쪽에서 많이 나타나는 수단이다. 하지만 성적 쾌감이나 스릴, 긴장 이완 등을 목적으로 스스로 산소 결핍을 유도하다가 사고사에 이르는 경우도 있다. 이런 유형의 죽음은 검시조사관이나 경찰관에게 자살이나 타살로 오인될 가능성이 높다.

특히 자기색정(autoeroticism) 과정에서 성적 경험 강화를 위해 스스로 질식을 유발하다 발생하는 자기색정사는 자주 자살로 오인된다.[16] 피학 행위를 위해 결박을 하였을 경우 타살로 오인될 수도 있다. 그러나 이로 인한 죽음은 대부분 사고사이며[17] 이런 행위를 하는

---

16 Hennessee, 2004

17 Jenkins, 2000

사람의 의도는 성적 쾌감을 얻고자 하는 것이지 자살이 아니다. 자살과 구분되는 자기색정사의 특징은 다음과 같다. 몸이 부분적으로 바닥에 의해 지지되거나 신체 일부가 지면에 닿아있다. 끈의 매듭이 스스로 풀 수 있는 형태이다. 매듭과 신체 사이에 천 등으로 보호 수단을 대어놓았다. 신체 결박이나 성적 피학 행동, 복장도착이나 자위행위를 보여주는 단서, 도구 등이 현장에 존재한다.[18]

총기 사망은 보통 상흔이나 발포 거리 등을 바탕으로 사망 유형을 판정한다. 하지만 상흔이 비전형적일 때는 사망 유형 판단이 어려울 수 있다. 사망자 스스로 발포한 상황이라고 해도 자살인지 사고사인지를 쉽게 단정하지는 말아야 한다.

---

18 Hazelwood, Dietz, & Burgess, 1983

03
심리부검 면담은 어떻게 이루어지나

01 심리부검의 목적 설정

면담을 비롯하여 모든 심리부검 절차에 들어가기에 앞서, 가장 먼저 심리부검의 목적을 명확히 할 필요가 있다. 사망 유형을 결정하기 위해 진행하는 심리부검과, 자살임이 확정된 사건에 대하여 생명보험이나 산재보험 적용 여부를 가리기 위해 진행하는 심리부검은 그 초점이 달라질 수밖에 없다.

단일 사례에 대한 분석인지, 군집분석인지, 심리부검을 의뢰한 곳이 어디이며 해당 기관 혹은 개인이 요구하는 바는 무엇인지, 계약에는 어떤 내용이 들어있으며 지원되는 비용과 기타 여건은 어떠한지 등을 파악한 후에야 구체적인 진행 계획을 세울 수 있다. 결과보고서가 어떤 목적으로 사용될 것인지도 고려해야 한다.

심리부검의 목적은 사례의 성격에 따라 다양할 수 있으나, 보통 다음과 같은 목적으로 진행된다.

- 사망 유형과 사건 발생 경위를 명확히 밝혀내기 위하여
- 단일 자살 사건에서 사망의 상황을 재구성하고 사망에 영향을 미친 요인들을 찾아내기 위하여
- 세 건 이상의 자살 군집 사례 혹은 연속적인 다수의 자살 사례에 대하여 자살 원인을 규명하기 위하여
- 사례-통제 대조 연구를 통해 자살 위험요인을 탐색하고 자살예방책을 세우기 위하여

심리부검의 목적과 여건을 파악한 후 그에 맞추어 조사를 진행할 기간, 조사 범위, 면담 대상자의 수, 활용할 면담 도구 등을 결정한다.

02 면담 대상자의 선정

심리부검에서는 한 사례 당 최소 2명 이상의 정보제공자를 필요로 한다. 면담 대상자는 주요 정보제공자와 보조 정보제공자로 구분된다. 주요 정보제공자는 사망자의 생애 혹은 일상 전반에 관해 정보 제공이 가능한 사람이어야 한다. 보통은 부모, 배우자, 가족 등이며 그

이외에 자살 사망자와 자살 직전 동거했거나, 일상을 공유하며 오랜 기간(최소 6개월 이상) 알고 지낸 지인도 가능하다. 절친한 친구, 오랫동안 방을 함께 사용한 룸메이트 등도 해당될 수 있다.

주요 정보 제공자로는 "자살 사망자를 잘 알고, 진솔하고 협력적이며 편향되지 않은 사람"[19]이 바람직하다. 하지만 면담 계획 단계에서 이 조건을 만족시키는 사람이 누구인지 판단하기 어렵기 때문에, 이 권장 사항은 실제 적용하기 어려울 때가 많다. 사실상 정보제공자 선택에서 중시되는 것은 자살 사망자와의 관계이다. 대부분의 경우 부모 등 직계가족, 배우자, 일정 기간 이상 함께 거주한 동거인이 대상이 된다.

보조 정보제공자는 일정 기간 자살 사망자와 알고 지낸 지인들로 사망자에 대해 부분적인 정보를 제공할 수 있는 친구나 학교·직장 관계자 등을 말한다. 동급생, 담임교사, 직장 동료나 고용주 등이다.

많은 경우 주요 정보제공자는 1인을 선정하여 1회기로 면담을 진행하고, 필요한 경우에 한해서만 추가 면담을 실시한다. 자살 사망자를 가장 잘 알았던 주요 정보제공자 한 명과의 면담은 자료 취합 과정을 간소화하고 정보의 동질성을 향상시킬 수 있다. 내용이 일관되고 비용 절감이 된다는 점이 큰 장점이다.

설령 추가 면담이 필요하더라도 가능하지 않을 수 있다. 정보제공자가 면담 후 조사관에게 불편한 감정을 가질 수도 있고 추가 면담에

19 Shaffer et al., 1972

적합한 정보제공자가 없을 수도 있다. 홀로 사망한 독거노인의 경우가 흔한 예다. 주요 정보제공자에게 추가 면담 동의를 구하고 다른 정보제공자에게 접근할 수 있도록 도움을 받는 것은 상대에게 상당한 부담을 지우게 된다. 유가족 중 일부가 심리부검에 반대하는 경우도 있다. 다른 친족이 반대하는데도 불구하고 면담을 강행하면 정보제공자의 반감을 살 우려가 높아진다. 따라서 추가 면담에서 새롭게 얻고자 하는 정보가 기회비용에 대비하여 그만큼가치가 있어야 한다. 또한 생명윤리위원회의 추가 승인도 받아야 한다.

다만 면담 대상과 횟수를 제한하는 것은 비용 면에서는 효율적이지만 그만큼 위험도 따른다. 후향 혹은 회상적 보고 과정에서 정보제공자가 자살 사망자에 대해 긍정적 특성을 중심으로 일부 선택적인 회상을 하거나, 부정적인 특성을 선택적으로 망각하는 경우가 발생할 수 있다. 사망자의 성 정체성, 성격상의 특수한 일면, 자살 촉발 사건 등의 특정 정보들을 주 정보제공자가 알지 못하거나 고의로 숨길 수도 있다.

다수의 정보제공자를 대상으로 면담을 실시할 때는 직계 친족을 최소 1인 이상 필수적으로 포함해야 한다. 보통 한 사례 당 3~4명 정도 면담을 진행하며, 상황에 따라 최대 7~8명까지 가능하다.

여러 명의 정보제공자를 대상으로 체계적인 면담을 진행하면 사망자에 대해 더 다각적인 정보를 획득하고 결과적으로 심리부검의 신뢰성을 높일 수 있다. 일례로 청소년 심리부검 연구에서는 부모와의 면담뿐 아니라 또래와의 면담도 함께 진행할 것을 권장하고 있다. 청소년기에는 부모와 자연스럽게 거리를 두고 또래들과 더 많은 시간을 보내며, 부모와는 공유하지 않는 정보들이 생겨나기 때문이다. 우울이나 낮은 자존감 등 정서적 문제를 경험하는 청소년일수록 부모로부터 강하게 비밀을 지킨다는 보고도 있다.[20] 직계 가족 면담의 중요성은 변함없지만, 세부 내용에 따라서는 부모가 제공한 정보에만 의존할 수 없는 항목도 있다는 것이다.

중국 질병통제예방센터와 베이징 후이롱관 병원은 높은 자살률에 대처하기 위해 1996년부터 2000년까지 대단위 심리부검 연구를 진행했는데, 이때 성인을 대상으로 각각 한 명 이상의 가족 구성원 및 한 명 이상의 친구를 정보제공자로 두어 다중·연쇄 면담을 실시했다.[21] 우울증이나 다른 정신질환에 대한 대중의 인식이 낮은 사회에서는 이런 다중적 접근을 통해 자살 사망자의 정신질환을 더 민감하게 감지해낼 수 있다. 또한 한국이나 중국처럼 가족 간 관계·갈등이 자살 사망자에게 스트레스 요인으로 작용하기 쉬운 문화에서도 다중 면담의 이점이 두드러진다. 유가족은 자신의 잘못으로 사망자가 죽었을지 모른다는 죄책감으로 면담을 회피하거나 방어적으로 나올 수 있는데, 가족 이외의 친구들을 정보제공자로 면담함으로써 사망자와 가족 간의 관계에 대해서 더 객관적인 자료를 확보할 수 있고 면담에 임하는 유가족 역시 상대적으로 부담에서 벗어날 수 있다.

20 Frijns et al., 2005
21 Phillips et al., 2002

03 면담의 진행과 면담 도구

심리부검은 사망 발생으로부터 3년 이내이면 진행이 가능하다. 보통 3개월~3년 사이에 진행한다. 면담을 위해서는 사후 4~6개월, 최대 2년까지 기다릴 필요가 있다. 너무 빨리 면담을 잡으면 유가족의 감정적 동요가 심하고, 사망자에 대해 좋은 측면만을 부각시켜 이야기하는 경향이 있을 수 있다. 따라서 피면담자, 특히 주 정보제공자의 정서적 상황을 중점적으로 고려해야 한다.

정보제공자 접촉

정보제공자에 대한 접촉은 절차와 예의를 갖춰 진행되어야 한다. 먼저 문자메시지, 이메일, 편지 등으로 심리부검 안내문을 보내 심리부검에 대한 정보와 참여 동기를 제공하도록 한다. 편지나 이메일로 안내문을 발송하였을 경우, 해당 발송 내용을 문자메시지로 고지하여 누락이나 확인 지연의 우려를 줄이도록 한다.

안내문 발송 후 5일에서 10일 정도 사이에 책임 조사원이 직접 전화로 정보제공자와 접촉하여 심리부검의 취지와 목적, 개인정보비밀보장 원칙 등을 구두로 설명하고 수락을 구한 후 가능한 인터뷰 일정과 장소를 잡도록 한다. 수락 시 면담에 임할 심리부검 조사원에게 이를 공지한다. 정보제공자가 면담을 거절할 경우 조사를 종결하지 말고 다음 정보제공자에게 이어서 접촉을 시도한다.

면담

면담은 사망자와 그 주변의 정황을 심도 있게 탐색하는 중요한 수단이다. 심리부검의 면담은 정식 교육을 받은 조사관에 의해 타당하고 구조적인 방식으로 이루어져야 한다.

면담의 목표는 크게 둘로 나눌 수 있다. 첫째는 사망자의 사망 전 행동에 대한 사후조사(post-death examination of the victim's antemortem behavior)[22]이다. 이는 사망 전 사망자의 행동, 발언, 감정 표현, 일상적이거나 비일상적 활동, 행동 변화 등을 모두 포함한다.

다른 하나는 사망자가 처한 상황에 대한 조사이다. 사망자의 대인관계, 남긴 책이나 글귀, 약물과 알코올 사용, 가족력 등을 종합적으로 포함한다.[23] 사망자의 성격, 고용 상태, 취미, 여행, 경제적 문제, 건강 기록 등도 중요하다. 유가족에게 민감한 항목들이므로 시간을 두고 서두르지 않으면서 친절하고 정중하게 면담을 이끌어야 한다.

먼저 자살 사망자와의 관계를 간략하게 들은 후, 자살과 관련하여 정보제공자가 기억하고 있는 모든 정보를 이야기해줄 것을 요청한다. 정보제공자가 자살 사망자의 죽음을 어떻게 생각하는지도 물어볼 필요가 있다.

정보제공자가 죽음에 관해 어느 정도 구체적인 이야기를 할 준비가 되었다고 판단되면 보다 체계적인 항목으로 이루어진 면담 도구를 활용하여 질문을 하도록 한다.[24] 구조화 혹은 반구조화된 면담 도

22 Biffl, 1996
23 Ebert, 1987
24 Beskow et al., 1990

구는 자살 관련 항목들을 체계적으로 다루도록 도와주며, 추후 면담자 외의 조사관이 자료 분석에 임할 때에도 분석의 신뢰도를 높일 수 있다. 심리부검의 목적, 그리고 사망자의 특성에 따라 그에 맞는 면담도구를 사전에 준비해두는 것이 좋다.

베를랑과 보테가의 심리부검 반구조화 면담(Semi-structured interview for psychological autopsy)[25]

아래는 브라질의 심리학자 블랑카 베를랑과 뉴리 보테가가 설계한 반구조화 면담 도구로, 서로 다른 조사관이 분석해도 결과에 높은 일치율을 보이도록 만들어져있다. 미국자살예방협회에서도 자살 동기와 경로를 찾는 데에 참고로 삼고 있다.

질문은 총 4가지 분야로 구성되어있으며, 분야별로 단계를 밟아 질문을 심화시켜나가도록 조직되어있다. 각각 자살로 이어진 촉발 사건 및 스트레스 요인, 동기, 치명성, 의도에 관해 질문한다.

촉발 사건 및 스트레스 요인

1단계 | 사망 직전에 자살과 연관될 만한 사건이 있었는가?

2단계 | 사망자가 해당 사건에 감정적으로 집착하는 반응을 보였거나, 혹은 자살로 이어지는 행동 변화를 일으킬 정도로 심한 스트레스와 좌절을 드러냈는가? 구체적으로 어떤 반응이었나?

3단계 | 죽기로 결심하는 데 영향을 주었을 만한 다른 사건이 있는가?

---

25 Werlang, & Botega, 2003

동기

1단계 | (삶 전체에서) 죽음을 소망하게 될 만한 심리적 영향이나 원인이 존재하는가?

2단계 | 죽음으로 (문제 상황을) 끝내버리자고 마음먹게 될 만큼 혹독한 심리적, 환경적 문제/사건이 있었는가?

3단계 | 고인의 행동을 설명할 수 있는 생리/심리/사회적 기능 장애 증상이 있었는가?

4단계 | 실존적인 회피 성향이라고 말할 수 있는 특유의 성격적 특징이 있었는가?

5단계 | 자살행동에 취약해지기 쉬울 만한 가족력 혹은 다른 과거 이력이 존재하는가?

6단계 | 자살을 더 잘 설명할 수 있는 다른 이유가 있는가?

치명성

1단계 | 치명적인 수단이 사용되었는가?

2단계 | 치명적 상황을 스스로 유발했음을 보여주는 증거가 있는가?

3단계 | 사망자에게 자살 방법의 치명성 수준을 파악할 만한 지식과 능력이 있었는가?

4단계 | 자살 수단이 접근하거나 손에 넣기 쉬웠는가?

의도

1단계 | 사망자가 자신을 죽음에 이르게 하기 위해 직접적이고 의식

적으로 행동했다는 증거가 있는가?

2단계 | 사망자가 자신의 문제를 해결하기 위한 수단으로 자살을 하겠다는 의도/목적 의식을 말이나 행동으로 드러냈는가?

3단계 | 위험하거나 건강에 해가 되는 행동, 자살 의도나 소망을 보여주는 행동 등과 관계된 생활 습관이 있었는가?

4단계 | 주변에 대한 조언, 신변 정리, 물건 정리, 유언장 작성, 편지나 유서를 남기는 등 자살을 암시하는 행동이 있었는가?

5단계 | 사망자가 선택한 장소 · 시간 · 날짜 · 수단이, 다른 해석의 여지가 없이 목숨을 끊으려는 목적이라 여겨지는가?

6단계 | 사망자의 선택에 대해 "어쩔 수 없는 일"이나 "남을 위한 것"으로 정당화가 가능한가?

7단계 | 자살 의도가 존재했음을 더 잘 설명해줄 수 있는 다른 증거는 없는가?

또한 조사관은 면담을 통해 이러한 점을 살펴볼 수 있다.

- 이 죽음이 자살인지에 대한 의견
- 자살할 당시 사망자의 주관적 상태
- 자살에 대한 가능한 이유(자살에 기여한 요인 혹은 촉진 요인)
- 자살 전 사망자가 접근 가능했던 의료 지원 체계의 문제점
- 자살이 치료의 실패 또는 부적절한 치료에 의한 것인지의 여부
- 자살 사망자와 특별한 관계에 있는 지인이 자살을 막기 위해 한 행동
- 기타 특이 기술

민감한 정보제공자는 구조화된 질문 도구 활용에 대해 일일이 캐묻는 것처럼 느낄 수도 있다. 하지만 일반적으로 유가족들은 심리부검 면담에 필요한 특성들을 자연스럽게 받아들인다.

도구를 활용하더라도, 면담의 진행은 가능한 한 정보제공자에게 맞추는 것이 좋다. 예를 들어 정보제공자가 면담을 시작하자마자 자살 사망자의 알코올 남용 이야기를 꺼내면서 그것이 자살의 원인이라고 주장할 수 있다. 이런 경우 알코올·약물 사용 관련 항목부터 먼저 진행하고 다른 항목으로 넘어가는 것이 좋다. 면담자가 유연성을 발휘하여 정보제공자에게 공감하고 반응하는 모습을 보여주면 그만큼 정보제공자의 신뢰를 얻을 수 있다.

사람에 따라서는 자살 사망자가 생전에 한 일이나 사진을 보여주며 이야기를 풀어놓는 등 자유 기술 방식의 면담을 더 선호할 수도 있다. 이럴 때는 구조화된 질문을 서둘러 적용하지 않도록 유의할 필요가 있다. 편안한 분위기와 자연스러운 대화를 통해 정보제공자와 상호신뢰(rapport)가 형성되면 더 원활하게 면담을 진행할 수 있고[26], 이를 통해 정보의 질을 향상시킬 수 있을 뿐 아니라 정보제공자에 대한 치유 효과를 거둘 수 있다.

중요한 생애 사건이나 자살 위험요인으로 작용할 수 있는 사건, 환경 변화 등에 대해서는 해당 사건이 발생한 시간과 기간을 가급적 구체적으로 기록해야 한다. 이는 사망자의 삶을 시간 순서와 인과에 맞게 재구성하는 데 필수 정보이다. 유가족에게 달력을 제시하며 사건

---

26 Leach, 2005

의 시계열을 확인하고, 필요하다면 특정한 기간에 발생한 스트레스와 생애 사건에 대해서도 질문하도록 한다. 각각의 생애 사건이나 스트레스에 대한 대처가 어땠는지도 함께 확인해야 한다.

면담은 가급적 1회로 마치고 2회 이상으로 나누어 실시하지 않는 쪽이 권장된다.[27] 면담이 여러 회기로 나뉘면 연속성이 떨어질 수 있고, 2차 면담을 거절당하거나 첫 면담에서 제공한 정보를 부분적으로 철회당할 위험성이 존재하기 때문이다.

면담은 일 대 일로 실시하는 것이 원칙이다. 개개인 고유의 관점을 바탕으로 사건과 사망자에 대한 더 완벽한 그림을 그리기 위해서는 개별 면담을 기초로 하는 것이 합리적이다. 종종 자살 사망자의 부모가 다른 사람과 함께 면담에 참여하기를 원하는 경우가 있는데, 이 경우 유가족에게 심리부검은 개별 면담으로 진행됨을 설명하고 양해를 구해야 한다. 대개는 유가족이 이를 이해하고 받아들이지만 개중에는 이런 요청을 공격적으로 받아들이거나 자신들을 존중하지 않는다고 느끼고 거부감을 드러낼 수도 있다. 문화적 배경에 따라서도 이런 일이 발생할 수 있다.

불가피하게 여러 명의 정보제공자를 대상으로 동시에 면담을 진행하게 될 경우, 보조 면담자나 속기 담당자를 두어 구체적이고 세세한 기록을 남길 필요가 있다. 먼저 면담에 참가하는 정보제공자의 수, 나이, 성별, 자살 사망자와의 관계 등 정보제공자 각각의 개별적 특성

27 Clark et al., 1992; Shneidman, 1998

들을 기록하고, 면담에서 얻는 정보들도 제공자가 누구인지 구분해서 기록한다. 자살 사망자의 행동이나 증상에 대해 정보제공자 간에 이견이 있을 경우, 예를 들어 부친은 사망자가 불안해했다고 말하는데 모친은 그렇지 않았다고 말한다면, 각 참가자에게 자신의 의견을 뒷받침할 근거가 있는지, 있다면 무엇인지를 확인하여 각각 기록할 필요가 있다. 이를 상향채점(rate-up) 접근 방식이라고 한다. 특정 증상이나 행동에 대한 정보를 놓치는 것보다 실제로 없었던 증상이나 행동을 있었던 것으로 잘못 파악하는 것이 더 분석 결과에 심각한 오류를 일으킬 수 있다. 따라서 정보가 상충될 경우에는 제3의 정보제공자의 진술이나 물적 증거에 근거하여 신중하게 판단해야 한다.

면담의 마무리

면담을 끝내기 전에 반드시 정보제공자에게 심리부검 면담과 관련해서 궁금한 점이나 문의 사항이 있는지 재차 물어보아야 한다. 이는 면담에 집중해준 정보제공자에 대한 예의이기도 하다. 정보제공자가 면담 결과를 궁금해한다면 따로 정보를 간략하게 정리하여 구두나 서면으로 제공해주어야 한다. 이후 정보제공자에게 연락하여 인사를 전하고, 자살을 이해하고 방지하는 데 정보제공자가 가치 있는 도움을 주었음을 다시 한 번 설명하고 이타적 행동에 대한 감사를 표시한다. 마지막으로 심리부검을 진행한 기관 혹은 연구자의 명의로 정식 감사 서신을 보낼 것을 권한다.

04 심리부검 면담의 유의사항

면담에서 수집되는 정보가 모두 정확한 것은 아니다. 조사관의 임무는 정보제공자의 진술에서 실체적인 사실과 정보제공자 개인의 주장이나 부인, 정보 편향 등을 구분하고, 실제로 관찰된 사실을 면밀하게 끌어내어 '사망 전 행동'을 가능한 한 정확히 재구성하는 것이다.

조사관은 정보제공자의 말이나 감정을 부정하거나 단죄하지 말고 열린 자세로 받아들이되, 정보의 편향에는 유의해야 한다. 정보제공자는 죽음의 원인이라 여기고 있는 특정 요인을 면담 내내 강조할 수도 있고, 죄책감이나 충격 때문에 사실을 부인할 수도 있다. 조사관은 가급적 중립적인 입장에서 관찰하고, 화제에 대한 정보제공자의 정서적 반응을 면담 중 주시할 필요가 있다.

그 외에도 정보제공자가 신뢰할 만한지, 정보제공자가 충분한 정보를 갖고 있는지, 회상 오류에 취약하거나, 후광효과 등 정보에 영향을 주는 다른 요소는 없는지 등 면담 전후로 따져볼 일들이 다수 있다. 사안에 따라서는 법적 책임이나 부담이 생겨날 수도 있으므로 조사가 이루어지기 전에 법률적 지침도 마련해야 한다.

정확한 정보를 얻기 위해 심리부검 면담에서 유의를 기울여야 할 점은 대표적으로 아래와 같다.

유가족의 정서 상태

정보제공자의 감정과 정신 상태는 정보의 질과 양에 상당한 영향을 준다. 미국의 심리학자 셸던 코헨의 연구에 따르면 부정적 사건에 대한 보고는 보고자의 기분 상태에 크게 영향을 받는다.[28] 보고자가 행복한 기분일 때는 부정적 생활 사건의 수를 상당히 적게 보고한 반면 우울한 기분일 때는 보고된 사건의 숫자가 늘어났다. 이런 점을 볼 때 심리부검에서 정보제공자의 감정 상태에 따라 면담 내용이 편중될 우려는 더욱 크다.

유가족은 사별 후 한동안 인지와 정서 양쪽에 큰 영향을 받는다. 인지 측면에서는 일반적으로 인지 분열, 상실에 대한 집착, 죽음에 대한 부인과 거부, 미래에 대한 불확실성 등 인지 기능의 혼란이 나타난다. 정서적으로는 괴로움, 슬픔, 분노, 짜증, 두려움, 죄의식, 외로움, 깊은 그리움 등을 겪게 된다. 면담 시기에 따라 이러한 상태가 응답에 영향을 끼칠 수 있음을 고려해야 한다. 특히 직계존속 유가족은 상당한 시간이 흐른 후에도 불안, 우울, 외상후스트레스증후군(PTSD) 등을 보이며 이는 기억을 회상하고 인출하는 과정에서 특정 정보에 대한 구체성을 떨어뜨리거나 부정적 기억에 대한 왜곡된 편향 등을 초래할 수 있다.[29]

면담 초반에 정보제공자가 극도의 불안이나 우울감을 경험할 경우 더 이상 면담을 진행하지 말고 심리적인 안정감을 찾을 때까지 기다려야 한다. 질문 시에도 정보제공자를 자극할 수 있는 직접적인 단어나 표현의 사용을 삼가고, 비유나 우회적인 화법을 활용하도록 한다.

---

28 Cohen et al., 1988

29 Hawton et al., 2003; Murphy, Johnson et al., 2003; Dalgleish, & Cox, 2000

정보제공자의 개인적 특성

자살 사망자에 대한 보고 수준, 정보의 양은 정보제공자의 나이, 성별, 사망자와의 친밀도와 접촉 빈도 그리고 태도에 따라서 많이 달라질 수 있다. 정보제공자의 이러한 특성들은 면담 대상자의 선정 과정에서부터 고려되어야 하며, 따라서 잠재적 정보제공자를 보고할 때 우울증 등 정보제공자의 정신질환 이력, 사망자와의 관계와 동거 기간, 그리고 사망보험금 등 이해관계에 연루되어 있다는 정보, 기타 나이 및 성별 등을 상세히 조사·명시할 필요가 있다.

일반적으로 관계가 친밀할수록 정보의 양과 질이 높아지는 경향이 있다. 정신질환을 지닌 자살 사망자를 대상으로 한 연구를 살펴보면, 정보제공자가 진술한 사망자의 진단명과 사망자가 생전에 진단받은 실제 진단명의 일치율은 이들 간의 관계가 긴밀할수록 높았다.[30] 따라서 면담 대상자 선정에는 사망자와 유대가 깊고 친밀하게 지내온 정보제공자를 우선적으로 고려할 필요가 있다.[31]

연령 또한 중요한 요소인데, 기억에 대한 연령별 연구를 살펴보면 실제 20대와 70~80대 간에 정신 능력의 현격한 차이가 나타났고 기억에 유의미한 차이를 낳는 요인으로 작용했다.[32] 연령대에 따라 사망을 받아들이는 일반적인 태도가 다르다는 점도 염두에 둘 부분이다.

자살 사건의 발생이 정보제공자에게 직접적으로 영향을 끼칠 수도 있다. 자살 사망자를 현장에서 최초로 목격하고 신고한 사람과, 다

---

30 Dreessen et al., 1998
31 Segal et al., 2004
32 Salthouse, 2003

른 가족이나 경찰관에게 듣는 등 간접적 경로를 통해 알게 된 사람은 사망자에 대한 정보의 강도와 내용이 다를 수 있다. 특히 외상후스트레스증후군을 보이는 정보제공자는 기억과다증으로 인해 정보가 지나치게 확대 해석될 여지가 있다.[33]

정보제공자의 특성과 함께 자살 사망자의 특성도 살펴보아야 한다. 자살 사망자가 오랜 기간 정신질환을 앓아왔고 힘든 기간을 겪으면서 사망한 경우, 유가족은 고통이 끝난 것에 안도하는 동시에 죽음의 책임을 자기에게 돌려 죄책감을 경험하기도 한다. 하지만 사망자가 알코올 남용과 일탈행동을 보였던 경우 등 유가족이 사망자에 대해 분노와 적개심을 가지고 있었다면 상대적으로 낮은 죄책감이 나타날 수도 있다.[34] 따라서 사망자의 정신질환, 정보제공자와의 관계 등에 따라서 그 정보가 달라질 수 있다는 사실을 인지하고 있어야 한다.[35]

정보 편향

심리부검 면담에서 유의해야 할 것은, 사망자를 일시적으로만 알고 지냈던 사람들의 관찰 혹은 단편적인 정보가 오히려 사망자의 삶을 이해하는 데 방해가 될 수 있다는 점이다. 사망자와 비교적 최근에 알고 지낸 사람들은 사망자가 종교 활동을 하지 않았다고 증언하는데 반대로 가족은 독실한 신앙인이었다고 진술하는 경우도 있다. 이처럼

---

33 King et al., 2000
34 Tall et al., 2008
35 Schneider et al., 2011; Tall et al., 2008

사망자에 대해 알고 있는 내용이 다른 정보제공자들이 상반되는 진술을 할 수 있는데, 심리부검 과정에서 흔히 경험하는 일이다.

주요 정보제공자로, 최소한 사망자와 6개월 이상 함께 동거한 가족 혹은 지인의 의견이 가장 중요한 정보원이라고 볼 수 있다. 특히 사망 직전 잠깐 알고 지낸 주변인의 진술은 늘 수용하기 전에 물적 증거나 다른 진술과 비교하여 검증해야 한다. 상담 기록, 병원 기록, 수사 기록, 전과 기록, 부검 기록 등 객관적인 자료와 교차 점검하는 과정도 꼭 거쳐야 한다.

또한 주요 정보제공자의 정보라고 해서 전적으로 신뢰할 수는 없다. 여러 심리부검 결과에서는 부모가 자식에 대해 이전에 자살생각의 표현과 자살행동이 있었는지, 혹은 약물 사용을 했는지 등에 대해 정확한 인식을 하지 못하고 있었다고 보고되었다.[36]

모든 정보에는 늘 관찰자의 주관적인 선입견이 반영될 수 있고, 사람들은 타인의 행동을 판단할 때 전체 상황을 보기보다 상대의 내면에서 원인을 찾으려고 하는 행위자-관찰자 편향(actor-observer bias)을 보인다는 점을 항상 염두에 두어야 한다.

조사관의 전문성과 오류

조사관 자신이 오류의 원인이 될 수 있다는 점은 심리부검 조사관이 항상 경계심을 가져야 할 부분이다. 면담자의 심리적 · 사회적 특성, 즉 성격, 나이, 기분, 말씨, 교육 수준은 정보제공자가 제공하는 정

36 Brent et al., 1988; Brent et al., 2002; Velting et al., 1988; Fisher et al., 2006

보의 양과 질에 상당한 영향을 미친다.[37] 면담자가 지닌 잠재적 오류와 편견도 정보의 객관성에 영향을 준다.[38] 그럼에도 불구하고 현재 면담 진행 과정에서 면담자를 통제하기 위한 구체적인 지침이 준비되어있지는 않다. 결국은 면담자의 경험과 전문성이 정보제공자로부터 얻어진 자료의 신뢰도와 타당도에 영향을 미칠 수밖에 없다.

면담자의 훈련도와 전문성은 일관되고 타당한 분석 결과를 이끌어내는 데 큰 영향을 준다.[39] 특히 면담자의 과거 경력과 임상 경험이 사망자 진단의 신뢰도와 구체성에 영향을 주었는데, 일반적으로 임상 경험이 부족한 면담자는 증상을 과잉평가하는 것으로 나타났다.[40] 임상가들이 면담에 임하면서 정보제공자의 실제 진술과는 무관하게 정신질환에 대한 개인적 기준을 바탕으로 판단을 내리는 경우도 있다.[41]

구조화/반구조화 면담 도구를 사용할 때에도 유의를 기울여야 한다. 표준 질문지를 사용하면서 면담자가 특정 질문을 임의로 빠뜨리거나, 반대로 정보제공자가 답변하지 못한 내용에 대해 면담자가 임의로 추정하여 빠진 정보를 채워 넣는 경우가 있다. 또한 질문지 내용에 맞게 정보제공자의 답변을 유도하거나, 특정 증상과 관련하여 정보제공자가 실제 사용하지 않은 단어나 표현을 질문지에서 인용하여 기록하는 경우도 있다.[42]

37 Beins, 2017; 서종한 등, 2012
38 Kane, & Kane, 2000
39 Zhang et al., 2004
40 Falloon et al., 2005
41 서종한 등, 2018
42 Kane, 2004

정보제공자로부터 편향이나 인위적 조작 없이 있는 그대로의 정보를 끌어내고, 이를 객관적으로 기록·보고하는 데에는 전문적인 훈련이 필요하다. 심리부검 조사관이 일정한 자격 요건을 만족해야 하는 것은 이 때문이다.

05 정보의 분석과 관리

면담을 통해 수집된 정보는 면밀한 검토와 개념화를 거쳐 구조화, 표준화할 필요가 있다. 표준화된 방식으로 정보를 정리, 보관함으로써 분석의 정확성을 높이고, 서로 다른 평가자가 자료를 분석할 때에도 신뢰도와 타당도를 담보할 수 있다.

정보의 타당성 검토

면담에서 수집된 모든 정보는 타당성 검토를 거쳐야 한다. 사례 검토 섹션을 통해 잘못 파악된 정보, 오기된 정보, 다른 자료와 일치하지 않는 정보를 확인하고 걸러낸다. 상호 불일치하는 정보는 가장 신뢰할 만하다고 판단되는 출처를 중심으로 취사선택하도록 한다. 다만 사망자에 대한 정보에는 '정확하고 완전한 사실'이 존재하지 않는다는 점을 염두에 두고 주변의 진술과 남겨진 자료를 바탕으로 최선의 추정을 할 필요가 있다.

위험요인의 사례 개념화

사망자의 삶을 구성하는 고유한 사례들을 보편타당한 방식으로 분석하기 위해, 각 사례를 평가 가능한 자살 위험요인으로 개념화한다. 주로 사망자의 과거 임상 증상, 성격 특성과 자살 위험요인 특히 불안정한 생활습관과 관련된 요소들을 중심으로 개념화를 진행한다. 지속적인 성격 특성과 변화된 특성, 예컨대 심각한 좌절감, 충동성, 통찰력이나 판단력의 부족 등을 다양하게 고려해야 한다.

위험요인은 크게 지속 위험요인, 급성 위험요인, 임상적 위험요인, 환경적 위험요인으로 구분하여 구조화할 수 있다.

지속 위험요인은 생애에 걸쳐 계속 영향을 끼치는 과거 경험, 유전적 소인, 환경 등의 조건을 포괄적으로 일컫는다. 불안정한 생활습관, 언어 장벽, 문제해결 능력의 부족, 질병과 만성적 고통, 약물 남용, 정신질환, 과거 자살행동 이력, 자살 가족력 등이 포함된다.[43]

급성 위험요인은 최근에 나타난 위험요인이다. 고립감, 결별, 심각한 무기력감과 적대감, 혼란과 사고 장애, 주변인에게 소지품을 나눠주는 행위, 스트레스, 불안, 우울, 갑작스런 일상생활의 부적응, 자살 생각과 자해, 자살 협박 등을 들 수 있다.

임상적 위험요인은 자살과 관련된 정신질환과 최근의 심리적 기능 상태를 일컫는다. 예를 들어 수면이나 식욕에서의 심각한 장애, 낮은 회복탄력성, 무기력감, 지각 장애(환청 혹은 환시 등), 정신질환으로 인한 사고 장애, 지속적인 양가정동, 억제된 사고 과정, 문제해결 능

43 Fremouw, Preczel, & Ellis, 1990

력 손상, 충동 통제 부족 등이다.[44]

환경적 위험요인은 상황과 환경 측면에서의 부정적 변화를 일컫는다. 이혼, 가족의 사망, 성폭력, 경찰 조사, 독거실 수용 등을 들 수 있다. 일반적으로 환경적 위험요인은 심리사회적 스트레스이며, 사실 자체보다는 해당 사실로 인해 적응적 기능에 손상이 있는지 없는지를 기준으로 평가해야 한다.

동기 분석

개념화된 위험요인에 근거하여 자살 위험성을 평가하고 자살 동기를 분석한다. 또한 위험요인을 바탕으로 자살 사망자가 사망한 과정을 시간 순으로 스토리텔링하여 자살이 어떤 경로를 거쳐 발생했는지 드러내는 것도 중요하다.

단 네 가지 유형의 위험요인을 묶어서 사망자의 죽음에 미친 영향을 설명할 수 있는 단순한 공식은 존재하지 않는다. 과학적이고 구조화된 체계에 따라 자살에 영향을 줄 수 있는 요인을 충분히 기술 가능하다면 그것으로 족하다.[45]

자살 위험성을 평가할 때 가장 중요한 부분은 자살 사망자의 개별 심리적 스트레스 수준과, 탄력성과 스트레스 대처 체계 수준에 비교했을 때의 스트레스 수준이 각각 어느 정도인지 밝히는 것이다.[46]

---

44 Shneidman, 1981; Curphey, 1968
45 Douglas et al., 2014; Aufderheide, 2000
46 Motto, 1977

조사관 피드백과 자료 관리

책임조사원은 기록이나 녹취, 영상 등을 통해 조사관이 진행한 면담 절차를 살펴보고 면담 과정과 절차의 문제점에 대한 피드백을 주도록 한다. 이는 조사관의 면담 기술을 향상시키기 위한 관리감독에 해당된다. 자료에 대한 전반적인 관리는 책임연구원이 하도록 하고 새로운 정보가 추가되는 대로 수정, 보완하여야 한다.

04
심리부검 자살경로분석

01 생애 사건 탐색을 통한 자살경로분석

자살의 위험요인은 하루아침에 생성되는 것이 아니다. 또한 위험요인들이 서로 영향을 끼치거나, 한 가지 위험요인이 다른 위험요인의 생성 계기가 되기도 한다. 따라서 심리부검에서 반드시 필요한 과정 중 하나는 사망자에게 중요한 소인과 생애 사건들을 시간 순서에 따라 정리하는 것이다. 자살 사망자의 삶의 경로를 개념화된 언어로 스토리텔링함으로써 자살생각이 형성되고 행동으로 발전하여 완료에 이른 과정을 보여주는 것이다. 이를 자살경로분석이라고 칭하고자 한다.

자살경로분석은 자살 사망자가 죽기 전 어떤 삶을 살아왔는지 그리고 어떤 경위로 자살이라는 극단적인 선택에 이를 만큼 악화된 생애 경로를 보였는지를 후향적으로 탐색해가는 과정이라 볼 수 있다. 이 과정을 통해서 자살 사망자가 충분한 자살 의도가 있었는지, 그리고 그 의도에 부합하는 자살 방식 · 시간 · 장소를 선택했는지를 알아낼 수 있다.

자살경로분석이 필요한 또 하나의 이유는 일어난 사건들에서 정보제공자 각각의 개인적 관점을 배제하고 사건을 통합적 관점에서 바라보기 위해서이다. 실제 정보제공자와 면담을 하다 보면 사망자에 대한 이야기에 왜곡이나 와전이 생기는 경우를 흔하게 볼 수 있다. 많은 사람이 같은 사실을 목격해도 자신이 믿고 싶은 대로 받아들인다. 자신이 목격한 것에 지나친 의미를 부여하거나, 반대로 학교폭력 등 누군가에게 책임이 생기는 문제에 대해서는 고의로 사실을 숨기거나 축소하기도 한다. 따라서 자살 사망자의 실제 발자취를 재구성함으로써 사망자의 행적에 대한 객관적인 분석 지표로 삼을 수 있다.

자살경로분석에는 스토리텔링 과정에서 평가자의 편향이 들어갈 수 있으므로, 시계열별 사건표나 자살 징후 체크리스트, 표준화된 위험요인 평가 도구 등을 사용하여 사례를 객관적으로 개념화할 필요가 있다.[47] 다음 절에서 자살경로분석 사례를 다루기에 앞서, 이해를 돕기 위해 미국 자살예방협회(AAS)에서 제시하는 자살 위험요인 목록 IS PATH WARM을 제시하고자 한다. IS PATH WARM은 10가지

47 자살경로표에 대해서는《심리부검: 나는 자살한 것을 후회한다》(서종한. (2015). 학고재.) 2장을 참고할 것

48 Juhnke et al., 2007

IS PATH WARM[48]

요인	세부 기술
Ideation (자살생각)	• 직 · 간접적으로 자살에 대한 신념을 구두로 보고/글로 기술 • 자살 도구 구입 의사를 비치거나 구할 수 있는 방법을 찾음
Substance abuse (물질남용)	• 과도한 약물 복용이나 알코올 사용 장애 • 평소 먹지 않던 술이나 약물의 사용 혹은 사용 증가
Purposelessness (의미 상실)	• 삶의 목표를 상실 • 삶을 계속 살아가야 할 이유가 없다고 표현
Anxiety (불안)	• 불안, 초조해하며 편안하게 쉬지 못함 • 불면증을 보이거나 과도한 수면을 보임
Trapped (갇힘)	• 덫에 빠진 듯 답답한 느낌 • 현 상황에서 도저히 빠져나갈 수 없다고 생각함 • 고통스런 삶 속에 죽는 것 외에 다른 대안이 없다고 믿음 • 차라리 죽는 게 낫다고 생각함
Hopelessness (무망감)	• 자기 자신, 타인, 미래에 대한 부정적 생각 • 미래에 대한 희망이 없다고 느낌
Withdrawal (고립)	• 친구, 가족, 의미 있는 관계로부터 멀어지는 경향 • 가까운 사람이나 가족, 친구, 사회로부터 소원해짐
Anger (분노)	• 심하게 화를 내거나 분노를 참지 못하고 터뜨림 • 문제나 고통의 원인이 되는 사람에게 복수할 방법을 찾음
Recklessness (무모함)	• 무모하게 행동하거나 위험하게 행동함 • 나중에 어떤 일이 벌어질지 생각하지 않고 먼저 행동함
Mood change (기분 변화)	• 극단적인 기분 변화 • 심한 감정 기복

급성 자살 위험요인의 머리글자를 딴 것으로, 제시된 요인들은 자살 생각과 많은 관련성이 있는 것으로 드러난 위험요인들이다. 사례에 나타나는 각각의 상황들이 어떤 위험요인과 관련되는지 살펴보기 바란다.

다만 전문가가 IS PATH WARM만을 활용하여 자살 위험성을 평가하는 것은 권하지 않는다. IS PATH WARM은 자살예방 도움 행동을 홍보하고 복잡한 자살 위험요인을 대중이 쉽게 파악하도록 돕기 위해 단순화·명료화된 목록이며, 자살 행동을 예측하는 데에는 구체성과 민감성이 떨어진다고 보고되고 있다.

02 자살경로분석1: 위험 소인과 급성 촉진 요인 결합 사례

사례 한국 남성 청소년

중학교 1학년 남학생 안진수가 자택에서 목을 맸다. 늦은 시간 일을 마치고 귀가한 모친은 집 안에 불이 꺼져있는 것을 보고 불안감을 느껴 아들을 찾았다. 거실에는 TV가 켜져있었고 부엌 식탁에는 먹다 남은 도시락이 놓여있었다. 진수는 목을 매고 의식을 잃은 채 발견되었다. 즉시 병원으로 옮겼지만 뇌손상이 심해 뇌사 판정을 받았고 연명이 중지되자 바로 사망했다.

진수는 어릴 때부터 경도 수준의 지적장애가 있었고 왼쪽 다리를 조금 절었으나 일상생활에는 큰 어려움이 없었다. 시골에서 전교생이 20명 남짓한 작은 초등학교를 다니며 원만한 일상을 보냈다. 6년 동안 같은 반을 지낸 친구들은 진수의 장애를 문제 삼지 않고 함께 놀았고, 다소 뒤떨어지는 공부도 도와주었다. 진수도 복습과 예습을 꼼꼼하게 하는 등 학업에 열심이었다. 주말에는 가족과 함께 여행을 다녔다. 이 시기 진수는 항상 활기차고 잘 웃었으며 말이 많고 농담을 잘 했다.

초등학교 졸업 후 환경이 크게 바뀌었다. 부모의 사업 관계로 가족이 함께 큰 도시로 이사했다. 진수는 학업 수준을 인정받아 일반 중학교에 진학했다.

폭력과 고립

입학하고 나서 3개월이 지난 시점부터 진수의 얼굴에 어두운 그림자가 드리웠다. 말도 웃음도 사라지고 항상 수심에 찬 얼굴이었으며, 집에 오면 자기 방에서 나오지 않았다. 남과 대면할 때 상대를 잘 바라보지 않았고 시선을 회피하거나 주변을 살피며 경계하는 태도를 보였다. 어떤 때는 땅만 보며 이야기했다. 사업으로 바쁜 부모는 사춘기라 여기고 크게 신경 쓰지 않았다.

새로 진학한 큰 중학교의 급우들은 진수에게 호의적이지 않았다. 진수의 장애를 눈치 채고 경원시하거나, 약점을 이용하여 조종하려 했다. 한 학생이 진수에게 일진회 가입을 권했고, 친구들과 어울리고 싫었던 진수는 일진회가 무엇인지도 모르고 무리에 들어갔다. 일진회 학생들은 진수에게 술, 담배를 권하고 성추행, 절도 등의 범죄 행위를 강요했으며 진수가 따르지 않자 폭행을 가했다.

곧 일진회 무리에 의해 상습적인 폭행이 이루어지기 시작했고, 이는 반 전체로 번졌다. 학생들은 진수가 말을 더듬는 것을 흉내내며 "더듬 병신"이라고 놀렸다. 교실 뒤편에 세워 놓고 반 아이들이 돌아가며 뺨을 때리기도 했다. 학급의 절반 이상이 폭행에 가담했다.

불안과 빠져나갈 수 없다는 좌절, 무망감

괴롭힘에 시달리던 진수는 일진회에서 탈퇴하겠다고 했으나 도리어 심한 폭행을 당했다. 일진회 학생들은 진수의 옷을 벗겨 성폭력까지 자행했고, 돌아가면서 진수를 때려 발목에 금이 가는 부상을 입혔다. 부모는 다리를 절며 집으로 들어온 진수를 보고 당황해 무슨 일이냐고 물었지만 진수는 보복이 두려워 사실을 이야기할 수 없었다. 축구를 하다가 넘어졌다고 얼버무리고 넘어갔다.

진수는 학교에서 있었던 일을 집에서 일절 말하지 않았다. 부모에게 걱정을 끼칠 일은 더욱 말을 아꼈다. 부모는 아들의 갑작스런 변화에 불안감을 느꼈지만, 사춘기려니 하고 지나갔다. 진수는 이후로 잠을 잘 수 없었다. 악몽을 꾸며 깨기가 일수였고 땀에 흠뻑 젖을 정도로 두려움에 떨었다.

일진회 학생들은 진수에게 50만 원을 가져다주면 탈퇴시켜 주겠다고 약속했다. 진수는 그때까지 모은 저금과 용돈을 모두 가져다주었지만 일진회 학생들은 약속을 지키지 않고 계속 금전을 요구했다. 구석에 몰린 진수는 이 상황에서 빠져나올 수 없을 것 같이 느꼈다.

진수는 어느 날 혼자 앉아 가족의 앨범을 한 장씩 넘겨보았다. 함께 뛰놀던 친구들, 여행을 떠나 가족과 행복한 시간을 보내던 것을 떠올렸다.

진수의 일기장에는 이러한 글이 남아 있었다.

"옛날 함께 행복하게 놀던 시간이 그립다. 그 시절로 돌아가고 싶다. 날 좋아하던 친구들도 보고 싶다. 하지만 현실은 지옥이다. 벗어날 수 없다. 이 지옥에서 날 구할 사람도 없다."

자살생각과 기분 변화

죽기로 마음을 먹은 진수는 미리 모친에게 언제 늦게 들어오는지 물어보고 후보 날짜를 몇 개 정했다. 자살 방법에 대해서 인터넷을 통해 찾아보았다. 뉴스 기사에 목을 매는 내용이 가장 많은 것을 보고 목을 매기로 했다.

이후 진수는 오히려 밝은 모습을 보였다. 오랜만에 아버지와 함께 목욕탕에 가서 등을 밀어 드리고, 집으로 돌아와서는 가게 일로 지친 어머니를 꼭 안아 드렸다. 양친은 한동안 말이 없었던 아들이 다시 활기를 되찾았다며 좋아했다. 사망 전날에는 가족이 함께 외식을 하고 노래방에 가서 즐거운 시간을 보냈다.

이튿날은 양친의 귀가가 늦는 날이었다. 어머니가 서닉으로 먹을 도시락을 배달시켜주었다. 진수는 도시락을 먹은 후 화장실에서 목을 맸다. 유서는 남기지 않았다.

부모는 갑작스런 아들의 죽음에 영문을 몰랐다. 유서를 찾아보려 했지만 발견되지 않았다. 아들의 변화를 사춘기 탓이라 여기고 신경 써주지 못한 죄책감으로 힘든 나날을 보냈다. 반면 학교에서는 아무도 책임을 지려고 하지 않았다. 진수가 죽은 다음 날 그를 괴롭혔던 학생들은 진수한테 빼앗은 돈으로 운동화를 사서 자랑을 하고 다녔다. 교사들은 반 아이들을 통해서 어느 정도 정황을 알고 있었지만 먼저 나서서 사실을 밝히려 하지는 않았다. 뒤늦게 같은 반 친구 한 사람이 자신의 부모에게 진수가 학교폭력을 당해온 사실을 알렸다. 진수의 부모에게 이 사실이 전해지면서 경찰 조사가 시작되었다.

결론

진수의 사례는 또래 관계에서의 따돌림, 괴롭힘 등 특정 기간에 연쇄적으로 발생한 생애 사건이 완료된 자살로 나아가는 과정을 보여주고 있다. 특히 학교라는 환경에서 일진회에 붙잡힌 채 빠져나갈 수 없다는 생각이 심한 불안과 무망감, 갇혀버린 느낌을 갖게 했을 것이다. 기존 친구들이나 가족들로부터의 고립도 두드러진다.

물론 집단 따돌림과 폭력이 있었다고 해서 그것만이 자살에 이른 원인이라 하기는 어렵다. 자살은 환경, 타인의 죽음에서 받은 영향, 성격적 소인과 질환 등 복잡한 원인이 있다. 하지만 청소년기는 또래와의 관계에서 정체성을 형성해가는 시기이다. 이 시기에 또래집단에서 겪은 폭력은 좌절과 자살생각을 불러일으키기에 충분히 강력한 요인이다.

위 사례에서는 환경 변화와 함께 위험요인이 급격하게 상승하는 것을 볼 수 있다. 진수는 장애라는 취약점이 있었고 그로 인해 악의적인 환경에 처했을 때 쉽게 공격의 대상이 되었다. 심각한 학교폭력, 또래 집단으로부터의 고립, 교사의 무관심 등이 촉진 요인이 되었으며 기존 친구 관계로부터의 단절과 가족과의 대화 부족 등으로 기존에 지니고 있었던 보호요인이 제대로 작동하지 못했다.

진수가 성인이었다면 옛 친구들에게 하소연을 하거나 스스로 환경을 바꾸는 등 대처에 나섰겠지만, 진수는 아직 미성년자였고 지적장애 때문에 자신의 상황을 외부에 전달하는 데에 어려움을 겪었다. 청소년에게 더 많은 관심과 보호가 필요한 이유다.

03 자살경로분석2:
위험 소인을 계기로 한 고립 강화 사례

사례 한국 여성 가출 청소년

18세 여성 송지효가 자택에서 목을 매어 숨졌다. 남자친구와 헤어지고 우울해하던 지효를 걱정한 친구 두 명이 집에 찾아왔다가 사망자를 발견하고 119에 신고했다. 원룸은 갓 청소한 듯 깨끗이 정돈되어 있었고 유서 한 장이 식탁 위에 놓여 있었다.

소수자성과 가족의 학대

사망자 송지효는 트랜스젠더 여성이었다. 트랜스젠더 사망자는 유가족을 찾기 힘든 경우가 많다. 성소수자를 받아들여주지 않는 한국사회의 보수성 때문에, 성소수자들 중에는 가족과 오랜 기간 떨어져 지내거나 주거지를 자주 변경하며 사는 이들이 다수 있다. 이런 경우 현장에서 나오는 단서만을 갖고 유가족을 바로 수소문하기가 여간 어려운 게 아니다. 지효 역시 트랜스젠더라는 이유로 가족과 절연한 사례였다. 성소수자가 가족에게조차 인정받지 못하는 한국의 현실을 보여준다.

뒤늦게 자식의 사망 소식을 들은 모친이 지방에서 올라왔다. 사망 이틀 만이었다. 부친과 다른 형제, 자매는 오지 않겠다고 했다고 했다. 특히 부친이 매몰차게 반응했다. 내 자식이 아닌데 왜 가야 하냐며 올라오지 않았다. 모친이 혼자 영안실의 사체를 확인했다. 홀로 차갑게 누워있는 자식의 손을 잡고 어머니는 한참을 흐느끼며 서있었다. 나는 조용히 자리를 피해주었다.

이후 진행한 면담에서 모친은 끊임없이 '예전의 아들'에 대한 그리움을 토로했다. 고등학교 1학년때까지만 해도 "공부도 잘하고 한없이 늠름한 아들"이었다고 했다.

지효가 자신이 친구들과 다른 정체성을 가지고 있음을 알게 된 것은 중학교 때였다고 한다. 지효는 자신의 몸은 남자이지만 내면은 여자임을 확신하고 있었고, 고등학생 때 부모에게 자신이 트랜스 여성이라는 사실을 털어 놓았다.

부친은 분노를 터트렸고, 독실한 기독교인이었던 모친도 사실을 받아들이지 못했다. 모친은 한동안 자식을 거부했고 다음에는 무언가 잘못되었다고 믿었다. 그래서 "문제를 바로잡고" "예전의 아들을 되찾"기 위해 모든 수단을 동원했다. 학교에 가지 못하도록 하고, 노트북과 휴대전화를 빼앗고 바깥출입을 금지시켰다. 그리고 하루 종일 교회에서 기도를 하게 했다. 악마가 씌었다며 새벽기도에 나가 통성 기도를 하게 했고, 기도원에 데려가 금식 기도라는 명목으로 며칠씩 굶겼다. 그동안 부친은 비난을 퍼붓거나 무시로 일관했다. 형제자매의 반응도 차가웠다. 큰형은 "이런 병신 새끼, 너만 보면 역겨워!!" 등 욕설을 던졌다.

지효는 자기혐오와 우울증에 시달리기 시작했다. 일기장에는 이런 문구가 남아있다.

"내 부모도 인정해 주지 않는 나란 존재는 무엇인가? 이런 내가 너무 밉고 증오스럽다. 나는 왜 이렇게 생겨먹었을까? 차라리 죽어버리는 게 속 시원하겠다."

무모한 가출, 고립, 불안정한 경제적 여건

고등학교 2학년, 계속되는 가족의 학대를 견딜 수 없게 된 지효는 결국 학교를 그만두고 가출했다. 집을 떠나 향한 곳은 서울이었다. 지효는 서울에서 여성으로 살기로 마음먹었다. 원래 여성스러운 외모여서 화장을 하고 옷을 차려입으면 여성으로 보였다.

하지만 아직 17살인 지효가 온전한 일터와 주거지를 마련하기는 어려웠다. 지효는 좁은 고시원을 전전하며 바, 단란주점 등에서 일을 해서 간신히 생계를 유지했다. JJ라는 예명을 사용했고, 손님들에게 "발레를 배웠다"는 말을 하기도 했다고 한다. 이 시기에 지효가 어떻게 지냈는지는 자세히 면담할 수 없었지만, 술자리에서 남자 손님을 상대하는 일은 가혹하고 힘들었을 것이다. 추측컨대 많은 차별과 폭력을 겪었을 것이고 자존감이 손상되는 경험을 했을 것이다. 아직 미성년자인 지효는 트랜스젠더로서의 어려움과 가난한 여성으로서의 어려움을 함께 겪으며 이중 삼중의 고난에 노출되었다. 하지만 지효에게는 자신의 정체성을 있는 그대로 가지고 사는 것이 가장 중요했다. 주점에서 일하면서 만나 친구가 된 미진에게 "나는 이 세상에 하나뿐인 여자 송지효"라며 입버릇처럼 되뇌었다.

불안, 자살생각과 자살행동

서울 생활을 하던 중 지효는 남자친구가 생겼고 동거를 하게 되었다. 처음에 지효는 자신을 이해해주는 사람을 만났다고 믿고 행복해했다. 이성애 트랜스 여성으로서 지효에게는 남자와 서로 사랑하는 것 역시 자신을 인정받는 데에 중요한 일이었으리라 여겨진다.

하지만 얼마 지나지 않아 관계에 문제가 생기기 시작했다. 가족을 비롯해서 많은 사람들로부터 정체성을 부정당하고 폭력을 당해온 지효에게는 깊은 불안과 부정적인 사고방식이 배어있었다. 남자친구가 배신하거나 떠날까 봐 계속 불안해했으며, 귀가가 늦으면 심하게 의심하고 추궁하는 등 집착하는 행동을 보였다. 불만과 피로를 느낀 남자친구는 지효를 피하기 시작했고, 그럴수록 지효의 불안은 더욱 악화되었다. 지효는 주점에서 함께 일하는 친구들에게 남자친구 때문에 힘들다는 하소연을 했으며, "죽고 싶다"는 말도 자주 했다.

지효에게 무관심해진 남자친구는 외박이 잦아졌고 지효는 "죽어버리겠다"고 협박하거나 자해를 하는 등 극단적인 행동으로 남자친구를 붙잡으려 했다. 갈등이 계속되자 남자친구는 결국 짐을 싸서 집을 나가버렸다.

촉진 요인: 이별

사망 전날, 지효는 하루 종일 기운이 없어 보였다. 단란주점에서 함께 일하는 친구 미진과 귀가하던 도중, 지효는 미진에게 "우울해서 어떻게 해야 할지 모르겠다"며 남자친구가 집을 나간 사실을 털어놓았다. 지효는 집 근처 벤치에 앉아서 한참을 울었고 미진은 지효를 안아주고 진정을 시켰다. 걱정이 된 미진은 지효가 집에 들어가 잠을 자는 것을 확인하고 귀가했다.

지효는 새벽에 미진과 다른 친구 한 사람에게 문자메시지를 보냈다. "외로우니 술이 먹고 싶다"는 내용의 문자가 5차례나 와있었다. 하지만 친구들은 아침이 되어서야 이 문자를 확인했다. 마지막 문자는 "이 세상에 미련이 없어지네"라는 불길한 내용이었다. 친구들은 연락을 시도했고 지효로부터 답이 없자 이른 아침 급히 지효의 집으로 찾아갔다. 문을 두드려도 인기척이 없자 불안을 느낀 친구들은 강제로 문을 열고 들어갔고 목을 매고 숨져있는 지효를 발견했다. 남자

친구가 떠나고 이틀 후였다.

결론

송지효의 사례는 사회적인 소외와 고립, 대인관계 기능 손상, 외상적 경험, 가족과의 단절 등 일상이 스트레스의 연속이었던 경우라 볼 수 있다. 가정폭력, 수 년 전부터 시작된 자살생각, 자신을 받아들여주지 않는 세상에 대한 분노, 그런 상황에서 빠져나갈 수 없다는 갇힌 느낌, 소중한 사람과 단절되는 데 대한 불안, 목적의식을 갖기 어려운 경제 상황과 직업 여건 등 다수의 위험요인이 관찰된다. 일을 하면서 알코올에 높은 빈도로 노출되었을 것이며, 가출과 자살 협박 등에서 무모함과 충동성도 드러난다.

이 사례는 소인적 위험요인이 어떻게 작동하는지를 전형적으로 보여준다. 소인 자체는 자살의 이유가 아니다. 하지만 소인이 적대적인 환경에 노출되는 순간 고립이 시작되고 폭력을 당하는 계기가 되며 보호요인들로부터 차례로 단절당한다. 지효는 트랜스 여성임을 커밍아웃한 순간 고립이 시작되었다. 자식이 사망했는데도 보러 오지 않은 부친과 친족들의 행동은 지효가 기존의 관계들로부터 얼마나 철저하게 단절당했는지 보여준다. 단절은 가난, 폭력에의 노출 등 또 다른 위험요인을 발생시키고 상황은 점점 악화되기 쉬워진다. 지효는 서울에서 친구를 사귀고 남자친구를 만드는 등 새로운 관계를 가지려고 노력했지만, 지효가 지고 있는 많은 위험요인들은 지효가 관계 맺는 능력마저 손상시켰다. 좋지 않은 상황의 연쇄 속에서 지효는 자살을 선택하고 말았다.

위험 소인의 작동을 이해하지 못하면 위험 소인이 모든 문제의 원인이라 착각하고 소인 자체를 부정하거나 제거하려는 행동을 보인다. 지효 모친의 행동이 그 전형적인 예이다. 하지만 행복한 삶을 살다가 전학과 함께 위기에 처한 안진수의 사례에서 보듯이, 문제는 소인이 아니라 소인에 대해 적대적인 주변의 태도 혹은 상황이다.

지효의 모친은 지효의 정체성을 부정했지만 여전히 지효의 어머니로 있으려 했다. 모친은 면담에서 "그간 집 나간 자식이 불쌍하다고 생각했다"고 증언했으며, 시신 앞에서 깊은 슬픔을 보였다. 오열하던 모친의 뒷모습은 아직도 내 뇌리에 깊이 남아있다. 그러나 지효를 학교에 보내지 않고 금식 기도 등 혐오와 폭력에 노출시킨 모친의 행동은 지효를 더욱 고립시키고 자살에 취약하게 만들었다.

소인적 위험요인을 가진 사람들은 '자살하기 쉬운 사람'이 아니라 단절과 고립에 처하기 쉬운 사람이며, 우리가 해야 할 일은 소인을 있는 그대로 수용하고 보호와 관심을 제공하는 것임을 안진수와 송지효의 사례가 공통적으로 보여주고 있다.

05

심리부검 군집분석

01 심리부검 군집분석의 의의와 절차

군집분석(cluster analysis)이란 일정한 유사성을 지닌 집단을 대상으로 진행하는 연구 전반을 말한다. 심리부검에서는 2건 이상의 사례를 대상으로 하는 연구를 가리킨다.

일반적으로 심리부검 군집분석은 위험요인 탐색에 초점이 있다. 보편적인 자살 위험요인을 찾아 예방책을 마련하기 위한 것일 수도 있고, 혹은 세대별, 성별, 지역별, 직업별로 더 세분화되고 구체적인 자살 원인을 탐색하기 위한 것일 수도 있다. 청소년 심리부검 군집분석이나 특정 지역 사망자 군집분석, 경찰관 심리부검 군집분석 등을 예로 들 수 있다.

대상 집단에 따라 특화된 결과를 기대할 수 있다는 것이 심리부검 군집분석의 장점이다. 미국 뉴멕시코주에서 유독 다리에서 뛰어내리는 투신자살 사건이 동시다발적으로 발생했다. 사망자들을 대상으로 심리부검 군집분석을 실시하자 유의미한 특성들이 발견되었다. 상대적으로 청소년 사망자 비율이 높았고, 청소년 사망자 대부분이 학교에서 학업 부진과 따돌림을 경험했다. 같은 학교 출신 학생들이 다수 발견되었고 이들은 다른 학생이 자살했다는 사실을 알고 있었던 것으로 드러났다. 또한 사망자 중 상당수가 정신질환 진단을 받았고 눈에 띄게 기분장애를 보였지만 치료를 받지 못했거나 약물을 복용하지 않았다. 사망자의 3%를 제외하고는 모두 투신할 때 휴대전화를 가지고 있지 않았다.

이렇게 집단의 특성이 파악되면 더 구체적이고 표적 지향적인 예방책 실행이 가능하다. 예를 들면 해당 학교에서 자살예방 교육을 실시한다든가, 교사와 보호자를 대상으로 학우의 자살 사실을 청소년에게 알릴 때 주의해야 할 사항 등을 교육하고 지역 정신건강 의료체계의 지원과 홍보를 강화하는 등의 대책을 생각해볼 수 있다. 자살을 생각하는 사람이 가족, 친구들과 연락을 시도할 수 있도록 다리에 전화를 설치하고 상담 콜센터를 운영하는 방법도 있다.

이처럼 심리부검 군집분석은 다수의 자살 사례에서 공통점, 차이점, 특이점을 이해하고 보다 구체적이고 실효적인 자살예방책을 마련하는 데 효과적이면서 필수적인 수단이다. 반면 실제 자살 사망자에 대한 이해 없이 막연하게 이루어지는 자살 대책은 실효성이 없거나 가끔은 역효과를 부를 수도 있다. 2012년 국내에서 실시된 '생명의 다리' 캠페인이 한 예이다. 마포대교에서 지속적으로 투신 자살이 발생하자 서울시와 삼성생명, 제일기획은 마포대교에 센서등을 설치하고 난간에 "오늘 하루 어땠어?", "많이 힘들었구나" 등의 '응원 문구'를 적었다. 하지만 이후로도 투신 시도자는 오히려 몇 배씩 증가했고, 캠페인은 2015년에 중단되었다. 자살예방 정책의 수립과 시행에는 전문가 참여와 과학적 연구를 기반으로 한 체계적 접근이 필요함을 보여주는 사례다.

심리부검 군집분석의 방법과 절차

심리부검 군집분석은 규모가 크면 클수록 더욱 체계적으로 진행될 필요가 있다. 많은 예산과 전문인력이 필요하고, 군집분석의 목적과 기준에 맞는 사례를 확보·선별해야 한다. 연구에 참여할 전문가와 조사관을 기용하여 적절히 배치하고 유가족의 면담 허락을 얻는 등 모든 과정이 명확한 기준과 정식 절차를 바탕으로 이루어져야 한다. 또한 사망자와 유가족의 사생활을 보호하고 사회윤리에 어긋나는 일이 없도록 하기 위해 공신력 있는 윤리 규정에 따라야 한다.

실제 군집분석 진행의 예시로 유타대학교와 유타주 보건부가 진행한 청소년 심리부검 군집분석의 절차를 살펴보자.[49]

49 Moskos et al., 2005. 군집분석 결과는 4장에 수록하였다.

분석의 목표 설정 | 유타주 청소년 자살의 보다 심도 있는 이해를 목표로 했다. 생전에 외부에 드러난 자살 위험 징후, 정신질환 증상, 정신건강 치료를 받는 데 장애가 된 요인 등에 초점을 맞추었다.

조사대상자 선별과 유가족 접촉 | 1996년 6월부터 1998년 11월 사이 유타주에서 발생한 청소년 사망 사건 중 법의조사관에 의해 자살로 확인된 사건을 대상으로 했다. 13세에서 21세 사이의 청소년이 대상이었다.
먼저 151명의 자살 사망자 중 108명의 유가족에게 접촉을 시도했다. 최초 접촉은 자살 발생에서 최소 3~4개월이 지난 시점에 이루어졌다. 조사관은 사망일을 기준으로 차례대로 유가족에게 접촉했으며 추후 전화로 연구 취지와 목적, 절차를 설명하고 면담 시간과 장소에 대해 추가적으로 논의했다.
접촉 결과 151명 중 51명의 면담이 결정되었다. 26명은 면담을 거부했고 16명은 추적할 수 없었으며 15명은 미결정으로 분류되었다. 미결정은 유가족이 참여를 고려했지만 연구가 종결되기 전에 면담 일정을 잡지 못한 경우였다. 최종 분석에 반영된 대상자는 49명이었다.

면담의 준비와 진행 | 소아정신과 의사, 역학자, 정부 관련 대표자 등이 참여한 심리부검 본 연구팀이 구성되었다. 면담 팀은 4명의 전문가로 이루어졌으며, 70개 항목으로 구성된 반구조화 면담 도구를 사용했다. 정서 문제, 행동 문제, 상황적 스트레스, 알코올 혹은 약물 남

용, 자살 동기, 이전 자살 시도 혹은 자살생각, 주변인 자살 시도 및 완료 이력, 정신과 치료 여부, 정신과 치료에 장애가 된 요인 등에 초점을 두었다.

사례별로 2~3명의 정보제공자를 면담하였으며, 4명의 전문가가 총 270회의 면담을 실시했다. 81회는 부모, 57회는 형제·자매, 72회는 친구나 동료, 27회는 친척, 33회는 교사, 코치, 상사 등 기타 정보제공자를 대상으로 했다. 부모와의 면담은 사망 약 7개월 후에 실시했고 사후 9~11개월에 다른 정보제공자들을 대상으로 추가 면담을 진행했다. 각 면담은 2시간가량 이어졌다. 면담 마지막에는 자살 사망자가 누구와 가장 가까웠는지 물었다.

면담 전에 견본 검증을 실시하여 유가족의 면담 허용성에 대한 피드백을 받았으며 면담 이후 유가족이 도움을 필요로 할 때를 위하여 정신과 임상의들이 대기하였다.

전체적인 흐름은 단일 사례 심리부검과 유사하면서도, 다수의 정보제공자에게 표준화된 대응을 하기 위해 더 많은 인력과 사전 준비가 필요함을 느낄 수 있다.

프로젝트 종결 후에는 개인정보 보호를 위해 개별 사망자 관련 기록을 완전하게 파쇄한다. 또한 유가족이 필요로 할 경우 개별적으로 조사 결과를 전달하고, 심리치료 등을 제공하여 애도 과정을 돕도록 한다. 이는 자살 생존자의 자살 위험성을 낮추기 위한 조치이기도 하다.

심리부검 군집분석의 진행

- 연구 목표와 대상 집단 설정
- 조건에 맞는 대상 사례 선별
- 책임자를 중심으로 전문가 팀 구성

▼

- 유가족 최초 접촉
- 심리부검 안내와 면담 요청

▼

- 정보제공 동의서 수수
- 전문 면담인 배정

▼

- 면담 실시
- 부검 기록 등 관련 자료 수집

▼

- 정보 타당성 검토
- 분석 진행

▼

- 보고서 작성

▼

- 관련 문서 파쇄
- 유가족에게 감사 표시, 사후 심리치료 지원

02 포인트 군집분석 사례로 보는 위험요인 평가와 대책 마련

군집분석은 특정한 지역 혹은 시간대 안에서 연이어 발생하는 자살 사건의 원인 파악과 대책 마련에 특히 유효하다. 자살이 동시다발하는 일은 일반적으로 생각하기 어렵지만 실제로 발생하는 것이 현실이다. 특정한 지역, 시기, 혹은 특정 집단에서 자살률이 유난히 상승한다는 의심이 들면, 정부와 연구자는 관심을 갖고 사망자의 공통점을 찾아내 대책 마련에 나서야 한다.

한 예가 자살 위험 장소에서 연속적으로 발생하는 자살이다. 특정 지역 내에서 일정 기간 동안 같은 수단으로 한 건 이상의 자살이 벌어진 장소를 자살 위험 장소라고 한다. 그 지역의 자살 시도자에게 있어 접근성이 높고 치명성이 있는 자살 기회와 수단을 제공하는 장소라고 할 수 있다. 높은 교각, 인적이 없는 장소, 철도 등을 예로 들 수 있다. 자살 위험 장소는 일시적이면서 빠르게 이동하는 경향성이 있으나, 적절한 조치가 없을 시에는 오랜 기간 유지되기도 한다.

대량 군집(mass cluster)은 특정한 사건을 계기로 연쇄적·순차적으로 촉발된 것으로 추정되는 일련의 자살 사건들을 말한다. 미디어에서 유명인의 자살을 노출하는 방식에 영향을 받는 경우가 대표적이다. 이미 자살 위험성이 높은 상태에 놓여있던 사람들이 이러한 사건에 반응하여 자살행동에 영향을 받는 것이다. 자살이 군집 형태를 띄고 나타나는 이유로는 행동 모방, 사회적 학습, 역할모델이 공유된 배경, 병리적 사별, 지역적으로 공유된 위험요인, 무작위적 영향 등이 꼽히고 있다.

포인트 군집(point cluster)은 군집 내 자살 사망자 간 사회적 연결(유대감)이 있다는 증거가 존재하는 집단이다. 포인트 군집은 주로 지리적으로 특정 가능한 장소에서 발생한다. 이를테면 이웃집 10대 청소년의 자살이 주변 다른 10대 청소년에게 영향을 주어 자살 시도나 자살 완료에 이르게 하는 경우이다. 반드시 지리적으로 가까워야만 하는 것은 아니지만 주로 학교, 교육시설, 정신과 입원시설과 같은 기관이나 시설에서 발생한다.

다음은 캐나다 밴쿠버에서 약 2년 반 사이 일어난 8건의 자살 사례를 대상으로 한 포인트 군집분석이다.

연령	자살 수단	일시	면담 횟수
16	불명	2008년 1월 20일	0
18	철도 투신	2008년 4월 20일	5
18	철도 투신	2008년 6월 20일	2
20	질식(목맴)	2008년 8월 24일	0
19	철도 투신	2008년 12월 28일	2
16	철도 투신	2009년 5월 19일	4
17	철도 투신	2009년 10월 23일	9
21	철도 투신	2010년 5월 22일	7

2008년 1월 20일부터 2010년 5월 22일까지 자살로 사망한 16세부터 21세까지의 청소년을 대상으로 했다.

10건 중 8건이 철도 투신 사망이었던 점이 눈에 띈다. 특히 정신질환을 지닌 사망자는 대부분 철도 투신을 선택했다. 철도 투신 사망자는 모두 역 인근에 거주했고 철도에 아주 익숙한 상태였다. 철도 투신은 치명성과 노출도가 높은 만큼 모방 자살도 의심해 볼 수 있다.

심리부검 결과 사망자들이 공통적으로 불안과 초조감, 잦은 기분변화 등을 드러냈음이 나타났다. 약물 남용이 여러 사례에서 확인되었으며, 3명이 이전에 자살 시도를 했고 일부는 자살 계획을 세우거나 예행연습을 했다.

촉진요인으로는 대인관계에서의 갈등이 많이 나타났다. 사망자 중 4명이 친밀한 대인관계에서 심각한 갈등을 겪었고 대인관계에서의 거절 · 거부 민감도가 아주 높아 보였다. 2명은 학업 · 직업 수행에서 스트레스와 불안을 보였으며 그중 한 명은 학교 중퇴를 고려하고 있었다. 2명은 파티나 술집 출입이 잦았고 다시 시작된 물질 남용으로 인해 부모와 심하게 다퉜다. 해결되지 않은 죄책감을 느끼기도 했다.

IS PAPH WARM으로 살펴본 결과, 10명 중 6명에게서 4가지 이상의 위험 징후가 나타났고 그중 4명에게서는 6가지 이상이 나타났다.

가장 높은 빈도로 나타난 것은 불안과 물질 남용 문제였다. 약물 남용을 보인 6명 중 5명이 에탄올(ETOH)을 사용했고 4명이 상습 흡연자였다. 6명 대부분이 마리화나, 코카인, 암페타민, 기타 불법 약물 등을 함께 사용했다. 사망 후 부검에서도 에탄올, 암페타민, 코카인

벤쿠버 사례의 IS PATH WARM 위험 징후 지수

	위험요인	빈도수
Ideation(자살생각)	• 자살에 대한 신념을 말이나 글로 표현	5
Substance abuse(물질남용)	• 약물 남용이나 알코올 사용 장애 • 약물·알코올 사용 시작	6
Purposelessness(목적 없음)	• 삶의 목표를 잃음	3
Anxiety(불안)	• 불안·초조 • 불면증	6
Trapped(갇힘)	• 사방이 막혔다고 느낌 • 부정적인 상황에서 도저히 빠져나갈 수 없다는 생각	2
Hopelessness(무망감)	• 자기 자신, 타인, 미래에 대한 부정적이고 비관적인 생각	4
Withdrawal(고립)	• 친구, 가족, 의미 있는 타인과의 관계 거절	3
Anger(분노)	• 분노를 통제하지 못함	4
Recklessness(무모함)	• 무모한 행동 • 결과를 생각하지 않은 행동	2
Mood change(기분 변화)	• 감정이나 태도의 갑작스러운 변화 • 극단적인 감정 기복	5

등이 검출되어 자살 당시에도 약물을 사용한 상태였던 것으로 보인다.

정신질환과 치료 비순응 문제도 뚜렷하게 드러났다. 8명 중 정신질환 진단을 받은 것은 5명이었는데 모두 공존이환[50]을 보였다. 3명은 2종 이상의 정신질환이 있었고 4명은 물질 남용 장애가 공존했다.

50 comorbidity. 한 환자가 두 가지 이상의 만성 질환을 동시에 앓는 상태. 자살행동과 정신질환 공존이환의 관련성에 대해서는 Nock et al. (2010)을 참고할 것

5명 모두 우울증이 있었으며, 불안장애, ADHD, 난독증, 양극성장애, 신체 이상형태성 장애, 물질 남용 후유증 등을 함께 겪고 있었다. 공존 증상으로 볼 때 우울증은 상당히 중증이었을 것으로 보인다.

하지만 사망자들은 대부분 적절한 치료를 받지 못했고 의사, 정신과 약물을 신뢰하지 않는 태도를 보이는 등 치료 의지를 보이지 않았다. 진단 자체를 부정하거나 치료가 필요하지 않다고 주장하고, 처방받은 약물을 복용하지 않는 등 치료 비순응을 보인 사례가 많았다. 치료 가능성을 믿지 않은 사례도 있었다.

결론

높은 철도 투신 비율, 높은 정신질환 공존이환 비율, 높은 치료 비순응, 다수의 심각한 물질남용 사례 등이 두드러진다. 자살 시점에 알코올·약물 사용 빈도가 높아졌다는 점은 십대의 마약성 물질 사용에 대한 철저한 규제와 보다 실효적인 정책 변화가 필요함을 시사한다.

정신질환 공존이환이 존재할 경우 자살 치명성이 높아진다는 점을 볼 때 공존이환 환자에 대한 자살예방책을 실시하고 도움 제공을 강화할 필요가 있다. 치료 순응도를 높여 치료 진행을 고수하는 것도 중요하다. 또한 불안 등 주변에서 관찰할 수 있는 자살 위험 징후들이 나타났음을 생각할 때, 주변에서 적절한 개입을 할 수 있도록 대중을 대상으로한 자살 위험 징후 인식 교육, 게이트키퍼 훈련[51] 등이 요구

51 gatekeeper training. 지역사회 구성원으로서, 일상생활에서 대면하는 누군가가 자살을 생각하는 징후가 있을 경우 이를 발견하고 도움 행동을 하며, 적절한 전문적 서비스를 받도록 연계해주도록 하는 훈련. 자세한 내용은 이 책 5장 4절과 Isaac et al. (2009) 그리고 임세원, & 오강섭. (2012)을 참고할 것

된다.

특히 이 사례에서는 접근 가능한 치명적 수단에 대해 구체적인 자살 시도 방지책이 마련되어야 한다. 다시 말해 철도 자살 예방책이다. 순찰 등도 필요하겠지만 가장 확실한 방법은 철로에 들어가지 못하도록 투신 시도가 있었던 곳을 중심으로 펜스나 해자 등 물리적 장애물을 설치하는 것이다. 이는 다리 투신 사례에서도 많이 관찰되었는데, 가림막 등 안전장치를 설치하면 자살 시도자가 접근에 어려움을 겪는 단계에서 자살 시도를 미루거나 포기하는 경우가 많았다. 다만 비용이 막대하다는 문제점이 있다.

당시 벤쿠버에서는 철도역에 아래와 같이 표지판을 설치했다.

- 2011년 1월, 역 플랫폼 맨 끝에 76개의 표지판 설치
- 표지판 내용: 당신은 혼자가 아닙니다. 절망적이거나 우울하거나 자살하고 싶다고 느끼셨나요? 1-XXX-XXX로 연락주세요.

이처럼 심리부검 군집분석은 자살에 대하여 개별 사례만으로는 파악하기 어려운 많은 정보를 제공할 수 있다. 대상 집단 내 자살 사망자의 인구학적 특성, 정신질환 유병률과 자살 인과성, 치료 여부와 치료 순응도 등이 그 예이다. 이런 정보들을 바탕으로 보다 거시적이고 실효성 있는 자살예방책 마련의 단서를 찾는 것이 심리부검 군집분석의 일반적인 목표이다.

4장

심리부검과 청소년 자살

가족, 교사, 또래와의 신뢰와 유대는 청소년에게
무엇보다 강한 보호요인이 될 수 있다.

01
청소년 자살의 특성

01 청소년의 취약함을 이해하라

한국 청소년의 사망 원인 1위는 사고나 질병이 아닌 자살이다. 통계청은 2016년 한 해 자살한 한국 청소년 수가 10만 명당 7.8명이라고 발표했다. 최소한 하루에 1.5명의 청소년이 자신의 생명을 포기하는 셈이다. 2015년 OECD가 실시한 15세 청소년 행복도 조사에서 한국은 35개 회원국 가운데 34위였다. 이는 청소년의 삶에 대한 만족도가 얼마나 떨어지는지 보여주고 있다.

청소년의 자살 원인으로 흔히 꼽히는 것이 학교폭력과 성적 비관이다. 최근 서울시에서 조사한 인권실태조사를 보면 전체 어린이의 23%가량, 청소년의 경우 29%가량이 자살을 실제 생각해본 적이 있다고 보고했다. 가장 큰 이유는 학업 문제였다. 어린이의 경우는 학업 문제, 친구와의 관계, 부모의 폭력 등이 주요 원인이었고 청소년의 경우 학업 문제, 미래에 대한 불안감, 부모의 지나친 간섭이 주요 원인으로 꼽혔다.[1]

청소년은 성인에 비해 치명적인 자살 시도를 하는 확률은 적으나, 더 쉽게 자살생각에 빠져들 수 있다. 초등학교 또는 중학교 초입까지 문제없이 학교생활을 하는 것처럼 보이던 청소년이 학업성적 저하, 학교폭력, 또래관계 문제 등을 경험한 뒤 수개월 또는 1년 사이에 급격히 문제 행동을 보이며 급기야 학교를 자퇴하거나 우울증, 자살 시도 등을 보이는 사례를 숱하게 접할 수 있다.

이러한 사건이 발생하면 부모님들은 한결같이 이해할 수 없다는 반응을 보이거나 외부 요인만을 탓한다. 청소년기의 특성을 알지 못하기에 나타나는 반응이다. 청소년기는 자아정체감이 형성되는 과도기로써, 아직 정체감이 확립되지 않은 만큼 자살생각에 취약하고 자살 시도율이 매우 높은 시기다. 이 시기에는 그 어느 때보다 또래집단과의 긴밀한 유대감을 필요로 하고, 학업 능력이나 특기 등 일정한 성취가 자존감 확립에 영향을 준다. 즉 미래를 준비하기 위한 발달 과제 성공이 요구되는 시기이므로 이에 실패할 경우 우울, 무기력감과 자살생각을 보일 확률이 높다. 또한 두뇌 발달 과정에서 충동성이 강해지고 상대적인 충동 조절 능력이 미숙해져, 자살생각이 짧은 사이에 자살행동으로 발전하는 특징을 보인다.

1 서울시 인권실태조사, 2018

피암시성(suggestibility)이 강해 모방 자살이나 또래끼리의 동반 자살을 시도하는 일도 잦다. 각각 학교폭력과 가정불화로 고민하던 두 청소년이 서로를 위로하다가 충동적으로 "그냥 같이 죽자!"고 제안하고 자살을 시도한 사례도 있다. 이 사례에서 당사자 각각의 자살 의도는 그리 강하지 않았으나, 동조에 의해 자살생각이 실행으로 이어졌다. 둘은 음독을 준비하였는데 현장에서 한 명은 실행을 하였고 다른 한 명은 주저가 생겨 실행하지 않았다. 음독을 시도했던 청소년은 구조되었으나, "나는 친구를 위해 약을 먹었는데 친구는 망설였다"고 여기고 배신감에 시달리며 그후로도 자살행동을 반복하는 경과를 보였다. 이 사례에서처럼 내 고통을 이해해주리라 여겨지는 사람의 한마디 권유에 자살을 시도하게 되는, 강한 피암시성과 충동성을 보이는 것이 청소년기의 자살행동 특징이다.

성인에 비해 접근이 용이한 자살 수단을 선택하기 때문에 약물 복용이나 투신과 같은 방법을 선택하는 경향이 높은데 국내에서 최근 유명 연예인들이 목을 매어 자살한 사례가 반복적으로 보도되면서 유사한 모방 자살 사례들이 나타나고 있다.

아직 죽음에 대한 인식이 미비한 것도 쉽게 자살생각에 빠져드는 이유가 될 수 있다. 아래는 "죽고 싶다"고 호소한 초등학교 3학년 남자아이의 상담 내용이다.

Q: 왜 그런 생각을 하니?

A: 가끔씩 죽고 싶다. 집에서는 엄마한테 혼나기만 하고 학교도 재미

없다. 같은 반 친구들은 나만 보면 이상한 냄새가 난다며 놀린다. TV에서 어떤 누나가 아파트에서 뛰어내렸다고 하길래 나도 자살을 해야겠다는 생각이 들기 시작했다.

Q: 그러면 어떻게 될 것 같니?

A: 다들 후회하며 울 거야. 친구들이 나를 괴롭히고 못살게 했으니깐, 내 장례식장에서는 친구들이 울고 괴로워할 차례야. 엄마, 친구, 선생님도……. 나는 이 사람들을 내려다볼 거야.

Q: 그 다음에 무슨 일이 생길까?

A: 그 다음에 난 아침에 일어나서 밥을 먹고 씻고 다시 학교로 돌아갈 거야. 이제 친구들이 알았으니 나를 더 이상 괴롭히거나 놀리지 않을 거야. 선생님도 더 잘 대해주실 거니깐.

초등학교 저학년인 이 어린이는 죽음의 의미를 제대로 이해하지 못하고 있다. 최소한 초등학교 고학년이나 중학생이 되어서야 어른들과 비슷한 수준으로 죽음의 개념을 조금씩 이해하게 된다. 이처럼 세대별 연령별로 죽음을 받아들이는 방식이 다르다는 것을 먼저 이해할 필요가 있다.[2]

성인의 관점에서는 대수롭지 않은 일을 지나치게 생각하는 것처럼 느껴지더라도, 청소년과 아동의 입장에서는 자살생각이 발생하는 데에 분명한 동기와 원인이 있다. 흔한 사건, 시간이 지나면 해결될 문제도 청소년에게는 하나하나가 새롭고 충격적인 경험이 될 수 있

2 다카하시 요시토모. (2007).《고독의 병 자살의 심리학》(변은숙 옮김). 알마.

다. 그러므로 청소년기의 특성을 이해하고, 관심과 대화를 통해 자녀를 지지할 필요가 있다. 또한 내 아이는 절대 그러지 않을 것이라 믿기보다는 누구나 한 시기 어려움을 겪을 수 있다는 생각으로 자녀를 살펴야 초기 위험 징후에 적절히 대처할 수 있다.

심리부검과 다른 연구에서 밝혀진 바에 따르면, 학교와 또래집단에 소속감을 느끼는 청소년은 자살행동을 덜 보일 가능성이 높다. 그래서 학교는 학생들이 교사나 친구들과 유대감을 가질 수 있도록 도울 필요가 있다. 특히 담임교사와 상담교사가 적극적으로 학생들을 지지해야 한다. 학생의 이름을 부르며 최근 일상을 묻고 경청하는 시간을 가지고, 학생들끼리도 학업 이외의 것에 대해 대화하고 서로의 흥미와 관심사를 공유할 시간과 공간을 마련해줄 필요가 있다. 가족, 교사, 또래와의 신뢰와 유대는 청소년에게 무엇보다 강한 보호요인이 될 수 있다.

02 청소년 자살의 주요 위험요인

성인에게 작용하는 위험요인은 청소년에게도 마찬가지로 영향을 미치지만, 청소년에게 더 두드러진 영향을 보이는 위험요인이 존재한다. 특히 청소년에게는 동조 심리, 복수심 등 심리적 동기의 영향이 상대적으로 뚜렷하다.

청소년 자살 사망자 심리부검과 청소년 비치명적 자살행동 연구를 통해 밝혀진 청소년의 자살행동 주요 위험요인은 다음과 같다.

사회 및 환경적 요인

- 가정 · 가족 관련 요인: 가정폭력, 가정불화, 경제적 어려움, 가족의 고립이나 해체, 자살 가족력
- 학교 · 또래관계 관련 요인: 성적부진, 따돌림 등 학교폭력, 또래관계 부적응
- 사회문화적 요인: 입시 위주의 경쟁적 교육 풍토, 놀이문화 부재, 미디어의 선정적 자살 보도 등

신체 및 정신병리적 요인

- 우울증
- 초조, 불안, 공포증
- 충동조절장애에서 기인한 품행장애
- 반사회적 인격장애 성향
- 알코올 및 약물 남용
- 이전의 자살 시도 이력
- 만성 신체질환

심리적 요인

- 입시 부담, 학교폭력, 부모의 꾸중에 대한 공포심 등 감내하기 힘든 스트레스나 고통에 대한 회피 심리

- 부모, 교사, 친구에 대한 배신감이나 강한 분노에서 기인한 보복 심리
- 낮은 자존감, 자신에 대한 실망감에서 기인한 자기 처벌 심리
- 좌절감이나 분노, 흥분을 자제하지 못하고 자기 위해·행동을 저지르는 충동성
- 부모, 절친한 친구 등 애착하거나 동일시하는 대상이 사망하였을 때, 상실을 수용하기를 거부하거나 사후세계에서의 재결합을 기대하는 데서 기인한 동조 심리

우울증이나 불안 증상, 알코올과 같은 충동성을 높이는 약물 사용 등은 이러한 심리를 유발하고 악화시키는 데 중요한 요인으로 작용하는 것으로 알려져 있다. 또한 미국에서 청소년을 대상으로 실시한 여러 심리부검 결과에 따르면 품행장애, 학교생활 수행에서의 부적응, 가족의 지원 결핍, 약물·알코올 사용, 우울감, 불안감, 무기력감 등이 청소년들의 자살행동에 복합적으로 영향을 끼쳤음이 나타났다. 이들 요인은 성인이 된 후의 미래 위험성도 증가시켰다. 이뿐 아니라 미디어의 영향, 특히 유명인의 자살을 보도하는 언론과 대중매체가 청소년의 자살률을 유의미하게 증가시키는 것으로 보고되었다. 위험성은 미디어가 자살을 다루는 기간, 중요도, 정보의 양과 구체성에 따라 증가했다. 또한 잡지와 신문 등 인쇄 미디어가 방송보다 더 큰 영향을 주었다.[3]

---

3 Brent et al., 1993; Cavanagh et al., 2003; Beautrais et al., 1996

한국 청소년의 자살생각 및 자살행동에 영향을 미치는 위험요인[3]

남성 청소년	여성 청소년
이전 자살 시도	따돌림과 학교폭력
우울증	우울증
적대성	적대성
흡연	성정체성
부모의 알코올 남용	낮은 자존감
부모의 이혼	
친구와의 의사소통이 적음	
낮은 자존감	

안정적 애착 관계와 소속감이 필요한 청소년기

청소년 자살에 가장 뚜렷한 영향을 미치는 것은 불안정한 애착, 좌절된 애착, 소속 집단에서의 부적응이나 소외, 고독과 고립 등 관계와 소속에 관련된 요인이다. 부모와의 빈약한 애착 관계, 따돌림이나 절교 등 또래집단에서의 갈등, 일진회·성매매 등 역기능적 집단에 소속되는 것, 학교 정학이나 중퇴 등이 그 예라 할 수 있다. 가정이나 학교에서 갈등이 반복되며 이런 생애 사건이 누적되는 것이다.

그런데 현재 우리 사회의 입시 위주 교육풍토는 안정적 애착감, 소

4 이하의 문헌을 참고하여 간추린 순위표임을 밝힌다. 통계청, & 여성가족부, (2018). 2018 청소년 통계; 전홍진 등, (2013). 청소년 자살관련 현황 및 위험요인; 홍세희 등, (2016). 청소년의 자살생각과 위험요인에 대한 메타분석

속감을 저해하면서 반대로 성취에 대한 부담은 늘리는 방향으로 작동하고 있다. 중고등학생은 물론 초등학생, 심지어 유치원생의 교육 현장에까지 과열 경쟁이 번지면서 아동과 청소년의 학업 스트레스가 도를 넘어서고 있다. 이에 반해 가장 중요한 보호요인인 가족의 지지 체계는 제대로 작동하지 못하고 있다.

또래관계에서도 구조적 어려움이 발생하고 있다. 성장기에 또래 관계를 발전시키는 데는 시간과 자율성이 필수적인데, 현재 아이들에게는 어느 쪽도 부족한 것이 현실이다. 방과 후 학원이 유일한 만남의 공간이 된 지 오래이며, 놀이문화도 변질되어 자투리 시간에 혼자서도 즐길 수 있는 게임이나 SNS에 빠져들기 십상이다. 어릴 때부터 이러한 매체들로 손쉽게 재미를 얻는 데 익숙해진 아이들은 더 이상 힘들게 친구를 찾아가 놀지 않으려 한다.

결국, 공부 스트레스를 견디지 못하거나 학업에서 뒤처지기 시작한 아이들이 찾을 수 있는 대안이나 탈출구는 많지 않다. 혼자만의 놀이에 빠지거나 부모의 잔소리와 힘겨운 상황을 모두 잊을 수 있는 다른 세상으로의 탈출을 꿈꾸게 된다. 모바일·게임 등 가상세계에 의존하거나 연예인 등 선망의 대상에 자아를 의탁한다. 하지만 이러한 가상세계는 청소년들이 스트레스 상황에 부딪혔을 때 보호 기능을 하기 어렵다. 인터넷 의존도가 높으므로 사이버괴롭힘 등을 당하게 되었을 때 더 큰 타격을 받기도 한다.

현재 청소년들이 처한 환경은 청소년기의 자살 위험성을 증가시킬뿐더러, 건강한 정서·인지 발달을 저해하고 심리를 왜곡시킬 우려가 크다. 하지만 학부모나 교사들과 이야기를 나눠보면 대부분의 사람들이 문제의식을 크게 느끼면서도 사회 분위기가 그러니 어쩔 수 없이 따라가야 하지 않는가, 안 그러면 우리 아이만 뒤쳐지지 않겠는가 등 불안과 무기력으로 일관하는 경우가 많다. 한편으로는 우리 아이는 지금까지 그래왔듯이 괜찮을 것이라든지, 잘 견뎌줄 것이라는 막연한 믿음으로 문제를 외면하는 경우도 종종 볼 수 있다. 부모의 불안과 무기력은 자녀에게도 영향을 미칠 수 있다는 점에서 더욱 걱정스러운 부분이다.

과도한 성취 부담을 줄이고 청소년에게 안정된 애착감과 소속감을 제공하기 위해서는 가족과 학교, 사회 전체의 관심과 노력이 필요하다. 당장의 성취에 상관없이 언제나 함께할 사람과 머물 장소가 있으며, 언제든 미래와 가능성이 열려 있음을 청소년들이 느낄 수 있다면 지금과 같은 자살률 고공 행진은 막을 수 있을 것이다.

02
학교폭력과 청소년 자살

01 학교폭력의 심각한 위험성

학교폭력은 청소년 자살에 무엇보다도 큰 영향을 미치는 요인 중 하나이다. 학교 안팎에서 폭력 피해를 당한 경험이 있는 청소년은 그렇지 않은 청소년에 비해 자살을 고려할 가능성이 3배 이상 높다.

교육부가 실시한 2017년 통계를 보면 청소년의 0.8%가량이 학교폭력을 경험하고 있으며 학교폭력이 나타나는 연령층도 점점 낮아지고 있다.[5] 2016년 사회동향조사에서는 중고등학생 5명 중 1명, 초등학생 4명 중 1명이 학교폭력을 경험하는 것으로 나타났다.[6] 초등학생

5 교육부, 2018

6 통계청, 2017; 한국의 사회 동향 2016

의 경우 10명 중 2명 이상은 최소 한 번 이상 상습적으로 폭력을 당하는 것으로 보고되었다.

학교폭력의 형태

학교폭력은 다양한 형태로 나타난다. 통칭 괴롭힘(bullying)이라고 불리는 학교폭력은 주로 언어폭력의 형태로 이루어지지만 물리적 폭력이 나타나는 경우도 많다. 놀리기, 조롱하기, 상처가 되는 별명 부르기, 심리적 조종, 신체적 폭력, 사회적 배제 등을 예로 들 수 있다.

괴롭힘은 한 사람의 가해자에 의해 행해지기도 하고, 무리 혹은 집단 전체에 의해 행해지기도 한다. 돈이나 소지품을 빼앗는 등의 직접적인 방식, 학생들 사이에 소문을 퍼뜨리는 등의 직간접적인 방식을 모두 괴롭힘에 포함할 수 있다.[7] 최근에는 SNS 등 인터넷 공간에서의 괴롭힘도 학교폭력에서 큰 부분을 차지하고 있다.

학교폭력과 자살 위험성 증가

학교폭력 피해자는 그렇지 않은 사람보다 자살생각 위험성이 1.4배에서 5.6배까지 증가한다. 자살 시도와 자기 위해 등 자살행동 위험성도 5.4배까지 증가한다. 피해 빈도가 잦을수록 위험성이 증가하는 것으로 나타났다.[8]

피해자 못지않게 가해자도 정신적, 심리적 건강에 영향을 받는다.

---

7 King, 2009; UNESCO, 2011

8 교육부 통계로 보는 학교폭력 실태조사, 2018; 2018년도 1차 학교폭력 실태조사

잦은 괴롭힘을 가한 청소년들도 높은 자살 위험성이 오랜 기간에 걸쳐 지속적으로 나타나고 있다. 또한 연구에 따르면 괴롭힘에 연루된 아동/청소년 중 약 절반가량이 가해자인 동시에 피해자이며, 이런 경우 가장 큰 어려움을 겪는다고 한다.[9] 괴롭힘에 가담한 경험과 피해를 당한 경험 둘 모두가 있는 청소년은 우울, 불안, 자살생각 등 가장 심각한 수준의 부정적 정신건강 상태를 보인다. 가해자의 자살생각 위험성은 9배까지 증가하고 자살 시도와 자살행동 위험성은 9.9배까지 증가한다. 가해와 피해를 둘 다 경험한 청소년은 자살생각 위험성이 최대 10배까지 증가한다.[10]

괴롭힘을 목격한 청소년도 영향을 받는다. 괴롭힘을 자주 목격한 청소년의 경우 그렇지 않은 청소년들보다 학교에 대한 소속감이 낮고 무기력감을 호소했다. 괴롭힘은 모든 청소년에게 심각한 위해를 가한다고 할 수 있다.

학교폭력과 타 위험요인의 상호작용

학교폭력은 다른 자살 위험요인과 상호작용한다. 개인적, 환경적, 사회적 소인들이 학교폭력의 발생 계기가 되기도 하고, 학교폭력으로 인해 위험요인이 발생하기도 한다. 높은 스트레스, 가족 내 갈등, 또래 간 갈등, 폭력에의 노출 등이 예가 될 수 있다. 델라웨어대학 사회심리학자 발레리 언쇼 등에 따르면 일정 기간 심한 또래 간 괴롭힘

9 United Nations Secretary-General's study on Violence against Children, 2006

10 교육부 통계로 보는 학교폭력 실태조사, 2018; 2018년도 1차 학교폭력 실태조사

을 당한 청소년들은 2~3년 후 우울증에 시달리고, 이후 알코올, 마리화나, 담배 등 약물 남용에 빠질 가능성이 크다.[11]

특히 성소수자 청소년, 장애 청소년 등 취약한 소인을 지닌 청소년의 위험성은 심각하다. 학교폭력에 노출될 가능성이 높을뿐더러, 학교폭력이 고립이나 자살생각 등 다른 위험요인을 강화시킬 위험성도 현저하다. 빈곤, 가정폭력, 인종적 취약성, 언어 장벽 등의 소인 또한 마찬가지라고 볼 수 있다.

이탈리아 사회학자 라파엘 릴레리는 다섯 개 국가를 대상으로 성소수자 혐오성 괴롭힘이 교육과 학업성취에 미치는 영향을 연구했다.[12] 성소수자 혐오성 괴롭힘을 당한 학생들은 무단 결석률이 높고 상급학교 진학률이 떨어졌다. 아예 학교를 중퇴하거나 학업을 포기하는 사례도 여러 국가에서 나타났다. 결석은 학업성적과 수행에 영향을 미치고, 학교를 중퇴한 학생은 향후 취직에 어려움을 겪게 된다. 자신감 상실, 자존감 저하, 두려움, 심리적 스트레스, 사회적 고립 때문에 학업성적과 교육 수준이 저하되고 다시 이것이 스트레스와 성취 저하를 부르는 악순환의 고리가 만들어지는 것이다.

또한 피해자들은 우울, 불안, 자신감 상실, 위축, 사회적 고립, 죄의식, 수면장애 등을 겪거나[13] 알코올이나 약물 남용에 빠지기도 쉽다. 이 또한 출석률과 학업성적 저조, 사회적 부적응으로 이어진다.

---

11 Earnshaw et al., 2017.

12 Lelleri, 2007

13 Hillier, Turner, & Mitchell, 2005

취약 청소년은 가정 내에 보호요인이 미약한 경우도 많으므로 각 지역 공동체와 관련 국가 기관이 적극적으로 보호에 나서야 한다. 취약 청소년 대상의 학교폭력과 자살 문제를 공론의 장에 올리고 정부, 교육기관, 학부모, 경찰, 사회단체 등이 다 같이 논의함으로써 포괄적이고 통합적인 대책 마련과 상호 협력, 예방 실천에 나설 필요가 있다.

| 부록 |

진화하는 학교폭력 양상, 사이버괴롭힘

사이버 공간에서의 활동 시간이 늘어나고 학생들이 페이스북, 카카오톡, 모바일 메신저 등을 이용하는 경우가 많아지면서 학교폭력은 새로운 방향으로 진화하는 추세이다. 물리적인 폭력의 양은 줄어드는 반면 은밀하게 이뤄지는 따돌림이나 언어폭력은 가파르게 증가했다.

물리적 폭력은 장소가 학교 안으로 한정되지만 사이버괴롭힘(cyber-bulling)은 24시간 때와 장소를 가리지 않고 이루어진다는 점에서 그 심각성이 크다. 사이버괴롭힘은 주로 언어폭력이나, 사이버 공간에서의 관계를 단절·고립시키는 방식으로 이루어진다. 집단으로 피해자의 SNS를 차단하기, 피해자를 제외하고 대화방 만들기, 대화방에 초대하고 나서 욕설을 하거나 대화에서 무시하기 등 다양한 방식으로 괴롭힘이 이루어진다. 페이스북에 신상정보나 민감한 사진을 올려 수치심을 주기도 한다. 학교폭력과 따돌림에 대한 연구를 다년간 실시해온 예일대학교 김영신 교수에 따르면 모든 형태의 사이버괴롭힘은 자살 위험성과 깊은 관련성이 있다.[14] 8개국 청소년에 대한 조사 결과 전체 사례 37건 중 15건에서 사이버괴롭힘 피해자가 괴롭힘 도중에 자살생각을 보였다. 피해자가 여성일 경우 남성보다 자살생각을 표출할 확률이 높았다. 13건에서는 자해나 자살 시도가 나타났다. 성소수자 청소년의 경우 7건에서 사이버괴롭힘 중 자살생각과 자해가 동시에 나타났다.

청소년 시기에 발생하는 사이버괴롭힘은 정상적인 발달과 교육에 심각한 지장을 초래할 뿐 아니라 자살생각과 자살행동에 직접적이고 치명적인 파급력을 행사한다. 그럼에도 학교와 교육 당국에서는 이에 대한 인식이 미진한 형편이다. 보다 적극적인 연구와 대책 마련이 요청된다.

---

14 김영신, Leventhal, et al., 2006; 김영신, 고윤주, & Leventhal, 2004; 김영신 등, 2008

02 학교폭력 피해 청소년의 자살경로분석

사례 한국 여성 청소년 동조 자살 시도

16세 중학생 김수희와 윤미숙이 함께 자살하기로 결심하고 거주하던 15층 아파트 옥상으로 올라갔다. 둘은 옥상 위에서 뛰어내릴까 말까 3시간을 고민했다. 수희가 먼저 결심하고 옥상 난간 바깥으로 넘어가 매달렸다. 난간을 놓고 떨어지려던 순간 두려움을 느낀 수희는 살려 달라고 외치며 미숙에게 도움을 청했다. 10여 분간 매달려 있던 수희는 힘이 빠졌고, 미숙도 온 힘을 다해 손을 잡고 버텼지만 결국 손이 미끄러졌다. 수희는 아래로 떨어졌다. 미숙은 그 자리에 얼어붙은 채 친구의 이름을 부르고 있다가 발견되었다.

사망 현장

옥상 난간에서 여러 가닥의 유류 지문이, 환기구 위에서 선명하게 찍힌 족흔적이 발견되었다. 공포 속에서 살려고 몸부림친 흔적들이었다. 옥상 위에는 함께 죽기 직전에 남겨 놓은 유서와 신발, 책가방 등이 놓여 있었다.

우울증과 외로운 환경

사망한 수희는 부친과 모친, 2살 터울인 오빠와 함께 살았다. 하지만 가족과 함께 보내는 시간은 많지 않았다. 양친은 음식점을 운영하다가 경영난으로 폐업한 후, 주중에는 서울에 올라가 트럭을 몰고 다니며 장사를 했다. 주말에는 돌아왔지만 장사 준비로 바빠 자녀들과 함께 지낼 여유가 없었다. 오빠는 야간 자율학습과 학원으로 새벽이 되어서야 집에 돌아왔다. 수희는 방과 후 내내 집에 혼자 있었다. 그나마 오빠가 틈틈이 전화를 걸어 동생을 챙겨왔다고 한다.

학교에서는 여러 친구들과 무난하게 어울려 지냈다. 하지만 내성적인 성격인데다 마음을 잘 드러내지 않는 편이라 피상적인 관계가 대부분이었고 친밀하게 마음을 터놓고 지내는 친구는 없었다고 한다. 초등학교 6학년 때는 학교에서 심하게 괴롭힘을 당하기도 했다.

중학교 1학년이 되고부터 수희는 사춘기와 함께 정서적 어려움을 겪었다. 주중에 부모와 떨어져 혼자 지내면서 외로움을 많이 탔다. 중학교 1학년 학기말 학교에서 진행한 정기 심리평가에서 우울과 불안 수치가 높게 나와 담임교사가 자택과 부모의 휴대전화로 수차례 연락했지만 연락이 닿지 않았다. 부모와 함께 적절한 조치를 취할 기회를 놓쳤다고 할 수 있다. 2학년이 되자 담임교사가 바뀌었다.

학교폭력

중학교 2학년이 되면서 초등학교 때 수희를 심하게 괴롭혔던 학생과 한 반이 되었다. 가해자와 그 무리들은 곧 수희를 괴롭히기 시작했다. 하지만 수희는 주변에 이 사실을 쉽사리 알리지 못했다. 이때부터 성적이 심하게 떨어졌고 어울리던 친구들과 멀어지게 되었다. 학교에서 혼자 지내는 시간이 많아졌고 갈수록 말수가 적어졌다.

가해자들은 일부러 수희의 옆자리에 앉아 쉬는 시간과 수업시간을 가리지 않고 괴롭힘을 했다. 반 아이들 앞에서 수희에게 심한 욕을 하거나 SNS에서 수희의 글에 빈정대는 댓글을 다는 등 따돌림을 유도하기도 했다. 수희는 점점 반 아이들로부터 고립되었고 우울감과 무기력감은 날로 심해졌다.

같은 반 윤미숙도 이 가해자로부터 괴롭힘을 당하던 피해자였다. 여러 차례 화장실과 음악실로 불려가 구타를 당했고, 자리에 없을 때 교재와 슬리퍼를 숨기거나 가위로 책을 자르는 등 심각한 괴롭힘을 당했다. 미숙은 담임교사에게 이 사실을 알렸고 할머니가 학교로 찾아와 항의하기도 했다. 이후 괴롭힘은 잠시 잠잠해지는 듯 했지만 담임교사가 바뀌자 다시 가해가 시작되었다. 새 담임교사가 아무것도 모르는 사이 가해자들은 물밑에서 수희와 미숙을 괴롭혔다.

구조 요청 실패, 자살 시도, 친구와의 동조

가해자들의 괴롭힘을 견디기 어려워진 수희는 부모에게 기대려고 했다. 사망 약 일주일 전, 수희는 서울에 올라가 있는 부모에게 전화를 걸어 힘이 들고 보고 싶다며 내려오면 안 되겠느냐고 울며 졸랐다. 부모는 내려오지 않았고, "다 큰 애가 어리광을 부린다"며 오히려 야단을 쳤다. 당시 수희는 의지할 곳을 찾을 수 없었다. 매일 학업 부담으로 지쳐있는 오빠에게 하소연하기도 어려웠다.

사망 이틀 전 수희는 아무도 없는 집에서 자해를 시도했다. 커터칼로 몇 번 손목을 그었다. 통증이 심해지자 수희는 미숙에게 전화를 해서 도와달라고 했다. 미숙은 집에 찾아와서 수희를 병원에 데려갔고, 치료가 끝나자 함께 병원을 나왔다. 미숙은 손을 잡고 수희를 위로했다. 둘에게 학교와 가해자는 빠져나갈 수 없는 공간, 저항할 수 없는 존재처럼 느껴졌다.

이야기를 나누던 둘은 함께 죽기로 마음을 먹었다. 서로를 위로하며 짧은 글을 각자의 블로그에 남기기로 했다. 투신 하루 전에 수희는 블로그에 "새가 되어 날아간다"는 짧은 문장을 남겨놓았다.

결론

김수희의 사례는 투신이라는 수단의 치명성에 비해 본인의 자살 의도가 그만큼 확고하지 않았기 때문에 더 안타깝다. 적절한 개입이 이루어졌다면 결과가 달라졌을 지점이 여러 곳 나타난다.

학교폭력으로 인한 자살은 촉진 요인이 매우 명백해 보이지만, 실제로 심리부검을 진행하면 상황은 그렇게 단순하지 않다. 학교, 교사, 학부모, 가해자, 학급 구성원 등 주변인들이 모두 연관된 복잡한 문제이다. 많은 사람이 얽혀있는 만큼 누구도 책임을 지지 않으려 한다. 심리부검을 하다 보면 안타까움과 함께 분노마저 느껴질 때가 있다. 그러나 정말 아쉬운 점은, 그 많은 사람들 중 누군가가 분명 이들의 죽음을 막을 수 있지 않았을까 하는 점이다.

수희와 미숙이 겪은 일들은 이들에게만 일어나는 것이 아니다. 또래 청소년들이 숱하게 맞닥뜨리는 상황이다. 의지하던 가족이나 친구와의 단절, 지속적인 심리적 혹은 육체적 고통, 주변에서 가하는 악의적인 비하와 그로 인한 자존감 상실, 스스로는 상황을 해결할 수 없다는 무력감. 이러한 상황이 계속되면 앞으로의 삶에서 스스로 무엇인가를 할 수 있다는 자신감을 잃어버리게 된다.

자살 사망자들은 공통적으로 자신이 남들에게 짐이 된다는 생각, 자신이 필요 없는 존재라는 생각에 죄책감을 느끼고 괴로워한다. 나이가 어릴수록 이런 생각에 쉽게 사로잡히고 파국적인 영향을 받는다. 그래서 청소년들은 일단 자살을 결심하면 성인처럼 실행에 오랜 시간이 걸리지 않는다. 대신 청소년은 자살을 촉진하는 요인을 찾아 빠르게 개입하면 10명 중 8명은 더 이상 자살로 나가지 않는다.

그러므로 청소년 자살을 감소시키려면 무엇보다 청소년 특유의 자살 취약 지점에 항상 관심을 기울이고, 주변에서 빠르게 상황을 파악하여 개입해야 한다. 자살생각이 더 강화되기 전에 연쇄의 고리를 끊어주는 것이다. 그것이 소중하고 귀한 생명이 스스로 생을 마감하는 가슴 아픈 일을 조금이나마 막을 수 있는 길이다.

03 심리부검으로 분석한 학교폭력 진행 경로

자살의 원인만큼 정답을 찾기 어려운 것이 학교폭력의 원인이다. 지나친 경쟁 교육이나 인권 의식 부족에서 원인을 찾기도 하지만, 학교폭력은 시대, 국가, 경제적 수준을 가리지 않고 언제 어디서나 지속적으로 일어난다.

내가 심리부검을 진행한 청소년 자살은 대부분이 학교폭력과 연관되어 있었다. 피해자의 삶과 죽음의 경로를 조사하는 동안, 가해가 시작되고 진행되는 과정을 파악할 수 있었다. 대부분의 가해가 비슷한 경로로 진행되었으며, 어른들의 눈에는 큰일이 아닌 것 같은 갈등이나 놀림이 교묘하고 구조적인 가해의 일부인 경우가 많았다. 흔하게 관찰되는 유형의 학교폭력 발생·진행 경로를 간략하게 소개하고자 한다. 청소년 자살을 예방하기 위해서는 학교폭력의 작은 단초라도 놓치지 않고 파악하고 각 단계에서 단호하게 개입하는 것이 중요하다. 크고 작은 개입 행위를 통해 피해자에게 언제나 소통하고 의지할 곳이 열려 있다는 것을 알릴 수 있다.

가해 주도자의 존재

심각한 학교폭력이 발생하는 현장에는 반드시라고 할 만큼 가해를 주도하는 학생 1~2명이 존재한다. 학교폭력에 최초 원인을 제공하는 것은 피해자가 아니라 가해 주도자라고 단언할 수 있다. 이들의 목적은 가해 행위 혹은 타인을 조종하는 행위를 통해 자신의 지배력 혹은 통제감을 느끼는 것이다.

가해 주도자는 학급 혹은 어울리는 무리에서 주도권을 가지고 있는 학생인 경우가 많으며, 그 주위에는 가해 주도자와 어울리며 가해 주도자의 부추김에 따라 적극적으로 가해하는 집단이 있다. 이들은 다양한 방식으로 피해자에게 심리적, 신체적 상해를 가하면서 가해의 참여자, 동조자를 늘려나가고 피해자의 고립을 유도한다.

한 학생은 학교폭력을 방조한 이유에 대해 이렇게 대답했다.

"피해자가 당하지 않으면 내가 당할 수 있다. 가해 학생들은 괴롭힐 만한 아이들을 항상 찾아다닌다. 접근해서 잘해주는 척하다가 나중에는 180도 태도를 바꾼다. 괴롭히며 자기들끼리 낄낄대고 좋아한다. 피해자가 괴롭힘의 대상이 되는 동안은 우리가 그 괴롭힘에서 벗어날 수 있다."

가해 주도자의 행동 양상, 그리고 이들이 집단에 미치는 부정적인 영향을 보여주는 답변이다. 모든 사람에겐 일정 부분 가학적인 성향이 존재하지만, 가해 주도자는 그것만으로는 설명할 수 없는 냉혹함과 가학성을 지니고 있다. 자신의 이기적인 욕구를 충족시키기 위해 양심의 가책 없이 타인에게 가혹한 행동을 저지른다. 가해 주도자는 공통적으로 타인의 정서에 공감하는 능력이 없거나 신경 쓰지 않는 냉담함, 무정함을 보였다.

낙인찍기

집단에서 어느 정도 주도권을 확보하고 나면, 가해 주도자는 주변에서 피해자가 될 사람을 찾아내 목표로 삼는다. 누구든지 피해자가 될 수 있다. 가해 주도자의 말을 따르지 않는 학생, 운 나쁘게 눈에 뜨인 학생 등이 무작위로 표적이 되는 경우도 있다. 다만 다른 친구들과 잘 어울리지 못하는 학생, 가난 · 장애 · 소수자성 등의 취약점을 지닌 학생은 괴롭힘의 표적이 되었을 때 더 큰 타격을 받고 대처에 어려움을 겪으며, 가해 주도자는 이를 잘 알고 있기에 이런 취약점을 가진 학생들을 내버려두지 않는다.

흔히 가해 주도자는 목표가 된 학생과 일부러 사소한 갈등을 일으키면서 이를 계기로 따돌림을 시작한다. 우연히 다른 학생들과 갈등을 빚은 학생을 골라 표적으로 삼기도 한다.

먼저 피해자를 대화나 놀이에서 소외시킨다. 피해자를 빼고 자기들끼리만 정보를 공유하는데, 그렇게 오가는 정보는 주로 피해자에 대한 험담, 조롱, 비웃음이다. 이러한 행동은 피해자뿐 아니라 학급 구성원 전체가 알 수 있도록 노골적으로 이루어진다. 험담의 목표는 모두의 앞에서 피해자를 낙인찍는 것(labelling)이기 때문이다. 교실에서 큰 소리로, 혹은 학급에서 함께 이용하는 SNS와 같은 공간에서 대놓고 피해자를 조롱하고 무시함으로써 피해자가 "마음대로 대해도 되는 상대", "욕 먹어도 싼 아이"라는 것을 사람들 앞에 전시한다. 동시에 가해자들은 험담을 통해 "처음에 피해자가 그럴 만한 잘못을 저질러서", "장애 등의 취약성으로 인해 주변에 피해를 주고 있어서", "피해자 때문에 짜증나고 시끄러운 일이 생겨서"와 같은 주장을 퍼뜨린다. 가해자와 피해자의 입장이 뒤바뀌고, 이들의 가해 행위는 "당연한 것", "먼저 피해를 당했으니 그럴 수밖에 없는 것"으로 정당화된다.

일단 낙인찍기가 이루어지고 나면, 학급 구성원은 가해를 하거나 방관하는 데 대한 불편감이 감소하거나 더 이상 불편감을 느끼지 않게 된다. 그것이 낙인찍기의 목적이다.

적극적 가해와 동조 확산

낙인찍기에 성공하면 가해 주도자와 그 집단은 점점 가해 행동의 강도를 높여간다. 언어폭력, 물리적 폭력, 무시나 따돌림, 금전 요구 등 다양한 수단의 폭력이 계속된다. 또한 직접 가해하는 데 그치지 않고 더 많은 학생들이 가해에 참여하도록 유도한다. 피해자의 친구가 피해자와 어울리지 않도록 유인하거나 협박하고, 일부러 피해자와 다른 학생을 싸움 붙이거나 피해자가 공개적 지탄의 대상이 되는 상황을 만든다. 이들의 목적은 피해자를 집단에서 완전히 고립시키는 것이다. 그럴수록 가해 주도자가 느끼는 집단에 대한 지배감은 더욱 커지고, 가해 집단도 동질감을 느끼기 때문이다.

안타깝게도 이들의 의도대로 다른 학생들이 가해에 참여하는 경우가 흔하다. 이미 집단 구성원들은 낙인찍기에 암묵적으로 동의하면서 가해에 대한 죄의식이 낮아진 상태이기 때문이다. 심하게는 반 전체가 가해에 참여한 사례도 있었다. 직접적으로 가해에 참여하지 않는 학생들도 피해자를 무시하거나 가해를 노골적으로 방관하는 방식으로 가해에 동조한다.

개입의 부재와 피해자의 고립

학교폭력이 발생하면 피해자는 몸과 마음에 큰 상처를 입지만, 한동안은 그것이 치명적인 수준은 아니다. 학교폭력 진행 경로의 어느 단계에서든 교사 등이 개입하여 가해 주도자의 권위와 영향력을 차단함으로써 폭력의 연쇄를 끊을 수 있다.

하지만 실제로는 피해자가 적절한 도움을 받지 못하는 경우가 많다. 상황을 통제하거나 문제를 해결할 역량과 적극적인 태도를 가진 교사들이 흔하지 않다.

많은 피해자들은 학교폭력 진행 경로의 비교적 초기 단계에서 교사에게 상담하거나 도움을 청한다. 하지만 이때 교사가 상황의 심각성을 인지하고 적극적인 개입에 나서는 경우는 드물다. 조롱, 험담 등의 형태로 나타나는 학교폭력 징후를 사소한 것으로 여겨 무시하거나, 형식적 경고 정도로 넘어간다. "피해자가 먼저 문제를 일으켰다"는 가해 주도자의 주장에 그대로 말려들어가기도 한다. 가해 주도자는 집단 내에 동조자가 많고 기만에 능하여 담임교사, 상담교사, 심지어 경찰까지 속여 넘기는 경우가 있다. 이후에도 가해자들의 괴롭힘은 더 은밀해지고 교묘해진 형태로 계속된다.

이렇게 학교 내에서의 도움 요청이 수포로 돌아가면 피해자는 무력감과 단절감에 빠져 상황이 더 악화된 후에도 재차 도움을 요청할 엄두를 내지 못한다. 피해자가 지닌 취약성에 대해 교사가 편견과 편향을 드러내거나, 책임을 회피하고 문제를 덮고 넘어가려는 태도를 보여 피해자에게 더 큰 상처를 남겼다면 더욱 그렇다.

괴롭힘이 진행될수록 피해자는 점점 더 취약하고 고립된 처지가 된다. 기존 친구들과 어울리지 못하게 되거나 친구에게 피해를 끼친다는 죄책감을 갖게 되고, 성적이 떨어지고 취미활동이나 놀이에도 소극적이 된다. 소지품이 망가지거나 용돈을 갈취당하면서 금전적으로도 어려움을 겪는다. 자존감 저하, 우울, 무력감, 언제 괴롭힘을 당할지 모른다는 불안과 공포는 하교 후, 심지어 잠자리에 든 후에마저 피해자를 괴롭힌다.

고립의 심화

학교에서 시작된 고립은 가정에서의 관계에도 영향을 미친다. 원래 학교에서 고립된 피해자에게 가장 유효한 보호요인은 가정이다. 부모가 진지하게 귀 기울여주고 해결책을 찾으려고 나선다면 많은 경우 치명적인 결과는 피할 수 있다. 하지만 학교폭력으로 무력감과 자존감 저하를 느끼고 있는 피해자들은 선뜻 가족에게 도움을 청하지 못한다. 특히 부모가 경제난이나 불화 등 불안정한 상황에 처해있는 경우, 많은 청소년들이 자신의 고통을 부모와 공유하려 하지 않는다. 부모에게 걱정을 끼치지 않기 위해 아무렇지 않은 태도를 보인다. 하지만 유심히 살펴보면 이 시기 피해자는 말수가 줄고 혼자 있는 시간이 많아지며 가족들과도 점차 멀어진다.

아직 생활 반경이 넓지 않은 청소년들에게 학교와 집은 일상의 거의 전부를 차지한다. 그곳에서 단절감, 고립감, 무망감을 반복해서 경험하면서 청소년들은 쉽게 자살생각에 빠져들고, 이미 지속적인 폭력을 당해 고통에 둔감해진 만큼 자해 등 직접적인 자살행동을 일으키기도 쉬워진다.

가장 큰 위기에 처하는 것은 기존에 지닌 취약성 때문에 가해 주도자의 표적이 된 피해자들이다. 생활보호 가정, 한부모 가정, 시설 거주 청소년, 부모에게 소수자성을 숨기고 있는 성소수자 등이 예가 될 수 있다. 부모와의 대화 단절 등 가정 내에 이미 고립 요인이 있는 경우에도 위험성은 높아진다.

소결

여기에 제시한 경로는 청소년 자살 사례를 바탕으로 재구성한 것이지만, 학교폭력을 당하는 피해자들이 모두 자살에 이르는 것은 아니다. 하지만 생존자에게도 심대한 피해가 남는다. 우울증, 학업성취도 저하, 등교거부, 가출, 물질 남용 등으로 이어지거나, 진학과 진로설계에 어려움이 생기며, 피해자 처지에서 벗어나려는 생각에 자신이 학교폭력 가해자가 되는 등 일탈행동에 빠지기도 한다. 성인이 되어서도 우울증과 자살생각에 시달리는 사례가 많다. 또한 학교폭력은 피해자는 물론 가해자와 동조자, 방관자에게도 정서와 자존감에 악영향을 미친다. 학교폭력 가해자의 자살률은 그렇지 않은 사람에 비해 현저하게 높은 것으로 드러났다.

학교폭력이 심화되는 것을 막기 위해서는 가해 주도자 혹은 그 집단을 파악하고 가해 행위를 단호하게 차단해야 하며, 피해 호소 혹은 제보가 있을 경우 교사가 개인 판단으로 무시하거나 방관하는 일이 생기지 않도록 표준화된 대응 매뉴얼을 갖출 것이 요구된다. 또한 학교 현장에서 흔히 나타나는 '책임질 일을 만들지 않는' 혹은 '일을 크게 만들지 않으려 하는' 관행 전반에 대한 구조적인 개선, 취약점을 지닌 청소년에 대한 각별한 보호와 지원 또한 필요할 것이다.

04 학교폭력에 어떻게 대처할 것인가

학교폭력은 가해자와 피해자 개인 간의 문제가 아니다. 학교폭력의 책임 역시 학생들에게만 있지 않다. 예일대학교 소아정신과 김영신 교수는 학교폭력이 학생들은 물론 교사를 포함한 학교 전체, 부모님 및 지역 사회 전체의 문제라 말한다.[15]

따라서 모든 주체에게 책임 있는 대응이 요구되며, 특히 학교가 책임의식과 적극성을 가지고 문제 해결에 나서야 한다.

학교폭력이 일어났을 때 학교측에서는 피해자를 보호하고 가해자에게 징계 등의 조치를 취함과 함께, 학생들에게 '학교폭력은 잘못된 행동이며 학교에서 용납하지 않는 일'이라는 분명한 메시지를 단호하게 전달해야 한다. 가해자와 피해자의 학부모에게도 정확한 사정을 알려야 한다. 부모들에게 어떤 일이 어떻게 일어났는지 설명하고, 대응 방안을 함께 의논하며 지속적인 의사소통을 이어가야 한다.

교사는 평소 학생이 우울 등 이상 징후를 보일 때 학교폭력의 가능성을 염두에 두고 관심을 기울여야 한다. 학교폭력이 진행되고 있을 때 피해자나 반 구성원이 보일 수 있는 행동에 대해 숙지하고, 일상에서 드러나는 작은 단서를 경각심을 갖고 살펴보아야 한다. 가장 먼저 이루어져야 하는 것은 늘 가까이서 상담을 제공하고 청소년들에게 도움이 필요할 때마다 지원할 수 있는 체계를 마련하는 것이다.[16]

---

15 김영신 등, 2006

16 Earnshaw et al., 2016

피해자에 대한 이해와 대응

피해자는 학교폭력 발견 즉시 가해자와 가해 행위로부터 보호받아야 하는 것은 물론 특별한 돌봄과 지지를 받을 수 있어야 한다. 자살의 징후와 심리적 증상을 예의주시해야 하고 심리치료 등의 지원도 필요하다. 특히 사이버괴롭힘을 경험하는 아동과 청소년은 일상에서 더 세심한 돌봄이 필요하다. 우울증과 약물 남용에 대해 전문가의 검사를 진행할 필요가 있으며 문제가 발견될 경우 상담을 제공하거나 부모에게 적절한 지원을 권고할 필요가 있다.[17]

학교폭력의 피해는 어른들이 생각하는 것보다 훨씬 심각하고 파괴적이다. 자살생각이나 자살 시도가 발생하는 데에도 치명적이고 직접적인 파급력을 지닌다. 피해자들은 우울증, 불안, 불면증, 공황 등을 겪으며 학교생활을 포기하고 싶을 만큼의 심리적 고통과 좌절을 겪는다. 가까이서 정서적으로 지지해주는 가족이나 친구가 없다면 그 여파는 더 심각해진다. 피해자는 가해자를 죽이고 싶을 만큼 복수심과 분노를 느끼거나 종일 불안과 공포에 떨기도 한다. 친구, 학교, 가족에 대한 불신감도 커진다. 이를 방치하면 사회적 단절과 무망감, 우울감을 경험하고 그만큼 자살 위험성도 높아진다. 반면 가족의 안정적인 지원, 또래와의 유대감 등 보호요인이 작용한다면 자살행동으로 이어질 가능성은 줄어든다.

또한 학교폭력이 발생했을 때 기민하게 파악하고 대처할 수 있는 학교 내 정책이 필요하다. 학생들이 괴롭힘에 노출된 상황과 그렇지

---

17 Earnshaw et al., 2016

않은 상황에는 차이점이 있으므로, 이를 효과적으로 파악하고 통제할 방안이 마련되어야 한다. 특히 기능 장애나 학습 장애가 있는 청소년, 다문화 가정 청소년, 성소수자 청소년 등은 괴롭힘에 노출될 가능성이 더 높으므로 상담교사 등의 각별한 관심과 도움이 필요하다. 모든 학교 소속 직원들이 이들이 경험하는 어려움과 위험이 무엇인지 이해하고 적절히 개입할 수 있도록 정기적으로 교육이 진행되어야 한다.

가해자에 대한 이해와 대응

학교폭력을 막기 위한 조치에는 학교폭력이 발견되었을 시 가해자의 잘못을 지적하고 상응하는 징계를 실시하는 것도 포함된다. 그러나 가해자에 대한 비난과 처벌만으로 문제가 해결되었다고 할 수는 없다. 가해자가 타인에게 적대적인 행동을 하는 것은 스트레스, 학대, 가정 내 문제, 이전의 폭력 피해 경험, 낮은 자존감 등이 원인일 수 있다. 어떤 연구에서는 가해자들이 언어적 폭력에서 신체적 폭력으로 옮겨가는 이유가 이들이 느끼는 고통, 모욕감, 분노의 감정 때문임을 밝혀내기도 했다.[18]

이런 문제가 발견될 경우 징계와는 별개로 가해자에게도 도움과 상담 등 지원이 필요하다. 가해자에게 적절한 교육과 지원을 제공하는 것은 가해자를 자살 위험으로부터 보호하기 위한 일이면서 다시 학교폭력이 일어나지 않게 하기 위한 일이기도 하다. 무분별한 비난과 처벌은 결국 가해 청소년에게 필요한 도움과 지원을 가로막을 수

18 Geiger, & Fischer, 2006

있다는 점에 주의해야 한다.

방조자 · 목격자에 대한 이해와 대응

학교폭력이 장기간 진행되는 집단에서는 학급 전체가 가해자의 행동에 무관심한 경우가 흔하다. 피해자가 바로 옆자리에서 울고 항의하는데도 상관하지 않고 웃고 떠들며 일상적으로 행동한다. 이러한 동급생들의 방관은 피해자의 고립감을 증가시켜 고통을 배가할뿐더러, 가해자의 가해 행위를 더욱 부추긴다. 가해자는 피해자에 대한 공감과 이해 능력이 떨어지는 반면 청소년기 특유의 자아중심성(adolescent egocentrism)이 유난히 강하여 모든 것을 자기 중심으로 해석한다. 따라서 가해자는 주변 학생들의 무관심과 방관이 자신의 폭력에 대한 암묵적 승인이라고 믿는다. 남들의 행동으로 폭력을 합리화하고 더욱 자신에게 몰입하는 것이다. 결과적으로 방관은 직접적인 방식이 아닐 뿐 가해에 대한 동조라고 할 수 있다.

심리부검 과정에서 면담한 한 청소년은 왜 가만히 있었느냐는 질문에 한참 머뭇거리다 대답했다.

"모두가 그랬는데요. 제가 할 수 있는 게 없었어요."

학교폭력을 방조한 학생들이 보이는 태도는 다양하지만, 그들의 이야기는 대부분 "굳이 내가 나서고 싶지는 않았다"는 것으로 정리된다. 일종의 방관자 효과라고 할 수 있다. 방관자 효과는 주변에 여러 사람이 있는 상황에서 자신의 책임을 주변에 전가 분산(diffusion of responsibility)하는 것이다. 이는 타인의 고통에 무감각하고 이기적인 이들에게만 나타나는 것이 아니라 많은 사람들에게서 보편적으로 나타나는 현상이다.

청소년의 경우 방관자 효과가 더 두드러진다. 청소년은 발달단계상 또래집단의 행동을 무척 의식하고, 혼자서만 또래집단과 다른 행동을 하거나 집단에서 배제되는 데 대한 두려움이 크기 때문이다. 단순히 개인의 도덕성 문제로 보기보다는 전체 상황을 보아야 한다. 가해에 방조한 행동이 옳다는 것은 아니지만, 문제의 책임이 학생 개개인에게만 있는 것은 아니라는 이야기다.

방관자 효과는 상황이 모호하고 복잡할수록 더 두드러지고, 반대로 상황과 방침이 명료한 상황에서는 힘을 발휘하지 못한다. 학교폭력 문제에 적용하자면 괴롭힘이 잘못된 행동이라는 것, 괴롭힘을 막기 위해 어떤 행동을 해야 하고 누구에게 상담해야 하는지가 명확하다면 방관자 효과를 훨씬 줄일 수 있다.

이를 위해 중요한 것이 교사의 역할이다. 현장에서 교사가 원칙대로 대응하고 구체적인 행동 방침을 보여줄 수 있어야 한다. 반대로 교사가 적당히 상황을 무마하려 든다면 상황은 악화될 수밖에 없다.

실제로 심리부검 면담에서 가해를 방조했던 방관자 청소년들은 모두 교사를 불신하고 문제 해결 시도를 두려워하는 모습을 보였다.

"담임한테 말해도 가해자에게 한두 마디 주의를 줄 뿐이지 곧 원래대로 돌아온다. 말한 학생까지 괴롭힘을 당한다."

"도움을 주고 싶어도 망설여진다. 가해 학생들과 나쁘게 지내고 싶지 않다. 나한테 무슨 보복을 할지 모른다."
"선생님은 학교폭력이라는 말조차도 입에 담기 부담스러워 하는 것 같다."
"학교에서는 문제가 되니까 그냥 쉬쉬한다. 선생님도 믿을 수 없다."

교사가 안일한 태도로 눈에 보이는 문제에만 초점을 맞추거나, 학교폭력이 벌어지고 있다는 사실을 회피하는 모습을 보인다면 문제는 결코 해결될 수 없다. 오히려 가해자에게 면죄부를 주는 꼴이다. 일회적 처벌로 잘못을 탕감받은 가해자들은 다른 방식의 괴롭힘을 계속한다. 반면 피해자와 주변 학생들은 불신과 무력감에 빠진다.

청소년들이 방관자가 아닌 주체로서 행동하기 위해서는 먼저 학교에서 원칙과 구체적인 행동 방침을 제시하고, 내가 행동하면 문제가 해결된다는 믿음을 청소년들에게 줄 필요가 있다.

선제적인 학교폭력 예방 교육이 필요하다

폭력이 벌어지고 난 후의 대응도 중요하지만, 학교폭력의 피해를 줄이기 위해서는 상시적이고 정기적인 학교폭력 예방 교육이 반드시 필요하다. 학생은 물론 교사 역시 학교폭력 문제를 명확하게 인식하고 구체적이고 실질적인 대응을 할 수 있도록 교육을 받아야 한다.

김영신은 "왕따를 비밀스러운 것으로 만들지 않는 것이 중요"하다고 말한다.[19] 현재 학교 현장에서는 학교폭력 문제가 발생했을 때 가

19 김영신, 고윤주, & Leventhal, 2004; 김영신, & Leventhal, 2008

해자와 피해자만 따로 불러서 조용히 해결하려는 경향이 있다. 하지만 앞서 살펴본 바와 같이 학교폭력 가해자들은 집단 전체에 동조압력을 행사하며, 폭력을 방조한 청소년들은 물론 목격하거나 저지하려고 노력한 청소년들 역시 문제의 당사자이다. 따라서 학급 전체에 문제를 공개하고 학생들이 이야기를 나눌 시간을 마련해줄 필요가 있다. 폭력을 목격했을 때 어떤 마음이 들었는지, 다시 비슷한 일이 일어날 때 어떻게 대응하면 좋겠다고 생각하는지 등을 학생들 스스로 이야기하고 결론짓게 한다면 더 효과적인 교육이 될 수 있다. 다만 이때 가해자에게 동조하는 학생들이 "피해자가 원인 제공을 했다"는 식으로 발언하며 2차 가해를 하지 못하도록 교사가 단호한 원칙을 가지고 논의에 임해야 한다. 무엇보다 먼저 교사에 대한 교육과 매뉴얼 제공이 이루어져야 하는 이유다.

정기 예방 교육은 공동체의 구성원으로서 어떻게 행동해야 하는지를 중심으로 이루어지면 좋다. 특히 따돌림이나 학교폭력을 목격했을 때 바로 교사에게 알리고 도움을 청해야 함을 확실히 인지시켜야 한다. 방관적인 태도가 피해자와 가해자에게 어떤 영향을 미치는지 명확하게 가르쳐주고, 이는 고자질 같은 것이 아니라 피해자는 물론 가해자를 위한 행동이기도 하다는 것을 알려줄 필요가 있다. 왜 다른 친구들이 선뜻 돕기를 망설이는지, 돕지 않았을 때 어떤 일이 일어나는지 이해하고 나면 청소년들은 보다 의식적으로 도움 행동을 하게 된다.

청소년들의 도움 행동을 유도하기 위해 가장 효과적이면서 꼭 필요한 방법은 교사들 스스로가 도움 행동의 역할 모델을 제공하는 것이다. 교사가 폭력 행동을 목격하거나 관련된 제보를 들으면 그 자리에서 가해 행동을 제지하고 재발을 막기 위한 조치를 취하며, 사안에 따라서는 경찰에 신고하고 피해자와 가해자의 보호자 상담을 진행하는 등 적극적이고 공개적인 문제 해결 노력을 보여야 한다.

학교에서는 교과 과목뿐 아니라 실패, 갈등 등 문제 상황을 해결하고 대처하는 기술에 대한 교육도 이루어져야 한다. 건강한 방식으로 문제를 수용하는 청소년들은 자살행동이나 학교폭력 가해·피해의 위험이 줄어든다. 서로의 차이를 이해하고 받아들이는 연습, 자신이나 타인에 대해 긍정적으로 생각하고 호의와 격려를 주고받는 방법 등에 대해 가르치고 연습을 시킬 필요가 있다. 이러한 프로그램은 청소년들이 성장 과정에서 친사회적인 태도를 형성하는 데 도움을 주며, 괴롭힘을 경험하는 청소년들에게 치유적인 효과를 미치고 자살의 가능성을 줄일 수 있다.

세계보건기구(WHO)가 25개국을 대상으로 실시한 괴롭힘 실태조사에서 괴롭힘이 가장 적게 나타난 나라는 노르웨이와 스웨덴이었다.[20] 학교폭력이 심하게 나타나는 국가에서는 학교폭력을 경험했다는 응답이 50%에 육박하는 반면, 이 두 나라는 9~10%선에 머물고 있다. 70년대부터 학교폭력을 인지하고 이를 없애기 위해 30년간 꾸준히 개입해온 결과다. 청소년 자살이라는 비극을 막고 청소년들이 안정된 인지와 정서를 키워나가게 하기 위해서는 꾸준한 교육과 예방으로 학교 현장에 서로를 존중하는 문화가 뿌리내리게 하는 것이 가장 중요하다.

---

20 Srabstein, & Leventhal, 2010

05 성소수자 청소년과 학교폭력

사례 한국 남성 청소년

16세 고등학생이 자택 지하실에서 스스로 목숨을 끊었다. 사망자는 동성애자라는 이유로 두 학기 내내 학교에서 괴롭힘을 당해왔다. 학교에서는 괴롭힘 사실을 알고 있었으나 적절한 조치를 취하지 않았으며, 두 달여 전 실시한 심리검사에서 사망자의 우울·불안과 자살 위험성이 심각한 수준으로 나타났음에도 부모에게 자녀가 동성애자이며 우울감을 겪고 있다는 사실만 알리고 전학을 권유했을 뿐이었다. 양친은 학교에 자살의 책임을 물어 시를 상대로 민사소송을 제기했다.

재판이 진행되면서, 학교 내 집단괴롭힘과 자살의 상관관계, 학교 측의 자살 예측 가능 여부 등에 대한 전문가 의견이 요구되었다. 이에 따라 상지대 사회복지학과 박지영 교수가 심리부검을 실시했다.

학생과 교사의 동성애혐오성 괴롭힘

남자고등학교 재학생이었던 사망자는 예전 남학생에게 고백한 적이 있다는 소문이 나면서 동성애자라는 것이 학교에 알려졌다. 곧 같은 반 학생들에 의해 괴롭힘이 시작되었으며, 괴롭힘과 혐오 행동은 두 학기에 걸쳐 반 전체로 퍼져나갔다. 학생들은 수시로 "걸레년" 등 성적 비하가 담긴 욕설을 했으며 말을 걸어도 무시하거나 수업 중에 옷에 시럽, 지우개 가루를 붓는 등 다양한 방법으로 괴롭혔다. 물리적인 폭력이나 성추행에 가까운 행동도 있었다.

사망자는 평소 목소리를 가늘게 내고 부드러운 말투를 사용했으며 화장을 하거나 걸그룹 댄스 추기를 즐기는 등 젠더 관념에서 벗어난 모습을 보였는데 이 또한 공격의 대상이 되었다. 학생들은 사망자가 급우에게 호감 표시나 신체 접촉을 하는 것에도 적대적인 반응을 보이거나 하나하나 성적으로 해석하며 조롱했다. 교사들도 사망자를 "계집애"라고 부르거나 말과 행동을 남자답게 고치라고 요구하는 등 혐오 행위에 동참했다.

사망자는 학교의 각종 활동에 적극적으로 참여하고 임원 역할을 자원하는 등 상황을 타개하려고 했지만, 학생들은 무시하거나 비협조로 일관했다. 욕설을 맞받아치는 등 분노를 표현해 보기도 했지만 다수를 상대로는 소용이 없었다. 사망자는 점차 학교생활에 소극적으로 변해갔고 상위권이었던 성적도 중위권으로 밀려났다. 친구를 대하는 태도도 적대적으로 바뀌어갔다. 부모에게 학교를 자퇴하겠다는 말을 하거나 무단조퇴를 하기도 했다.

학교의 무대응, 성소수자에 대한 무지와 편견

사망자에 대한 괴롭힘은 두 학기에 걸쳐 계속되었지만, 교사는 가벼운 주의에 그치는 등 제대로 된 대응을 보이지 않았다. 괴롭힘으로 싸움이 일어났을 때 가해자와 함께 사망자에게도 "시비를 걸었다"와 같은 표현을 하며 반성문 제출을 요구하고, 남자 목소리와 남자다운 행동을 연습하라고 권하기도 했다. 이후 부모에게는 남녀공학으로 전학갈 것을 권유하는 등 학교 측의 대응을 보면 사망자를 피해자가 아닌 '원인제공자' 대하듯이 하고 있음이 뚜렷이 느껴진다.

사망 약 두 달 전에는 9월 학교에서 실시한 자살생각검사(SSI)와 우울검사(BDI)를 통해 이 시기 이미 자살 위험성이 현저한 수준이었음이 나타났다. 다른 사람에게 자살에 대한 생각을 명확하게 언급하였으며, 고통을 호소하기 위해 적은 메모에서도 자살에 대한 구체적이고 자세한 생각을 확인할 수 있다. 그러나 이때에도 적절한 지원이 제공되지 않았다. 학교에서는 부모에게 자녀가 동성애자라는 사실과 우울감을 겪고 있다는 사실만을 알리며 일방적으로 전학을 권유했다. 사망자는 비밀 보장 약속을 받고 담임교사에게 정체성에 대해 상담했기에 큰 배신감을 느꼈다. 많은 성소수자들이 부모에게 정체성을 드러내기를 두려워한다. 부모로부터 거부당할 경우 가장 큰 타격을 받기 때문이다. 정서적으로나 경제적으로나 부모에게 의존하고 있는 청소년에게는 더 심각한 문제이다.

성소수자에 대한 무지, 편견에 바탕한 학교의 대응은 사망자에게 깊은 고립감과 무망감을 일으켰다. 아래는 사망자가 사망 3일 전 무단조퇴를 하고 그에 대해 담임교사에게 제출한 경위서의 일부이다.

> "내가 그렇게 잘못했는가? 하는 생각을 하면서 한 교시를 그냥 보냈습니다. 처음에 저도 제가 해놓은 게 있으니까 이 정도는 참아야지… 했었는데 점점 더 생각할수록 내가 왜 이런 시선을 받아야 하는걸까? 내가 없다면 더 이상 문제는 일어나지 않겠지… 하는 생각이 들었습

니다. 물론 제가 그렇게 할 만한 거리를 제공했습니다. 저도 그런 것쯤은 어느 정도 참는다는 생각으로 했었는데, 어제는 정말 참기 힘들어서 무단조퇴를 했습니다."

사망자는 현재 당하는 폭력에 대해 "참기 힘들다", "내가 그렇게 잘못했는가?", "내가 왜 이런 시선을 받아야 하는걸까?" 등으로 부당함과 고통을 호소하면서도 동시에 "제가 해놓은 게 있으니까", "제가 그렇게 할 만 한 거리를 제공했습니다" 등 가해자와 교사의 관점을 내재화한 발언을 하고 있다. 계속 자신을 폭력의 '원인제공자'로 지목하는 가해자 집단과 학교 측에 맞서기를 포기하고 자기 비난을 선택하는 모습을 볼 수 있다. 이러한 사고는 결국 "내가 없다면 더 이상 문제는 일어나지 않겠지"와 같은 자살생각으로 이어진다. 위의 경위서를 제출하고 사흘 후, 사망자는 결국 자살에 이르렀다.

이 사건에 대해 법원은 1심에서 학교 책임을 인정하였으나, 2013년 대법원은 "악질·중대한 집단괴롭힘에 이를 정도"가 아니라면 교사에게 자살 예견이 가능하지 않았다고 보아 원심을 파기하고 고등법원으로 환송했다. 이에 대해 심리부검을 진행한 박지영 교수는 폭력은 빈도나 수위가 아니라 발생 그 자체만으로도 경계해야 한다고 비판했다.[21] 심리검사에서 나타난 높은 자살 위험성, 사망자가 메모, 반성문, 경위서 등에서 표현한 뚜렷한 자살생각, 학교폭력과 자살의 높은 상관성 등을 볼 때 학교 측이 위험을 인지하고도 보호책임을 간과했

21 박지영, 2014

다는 것이 박지영 교수의 분석이었다.

이후 고등법원에서도 교사에게 자살에 대한 책임은 없다는 판결이 내려졌다. 하지만 학교 측이 학교폭력에 대한 보호감독 의무를 위반했음은 인정되었다.

심각한 위기에 처한 성소수자 청소년

성소수자 청소년은 학교폭력에 특히 취약한 집단이며, 학교폭력을 당하면서도 가족, 학교, 사회로부터의 지지를 받지 못하는 경우가 많아 더욱 심각한 위험요인이 된다. 2010년 청소년 괴롭힘 조사 결과에 따르면 성소수자 청소년이 학교폭력을 당할 확률은 그렇지 않은 청소년에 비해 두 배가량 된다. 교육부 청소년 괴롭힘 실태조사 결과를 보면 이성애 남성 청소년의 26%가 피해를 입은 데 비해 양성애 남성 청소년은 37.5%, 동성애 남성 청소년은 43.6%가 피해를 입은 경험이 있었다. 또한 미국에서 7,559명의 청소년을 대상으로 조사한 결과에 따르면 이성애 여성 청소년 중 성적 괴롭힘을 당한 피해자는 15.9%였지만 양성애 여성 청소년은 25.6%, 동성애 여성 청소년은 40%에 육박했다.[22] 상대적으로 피해 경험이 많은 것에 비해, 이들 대부분은 부모나 학교 교사에게 피해 사실을 알리지 않았다.

성소수자에 대한 인권교육이 전무한 현실에서, 이성애자 또래집단은 성소수자를 막연히 '비정상'으로 치부하는 경향이 있다. 그 결과 성소수자성이 노출된 청소년은 욕설과 비하 등의 언어폭력, 따돌림,

22 Berlan et al., 2010; 청소년 LGBT 자살에 대한 자세한 내용은 Earnshaw et al. (2016)을 참고

성희롱 등을 높은 빈도로 경험한다. 협박, 대중 앞에서의 공공연한 조롱, 소지품 도난 등도 흔하게 나타난다. 청소년들은 이런 상황을 회피하기 위해 수업을 빠지거나 아픈 척하며 결석하는 일도 잦다. 뉴질랜드의 한 청소년은 이렇게 증언했다.

"가끔은 아프지 않은데도 아프다고 말하며 집에 있었어요. 그런데 학교 갈 생각을 하면 실제로 몸이 아프기 시작했어요."[23]

많은 연구에서 성소수자 혐오성 괴롭힘 후에 출석 감소, 조기 중퇴, 학업 성취와 교육 수준의 저하 등이 뒤따른다는 것이 분명하게 밝혀졌다. 또한 성장기에 겪은 이러한 폭력은 생애에 걸친 스트레스, 우울증, 관계의 어려움, 무기력감 등으로 이어진다.

가장 우려스러운 점은 자살 위험성이다. 반동성애적 폭력, 의사에 반한 정체성 노출 등을 경험한 청소년 성소수자는 그러한 경험이 없는 청소년 성소수자보다 자살 위험성이 높고, 폭력 경험의 빈도가 높을수록 자살 위험성이 높다.[24]

성소수자에게 적대적이고 차별적인 분위기는 폭력을 덜 경험하거나 소수자성을 숨기고 있는 사람들의 자살생각에도 영향을 미친다. 청소년에 대한 영향은 더 크다. 아일랜드의 한 연구에 따르면 성 정체성에 대한 자각 자체가 자살생각과 연관성이 있다고 한다. 조사에 응한 성소수자들은 대부분 자신의 성적지향성을 12세에 알게 되었다고

---

23 Consolacion et al., 2004. New Zealand AIDS Foundation, out there, "Rainbow Youth, 2004"

24 강병철, & 하경희, 2005

답했는데, 자해를 시작한 평균 연령은 16세였으며, 자살을 가장 많이 생각하는 연령은 17세였다.[25]

더욱 큰 문제는 성소수자 청소년이 어려움을 겪을 때 보호망이 되어주어야 할 가정과 학교가 좀처럼 구실을 하지 못하고 있다는 점이다. 부모, 학교, 교사 모두가 성소수자 문제에 어떻게 대응해야 할지 모르는 경우가 많으며, 심지어 혐오와 거부로 일관하며 청소년을 더 깊은 좌절에 빠뜨리는 사례도 비일비재하다. 가정에서 구타, 감금, 폭언, 관계 부정 등 육체적 · 정신적 학대가 일어나기도 한다.

이러한 현실을 누구보다도 잘 알고 있는 성소수자 청소년들은 대부분 정체성을 숨긴 채 살아가며, 이로 인해 지속적인 우울감과 고립감을 경험한다. 학교폭력 등의 문제가 일어나도 성소수자라는 것이 알려질지 모른다는 두려움에 교사나 가족에게 도움을 요청하기 어려워한다. 간혹 용기를 내어 도움을 청해도 편견과 혐오에 직면하게 되는 사례가 많다. 결국 또래집단에서도 학교에서도 가정에서도 고립된 성소수자 청소년들은 가출, 자퇴, 약물 남용 등 극단적인 행동에 빠져들기 쉬워지며 자살행동을 보일 위험성이 높아진다.

성적 다양성에 대한 이해와 존중이 방법이다

문제의 근본적인 원인은 대다수의 성인들이 성소수자에 대해 무지하거나 잘못된 인식을 가지고 있기 때문이다. 동성애, 양성애, 트랜스젠더, 젠더퀴어 등은 이성애 성향이나 여성, 남성의 성별처럼 자연

---

25 Mayock et al., 2009

스럽게 타고나는 것이다. 또한 사람들의 편견과는 달리 성적 다양성은 성적 충동성이나 품행장애와는 아무런 관련성이 없다. 이런 사실을 이해하지 못하기 때문에 성소수자를 교정하려 들거나 터부시하는 등 혐오 행위가 일어난다.

성소수자 혐오성 괴롭힘이 일어났을 때 자주 지적되는 문제가 교사가 혐오에 기반한 대응을 했다는 것이다. 교사 또한 한국사회 전반에 깔려 있는 편견을 체화하고 있을 수 있고, 이 경우 젠더 규범에서 벗어난 학생들에 대해 의식적이든 무의식적이든 부정적인 인식을 표출하기 쉽다. 하지만 많은 시간을 학생들과 보내며 다양한 지식 · 정보와 판단 기준을 제공하는 교사의 행동은 한 개인의 혐오 행위로 끝나지 않는다. 교사의 말과 행동을 지켜보는 청소년들에게 큰 영향을 주고, 성소수자 혐오성 괴롭힘을 정당화하는 데 일조할 수 있다.[26] 연구 조사나 면담 내용을 살펴보면 학교 현장에서 교사가 괴롭힘을 당하는 학생을 도와주지 않고 방치하거나, 가해자들과 같은 편처럼 느껴질 정도로 소극적 태도를 보인다는 호소가 계속되고 있다.

담임교사가 개입하지는 않는 이유는 무지와 혐오 때문일 수도 있지만, 도움을 주고 싶어도 교사 스스로 문제에 대응할 역량이 부족하다고 느끼기 때문일 수도 있다. 교사에게 성적다양성 문제에 대한 정보가 없으면 적절한 조언과 지도가 어렵다. 또한 교사 역시 한 개인으로서 개입에 나섰을 때 지원을 받지 못하거나 자신이 비난의 표적이 되는 상황에 대해 두려움을 느낄 수 있다. 학부모, 동료 교사나 교장

26 O'Higgins-Norman, 2009

이 부정적인 반응을 보이거나 심지어 해당 교사를 비난하고 나설 가능성도 있는 것이 현재 한국의 실정이다.

그래서 성소수자 혐오성 괴롭힘은 교사 한두 사람이 해결할 수 없는 문제이다. 교사들이 제 역할을 하기 위해서는 교육부와 학교장의 적극적인 관심과 지원이 반드시 필요하다.

성인들이 성소수자에 대한 올바른 인식을 가지고 있다면, 이는 교육, 문화, 사회 분위기에 반영되어 자연스럽게 청소년들에게도 퍼져나간다. 청소년들은 오히려 성인보다 더 쉽게 열린 태도를 가질 수도 있다. 청소년들 사이에 성소수자 혐오가 노골적으로 나타나는 것은 성장단계상 '남과 달라지는 것', '대중 앞에서 부끄러움을 당하는 것'에 대한 심한 공포가 있기 때문이다. 성소수자가 특별히 남다른 것도 부끄러운 것도 아니라는 것을 인지하면 두려움 없이 또래 성소수자 친구들을 대할 수 있다.

다만 남성 청소년들의 성소수자 혐오에는 흔히 성차별적 관념, 즉 '남자답지 못하게 되는 것'에 대한 공포와 혐오가 병행하여 나타나는 특성이 있다. 따라서 성소수자 인권 교육과 더불어 성차별과 페미니즘에 대한 교육도 이루어질 필요가 있다.

결국 정부와 교육부가 인권 문제에 대해 양보할 수 없는 원칙을 제시하고, 이를 바탕으로 학교에서 성소수자, 성차별, 인권 등에 대한 교육이 폭넓게 이루어지고, 이것이 형식에 그치지 않고 학교 운영과 학생들의 일상에 뿌리내리는 것이 문제의 해결책이다. 교사는 차별이나 혐오 발언, 괴롭힘에 대해 단호한 태도를 취함과 동시에, 평소부터 다양한 성향을 포용하고 존중하는 모습을 보여줌으로써 청소년들에게 역할 모델이 되어줄 수 있다. 교사가 동성애자, 양성애자, 트랜스젠더 학생들을 지지하는 태도를 보일수록 성소수자 청소년들은 더욱 안전감을 느끼고, 결석이 감소하며, 성적이 올라가고, 학습의욕이 고무되며, 학교에 대한 소속감이 향상된다.[27]

가정에서도 마찬가지다. 부모가 자녀를 수용하고 받아들이고 싶어도 성적 다양성에 대한 정보가 부족하고, 친척 등 다른 사람이 어떻게 생각할까 하는 두려움이 앞서기 쉽다. 성소수자 자녀를 둔 부모가 자녀를 보다 잘 이해하고 지지하기 위해서는 부모에게도 지원과 도움이 필요하다.

실제로 성수소자 단체뿐 아니라 성소수자의 부모를 위한 단체도 세계 각국에서 활발히 운영되고 있다. 베트남에서는 '레즈비언과 게이의 부모와 친구들'이라는 모임을 통해 성소수자 청소년의 부모와 친구들을 위해 지지적인 환경을 만들고 이들이 성소수자 청소년을 도울 수 있도록 지원하고 있다. 캐나다에서는 '성소수자가족연합'이 성소수자 부모 교육을 진행함과 더불어 성소수자 부모를 위한 대응 매뉴얼과 각종 자료를 제공하고 있다. 한국에서는 2013년부터 '성소수자 부모모임'이 설립되어 성소수자 부모를 위한 가이드북을 제공하고 기고, 사회운동, 정기 모임 등의 활동을 하고 있다.[28]

꾸준한 노력의 결과 한국사회에서도 성소수자 인권에 대한 의식

27 Kosciw, Greytak, & Diaz, 2009

28 성소수자 부모모임 홈페이지 http://www.pflagkorea.org/

변화가 조금씩 나타나고 있다. 학교 현장과 함께 가정에서도 자식의 성 정체성을 이해하고 존중하는 부모들이 늘어나고 있다. 청소년들이 두려워하지 않고 자신의 정체성과 감정을 표현할 수 있고, 어른들 또한 자연스럽게 이를 받아들이는 세상을 꿈꾸어본다.

"엄마로서 다양한 젠더와 성적 지향에 대해 꼭 알고 싶었어요. 우리가 아는 건 기껏해야 세상에 여자와 남자가 있다는 것뿐이니까요. 엄마로서 더 많이 배워야 한다고 생각합니다. 특히 이런 아이를 어떻게 대해야 하는지, 아이의 감정을 어떻게 다루어야 하는지 배워야 합니다. 다른 어머니께 전하고 싶은 말이 있다면 이거예요. 당신의 자녀가 있는 그대로의 모습으로 살게 해주세요."[29]

29 Morgan, Wellbeloved, & Marais, 2009

03
군집분석을 통한 청소년 심리부검

01 아주대학교 심리부검

경찰청 재직 시절, 나는 2013년 EBS 〈다큐프라임〉 특별기획 〈10대 자살에 대한 보고서〉 제작에 참여하며 10대 자살의 원인과 경향성에 대한 공동조사를 진행했다. 이때 자살 사망 청소년의 유가족과 또래 친구, 담당 심리상담사 등과 심도 있는 면담을 진행하였고, 성인 심리부검과는 별도로 청소년 자살 사망에 대한 체계적인 연구가 필요함을 실감했다. 이후 2018년 아주대학교에서 심리부검 프로젝트를 진행하던 중 6명의 청소년 자살 사망자를 대상으로 심리부검을 실시했다. 학업 적응에 대한 부담이 공통적으로 나타나는 등 해외 연구와는 차별점이 있는 결과를 얻을 수 있었다.

아주대학교 심리부검 군집분석

나이	성별	방법	장소	사망 시간	정보제공자	복수 응답된 위험요인※
15	여	투신	집	새벽	모친, 친구	또래 괴롭힘, 가정폭력, 지적장애로 인한 학업 적응 문제와 성적 비관
16	남	투신	근처 다리	새벽	모친, 친구	또래 괴롭힘, 성적 비관, 기분장애
14	여	목맴	집	늦은 저녁	부친, 친구, 상담사	또래 괴롭힘, 성적 비관, 기분장애
17	남	투신	근처 옥상	오후	모친, 교사	또래 괴롭힘
16	여	목맴	집	새벽	모친, 교사	또래 괴롭힘, 중증 기분장애
15	여	투신	근처 옥상	늦은 저녁	모친, 수사관, 친구	또래 괴롭힘, 지적장애로 인한 학업 적응 문제와 성적 비관

※ 정보제공자 모두가 중복 응답하거나
해당 정보를 인지한다고 판단되는 사람들이 복수 응답한 내용

사망 전후 상황

사망자 6명 중 3명은 목맴, 3명은 투신하는 방식으로 사망했다. 투신은 집에서 멀지 않은 근처 다리, 고층 아파트나 건물 옥상에서 실행했다. 목을 맨 경우는 모두 장소가 주거지였으며, 미리 준비한 노끈이

나 비닐끈을 사용했고 타올이나 커튼 끈을 이어 사용한 경우도 있었다. 모두 주거지나 주거지 가까운 곳에서 접근성이 높은 수단을 사용했음이 드러난다. 5명은 개인 컴퓨터나 휴대전화에서 자살 방법, 죽기, 자살, 사망 방법 등의 검색어가 발견되는 등 사전에 자살 방법을 찾아본 것으로 확인되었다.

사망 시간대는 3명은 늦은 새벽, 1명은 늦은 오후, 2명은 늦은 저녁 시간대였다. 새벽에 자살을 한 경우는 가족이 집에 있었고, 오후 늦게나 저녁에 발생한 경우는 통상 부모나 가족이 집을 비운 사이였다.

이들 중 3명은 주거지에 있었거나 직전에 친구와 만나는 등 자살 완료 직전에 주변 사람들과 접촉이 있었지만 특별한 구조 요청이나 도움 추구 행동을 보이지 않았다. 2명은 타인과의 사전 접촉이 전혀 없었다.

3명이 짧은 메모 형식의 유서를 남겼고 주로 남겨진 가족에게 "미안하다" 혹은 "사랑한다" 등을 전하는 내용이었다. 2명은 자살 동기에 관해 아무 언급을 하지 않았으나 다른 1명은 자살 이유로 학교폭력을 적시하고 가해자의 이름도 남겨놓았다. 당시 가해자는 경찰 조사를 받고 퇴학을 당한 상황이었다. 작성 시기는 모두 자살 전날이나 직전이었다.

자살 의도 표현

자살 직전 2명은 모친에게, 1명은 친구와 형제에게 직접적으로 자살 의지를 표현했다. 하지만 3명은 별다른 징후가 보고되지 않았으며 부모는 사전에 자살을 전혀 예측하지 못했다. 메모나 발언 등으로 자살 이유를 언급한 2명을 제외하고는, 부모들은 자식이 죽을 이유가 없다며 당혹감을 보였다. 이러한 결과는 청소년이 자살 징후를 가정에서 드러내지 않거나, 가족들이 청소년의 자살 관련 징후를 잘 이해하지 못함을 시사할 수 있다.

과거 자살 시도는 없었지만 2명은 이전에 비자살적 자해 행동이 여러 번 있었고 보호자가 별다른 조치를 취하지 않았던 것으로 보였다.

환경적 위험요인

사망자들은 성장 과정에서 경제적 여건, 부모와의 관계 등 여러 측면에서 불안정한 환경에서 지내왔다. 2명은 오랜 기간 친부 혹은 양어머니로부터 심각한 수준의 학대를 경험했다. 가정에서 무관심과 방임을 경험한 경우가 2명, 부모가 불화 · 관계 악화 · 갈등 중에 있었던 경우가 4명이었고 이중 1명은 부모가 가정법원에서 이혼 소송 중이었다. 또한 부모의 사업 실패, 실직, 빚 등으로 경제적 불안정을 경험했고 2명은 생활고에 시달렸다.

학교 관련 위험요인

경찰 조사 결과 6명 모두 학교에서 또래 괴롭힘과 따돌림 등을 당한 경험이 있었다. 특히 이중 2명은 학교폭력으로 인해 정신과에서 우울증 등 기분장애 진단을 받았다. 전원이 또래관계에서의 고통과 우울감을 호소했으며 2명은 중간 수준, 4명은 심각한 수준의 스트레스를 경험하고 있었다. 그중 3명은 죽음 직전에 단절이나 갈등 등 관계에 대한 심한 스트레스와 변화를 겪었다. 3명은 친한 또래 친구가 한 명도 없었고 이중 1명은 게임에 의존하며 학교나 집에서 거의 혼자 시간을 보내고 있었다.

학교생활 기록을 보면 모두 학교에서의 어려움을 호소하고 있다. 학교생활에 대해서는 모두 불만족했고 4명은 심각한 수준의 문제를 경험하고 있었다. 4명이 성적 비관을 보였으며 그중 2명은 경도 지적장애(경도 3급)로 일반 학교에서 학업 적응에 어려움을 겪고 있었다. 1명은 휴학을 한 상태였다. 1명은 중대한 학업 적응 실패를 보였다.

정신 및 신체 질환

2명은 우울증 등으로 정신과 치료를 받고 있었다. 1명은 처방을 받아 약물치료를 하고 있었고 1명은 지역 정신건강증진센터에서 사회복지사가 제공하는 심리상담을 받은 경험이 있었다. 4명에게서 일정 수준 이상의 기분 장애가 나타났고 양극성장애 1명, 경계성 성격장애 1명, 과거 정신과에 입원했던 경험은 1명 있었다. 2명은 신체적 질병으로 어려움을 겪어 통원치료 중이었다. 증상은 아토피성 피부염, 알레르기성 비염, 만성 두통, 마비 증세 등이었다.

가족 병력과 주변 사망 이력

2명은 자살 직전 가족, 친지의 사별을 겪었다. 각각 조모의 자연사(병사)와 사촌의 사고사(교통사고)였다. 1명은 친구의 자살을 경험했다.

2명은 정신질환 가족력이 발견되었다. 과거 정신질환으로 인해 가족이 자해를 시도한 경우가 1건, 현재 가족이 정신질환으로 통원치료 중인 사례가 1건이었다. 2명은 부친과 모친 모두가 알코올 남용을 보였으며 이로 인해 실직, 음주 사고 등 문제가 발생하는 상황이었다.

1명은 부모가 기질발달장애(인지손상, 신경, 발달) 등으로 진단받았다. 2명은 자살 이전 1년 사이 가족이 심각한 수준의 신체질병으로 투병하며 일상생활에 제약을 겪었다.

소결

6명의 자살 사망 청소년 모두가 또래집단의 괴롭힘을 경험했다는 점이 눈에 띈다. 학교폭력과 자살행동의 높은 상관관계는 거듭 강조해도 지나치지 않다. 다만 또래 관계의 실패, 따돌림과 괴롭힘만으로 자살행동을 설명할 수는 없다. 심리부검 결과를 살펴보면 사망자들은 가정, 학교, 또래집단 등 청소년의 삶을 구성하는 일상 전반에서 복합적인 문제를 겪고 있었으며, 관계와 성취 양면에서 스트레스를 경험했다. 가정에서 학대를 당하는 등 삶의 지원 체계가 손상된 경우도 있었다. 이러한 전방위적 문제 상황은 청소년들에게 탈출구가 없는 듯한 갇힌 느낌, 문제의 원인이 자신에게 있는 것이 아닌가 하는 자기 비난 심리를 유발할 수 있다. 아직 자아가 명확하게 확립되지 않은 학생들은 외부의 문제와 자신을 분리하지 못하고 그 고통을 고스란히 느끼기 쉽다. 가정 내 문제, 또래 괴롭힘, 학업 부적응, 경제적 어려움, 정신적 혹은 육체적 질환 등 심각한 스트레스 요인들이 겹친 반면 필요한 보호와 지원은 빈약했다.

심리분석 결과 사망자들에게 강한 무기력감과 무망감이 나타나는 것을 확인할 수 있었다. 그에 비해 가족, 형제, 교사, 친구 등은 대부분 사망자들이 겪는 고통과 고립감이 어느 정도 수준인지 인지하지 못하고 있었으며 별 문제 없이 지낸다고 여기기도 했다. 특히 인상 깊었던 점은 또래 친구에게서 얻은 정보와 부모에게서 얻은 정보가 상당한 차이를 보였다는 점이다. 또래 정보제공자는 부모가 사망자에 대해 알지 못하는 정보를 상당한 양으로 제공하였으며 그 중에는 가족이 짐작도 못할 만큼 고통스러운 경험도 다수 포함되어있었다. 한국의 부모자녀 간 대화 문화에 대한 고민과 함께, 청소년들이 가족이나 지인에게 쉽게 털어놓지 못하는 어려움을 상담하고 도움을 구할 수 있는 상시적 체제가 필요하다 여겨진다.

02 오슬로대학교 심리부검

2012년 노르웨이 오슬로대학의 안네 프레쉔과 엘른 셸스바르크 등은 16세 미만의 자살 사망 아동과 청소년을 대상으로 심리부검 군집분석을 실시했다.[30] 11세에서 15세까지의 아동과 청소년 42명을 대상으로 심리부검을 진행하였으며, 같은 연령대의 사고 사망자 42명에 대한 심리부검을 함께 진행하여 대조군으로 두었다. 이 연구는

30 Freuchen et al., 2012

15세 이하, 즉 초등학생과 중학생 자살 사망자에게서 나타나는 특성을 잘 보여주고 있다.

자살 상황

자살 사망의 60%가 자택 내 혹은 자택 차고에서 발생했다. 발생 시점은 방과 후 늦은 오후나 부모 귀가 직전 등 혼자 있거나 방해 받을 가능성이 적은 시간대인 경우가 가장 많았다. 또한 부모가 매일 출입하는 가족 차고 등 가족에게 쉽게 발견될 수 있는 장소 선택이 높게 나타났다. 10건은 휴일에, 32건은 주중에 이루어졌으며 주중에 벌어진 사건 중 9건에서 무단결석이 있었다.

정신질환과 물질 남용

사망자 중 20%가량이 과거 정신질환 진단 경험이 있었으며 이중 10%가량이 우울증이었다. 다른 나라의 심리부검 연구 결과에 비해서는 상당히 낮은 수치이다. 이 결과는 15세 이하 아동과 청소년의 정신질환 유병률이 상대적으로 낮기 때문일 수도 있고, 부모들이 자녀의 정서 장애를 파악하지 못했기 때문일 수도 있다. 남성 사망자 한 명은 음주가 보고되었다.

관계에서의 갈등과 상실 경험

사망자의 3분의 1이 학교에서 괴롭힘을 당했으며, 사망자의 약 60%, 전체 42건 중 24건의 사례에서 부모·또래집단·학교나 어른들과 갈등이 있었던 것으로 나타났다. 그중 부모와의 갈등이 14건이었는데, 대부분의 부모는 갈등이 심각하지 않은 것이었다고 인식했다. 친구와의 갈등이 6건, 학교 6건, 경찰 1건, 기타 4건이었다.

특기할 만한 점은 갈등이 일어난 후 자살을 결심하고 완료하기까지의 시간이 성인에 비해 무척 짧았다는 것이다. 갈등이 보고된 사례 24건 중 16건에서 갈등이 발생하고 수 시간 안에 자살이 완료되었으며, 3건은 1주일 이내에 사망했다. 5건은 갈등과 사망 사이의 간격이 길었다.

또한 50%가량이 사별, 친구와의 결별, 가족 해체 등 대인관계에서의 상실이나 단절을 경험했다. 21명이 가족, 친구 등과 사별했고 12명이 부모의 이혼을 경험했다.

정신질환, 무단결석 등은 사고 사망자에게서도 높은 빈도로 나타나는 요인인 반면 사망 직전의 갈등과 상실은 자살 사망자에게서 두드러지게 높게 나타나며, 이는 갈등과 상실이 아동과 저연령 청소년의 자살에 유력한 촉진 요인임을 시사한다.

주변의 자살에 노출된 경험

대상자의 40% 이상이 과거 타인의 자살에 노출된 이력이 존재했다. 가족이 자살한 경우는 42명 중 2명에 그쳤지만, 16명이 또래나 이웃의 자살을 경험했다. 이러한 경험은 아직 어린 사망자가 자살이나 죽음의 의미를 잘못 생각하게 할 수 있고, 자살이라는 생각을 더 쉽게 수용하게 만들 수 있다.

03 유타대학교 심리부검

유타대학교 의과대학 미셸 모스코스와 유타주 보건부 등은 1996년 6월에서 1998년 11월 사이 유타주에서 자살로 사망한 13세~21세의 청소년을 대상으로 심리부검 군집분석을 진행했다.[31] 전체 151명의 사망자 중 유가족 면담이 가능한 49명을 대상으로 하였으며 41명은 남성, 8명은 여성이었고 대상자의 연령 평균은 18세였다. 이 연구는 자살 위험 징후 탐색과 정신질환 치료 지원의 중요성을 보여주었다.

자살 위험 징후

대부분의 사례에서 부모나 친구들이 사망자의 자살 위험성을 보여주는 감정과 행동을 감지하고 있었다. 다수의 사망자가 자살생각을 언어로 표현했고 부모에게 자살 방식, 시간을 구체적으로 밝힌 경우도 있었다. 과거에 자해, 자살 시도 등 자살행동 이력이 있었던 사망자는 더욱 적극적으로 자살생각을 표현했다.

이 결과는 자살 위험 징후가 관찰되었을 때 주변 사람들이 어떻게 적절한 도움을 제공하고 자살을 막을 수 있는지에 대한 게이트키퍼 교육이 절실히 필요함을 보여준다.

사회적 고립

사회적 고립을 경험하거나 학교나 직장 동료에게서 고립된 청소

31 Moskos et al., 2005

년은 그렇지 않은 청소년들에 비해 자살 위험성이 증가하는 것으로 나타났다. 분석 결과 사회적 고립은 특히 남성 청소년들에게 큰 영향을 미쳤다. 실제 자살 사망자 중 반수가 한 명의 친구도 없었다. 이러한 사회적 고립은 과거의 학대·폭력 피해 경험, 관계 실패 경험, 문제해결 능력의 부족 등 여러 위험요인이 상호작용한 결과일 수 있다.

직접적으로 자살을 초래했다고 볼 수는 없으나, 촉진 요인으로 작용했을 것으로 의심되는 생애 사건으로는 중요한 대상의 상실, 관계에서 거부당하는 경험, 규율 위반에 대한 징계 등이 나타났다. 연애적 관계에서의 문제는 남성 자살 사망자에게서 가장 흔한 관계 스트레스로 작용했다. 사회적 지지 없이 고립된 상태의 청소년에게는 연애적 관계 문제가 더 치명적으로 작용할 가능성이 있는 것으로 보인다. 사망자 중 19명은 부모가 이혼했고, 그중 9명은 부모 이혼으로부터 6개월 이내에 자살을 완료했다는 것도 참고할 점이다.

정신건강 문제와 치료 장벽

정신질환은 청소년 자살의 중대한 위험요인 중 하나다. 유타주 연구에서도 사망자의 반 이상이 기존에 정신질환 진단을 받았던 것으로 드러났다. 기분장애를 지닌 사망자 다수가 슬픔이나 우울 증상보다는 분노와 화를 더 자주 드러냈다. 분노는 충동성과 더불어 중요한 자살 징후 중 하나이다. 또한 또래집단으로부터는 사망자가 약물과 알코올을 사용했다는 진술이 다수 나왔다.

정신질환에 대한 치료가 비교적 소극적으로 이루어졌거나, 사망자가 정신질환에 대해 부정적인 인식을 가지고 있었음을 시사하는 단서들이 있었다. 정신질환 진단을 받은 사망자 중 다수가 약물 처방을 받았음에도 불구하고 유가족 대부분은 면담에서 약물 처방이나 치료에 관련된 내용을 진술하지 않았다.

부모와 친구들의 진술에 따르면 대부분의 사망자들이 정신질환에 대해 "더는 어찌할 도리가 없다"는 자기 신념을 갖고 있었으며 정신과적 도움을 받기를 상당히 주저했다. 정신질환을 부정적이거나 수치스러운 것으로 인식했을 것으로 추측된다.

정신질환에 대한 이러한 부정적인 인식은 치료를 심각하게 방해하는 요인이다. 환자는 증상을 숨기거나 약물 복용 처방에 따르지 않는 등 치료에 불신이나 적대감을 보이기 쉽다. 이는 자살예방에도 큰 걸림돌이 된다. 한국 사회에서도 다루어져야할 이슈이다.

5장

어떻게 자살을 예방할 것인가

제가 불을 켜놓고 기다리고 있겠습니다.

_ 에드윈 슈나이드먼

01
심리부검 자살경로분석으로 본 자살예방

01 정신질환과 자살예방

60대 중반 남성이 아파트 17층에서 투신하여 사망했다. 함께 사는 아들이 외출한 틈을 타 베란다에 놓인 화분을 딛고 올라가 뛰어내린 것으로 보였다. 사망자는 오랫동안 조현병을 앓고 있었고 최근 몇 년은 칩거 생활을 하고 있었다. 유족은 사망자가 높은 곳을 무서워해 평소에 창문 가까이 가지 못할 정도였다며 의아하게 여겼다.

제주4·3사건과 집안의 어려움

사망자의 조부는 사업을 위해 가족과 함께 제주도에 이주했으나, 제주4·3사건에 휘말려 사망했다. 가계는 조모와 장남이었던 사망자의 부친이 떠받치게 되었다. 이후 사망자는 4남매 중 맏이로 태어났다. 하지만 부친은 도박에 빠져 재산을 탕진하고 어느 날 술에 취해 동사했다. 모친은 육지로 건너가 돈을 벌어 제주도의 자식에게 송금하고, 조모가 4남매를 돌보았다. 끼니를 때우지 못할 정도로 생계가 어려웠지만 사망자는 세 여동생을 돌보며 열심히 공부했다. 막내 동생과는 특히 사이가 돈독했다.

광주민주화운동과 가족과의 사별

고등학생 때 제주도를 떠나 광주에서 막내 동생과 자취를 하며 학교를 다녔다. 당시 사망자는 고등학교 3학년, 막내 동생은 고등학교 1학년이었다.

1980년, 광주민주화운동이 벌어지면서 귀가 중이던 동생이 군인이 쏜 총에 맞아 사망했다. 사망자는 충격으로 외상후스트레스증후군을 겪게 되었다. 1년간 치료를 받은 후, 이듬해 대학교 수의학과에 진학했다.

조현병 발병과 대인관계 거부

졸업 후 사망자는 작은 동물병원을 열었다. 친구의 소개로 선을 보고 5살 연하의 여성과 결혼을 했다. 당시에는 동물병원이 거의 없었던 터라 일이 무척 바빴다. 휴일도 없이 일하며 매일 병원에서 살다시피 했다. 혼자 있으면 지나간 기억이 떠올라 미칠 것 같은 기분이 들어, 손님이 없어도 늦게까지 서류 작업이나 수술 준비 등을 하며 밤을 지새

웠다. 그러는 동안 아들 하나와 딸 둘이 태어났다.

40대 중반부터 조현병 증세가 나타났다. 광주에서 벌어진 일들이 문득문득 떠올랐고 군인들이 외치는 소리와 총 소리의 환청이 들리는 증상이 있었다. 사망자 본인도 증상을 알고 있었지만 적극적으로 치료를 하지 않은 채 살았다. 그사이 장남은 아버지처럼 수의학과를 졸업하고 부친의 병원 업무를 돕기 시작했다.

60대 초반부터는 조현병 증상이 심해져 더 이상 일을 할 수 없게 되었다. 병원 운영에는 큰 문제가 없었지만 점차 불안이 심해졌고 대인관계는 일체 가지지 못했다. 평소 성격도 한몫했다. 사망자는 겁이 많고 경계심 강한 성격으로, 매사에 비관적이었고 의심과 망상도 심했다. 갈등을 극도로 꺼려 감정 표현을 거의 하지 않았고 사람들과도 어울리지 않았다. 군대, 군인과 관련된 내용이 TV에 나오면 방문을 잠그고 나오지 않았다. 외부 스트레스에 매우 취약했던 것으로 보인다.

사별과 가족 관계의 문제

조현병은 가족 관계에도 악영향을 끼쳤다. 일중독과 병세 등의 이유로 부인과의 사이에는 오랫동안 대화나 부부관계가 없었다. 그러던 중에 부인이 교통사고로 갑작스레 세상을 떠났다. 사망자는 심한 충격을 받아 증세가 심해지면서 처음으로 약물치료와 심리치료를 받게 되었다. 장남은 병원을 도우며 곁에 있었지만 아버지의 만성적인 정신질환을 지켜보기 힘들어했다. 둘째딸은 조현병 증세로 인한 아버지의 이상한 행동을 이해하지 못했고 미국으로 이민을 가 돌아오지 않았다. 막내딸은 사망자를 이해하는 편이었다. 사망자와 함께 진료를 다니며 경제적인 도움을 주었고 힘든 상황에서 조용히 말동무가 되어 주었다. 유일하게 사망자와 말이 통했던 자식이었다.

부인 사망 후 10여 년간 증세의 호전과 악화가 반복됐다. 정신과 약 부작용에 대해 불편과 거부감을 보이며 복용을 임의로 줄이는 등 약물 비순응을 보여 증세가 악화되었고 다시 입원치료를 받았다. 말년에는 그동안 함께 살며 사망자를 챙기고 말벗이 되어주던 노모가 지병으로 사망했다. 모친에게 많이 의지했기 때문에 사망자는 상실감이 컸다.

치매 진단과 자살 시도

사망 얼마 전부터 불안, 불면증 증세가 악화되었다. 이 시기 사망자는 몰래 신경정신과 처방약을 줄여 나갔다. 사망 한 달여 전에는 외출했다가 집을 찾지 못하는 등 이상행동을 보이고 기억력이 현저히 떨어져 검진을 받았다. 검사 결과 치매가 진행 중이고, 앞으로 기억력과 관련된 문제가 심해질 것이라는 말을 듣고 사망자는 무척 괴로워했다. 사망 일주일 전에는 정식으로 알츠하이머 진단을 받았다. 이후 "자식들에게 부담감을 주는 것 같다"며 "빨리 죽고 싶다"는 이야기를 했다. 며칠 후 사망자는 죽은 여동생이 부르는 소리가 들린다며 옥상으로 올라갔다. 계단을 딛고 뛰어내리려는 순간 뒤따라온 아들이 뒤에서 끌어안아 자살을 저지했다. 사망자는 광주로 돌아가 사랑하는 동생을 구해야 한다며 울먹였다.

다음 날 아들이 출근하려 하자 사망자는 함께 있어달라고 애원했다. 아들은 정오까지 사망자와 함께 있다가 아버지가 잠든 것을 보고 병원으로 출근했다. 사망자는 늦은 오후 아들이 돌아오기 직전 유명을 달리했다.

자살경로분석을 통해 확인한 자살 위험요인

자살 의도와 치명성 | 사망이 임박한 시점부터 직·간접적으로 죽음에 관한 표현의 빈도가 급속히 증가했다. 특히 불안감이 극에 달한 이후부터 "죽고 싶다"는 표현을 했고 가족의 짐이 되고 싶지 않다는 생각을 드러냈다. 한 차례 투신 시도를 한 것도 뚜렷한 자살 의도와 높은 치명성 수준을 보여준다. 높은 곳을 두려워했다고 해도 공포증 진단을 받은 것은 아니며, 이전 자살 시도에서와 비슷한 방식으로 투신한 것으로 보아 사망 유형은 자살로 판단된다.

지속 요인 | 어린 시절 아버지가 돌연히 사망하는 일을 겪었고 아버지 쪽으로 조현병 가족력이 있었다. 십 대 때 광주에서 일어난 학살을 목격하며 큰 충격을 받았고, 가깝게 지낸 동생이 군인에게 살해당한 슬픔과 충격에 생애에 걸쳐 영향을 받았다. 조현병이 발병하면서부터 30년간 환청과 군인 공포증에 시달렸다. 반면 병원의 처치에는 잘 따르지 않아서 진단을 받아도 쉬지 않거나 임의로 약 복용을 줄이는 등의 행동을 했다. 불안, 비관, 경계심 등 부정적인 정서가 강한 성격 특

성을 지녔다. 가족 외에는 대인관계가 거의 없었으며 사망 이전 15년간은 바깥활동이 단 한 번도 없었다.

급성 촉진 요인 | 자살 직전 조현병과 불안증 등 각종 병세가 악화되었다. 가족 몰래 처방약 복용을 줄이는 등 치료가 제대로 이루어지지 않았다. 치매 진단을 받고 기억 쇠퇴에 대한 불안을 많이 느꼈으며, 사망 일주일 전쯤 알츠하이머 진단을 받고 가족에게 짐이 된다는 의식이 커졌다.

보호요인 | 막내딸의 따뜻한 돌봄이 있었다. 막내딸은 사망자의 아픔을 이해하고 있었고, 약물 복용을 확인하고 외래 치료에 적극적으로 함께하는 등 투병에 도움을 주었다. 아버지의 뒤를 따라 수의학과 의사가 된 장남이 곁에서 도우며 병원 운영과 생계를 지탱해주었다.

자살예방 시사점

제주4·3사건, 광주민주화운동과 같은 사회적 비극이 사망자의 가족력과 사망자에게 영향을 미쳤으며, 유전적 소인과 함께 이러한 정황이 조현병 발병에 하나의 요인이 되었으리라 추정된다.

조현병 환자의 자살 위험성은 다른 정신질환에 비해서도 더 높으며, 특히 남성 조현병 환자의 자살률이 높다. 조현병의 대표적 증상인, 사람들을 대하기를 두려워하고 사회적 관계를 맺지 않으려 하는 것 역시 중대한 자살 위험요인으로 작용한다. 따라서 조현병 등 정신질환 환자의 자살 방지에는 병의 치료, 최소한 증상의 완화가 급선무라고 할 수 있다.

사망자는 조현병 치료에 소극적이었고 처방대로 약을 복용하지 않는 등 비순응을 보였는데 이로 인한 병세 악화가 관계의 거부와 병세 악화, 자살행동으로 이어진 것으로 보인다.

환자가 치료에 비순응하는 데는 조현병과 정신과 치료에 대한 부정적 인식, 약의 작용과 부작용에 대한 이해 부족, 의사에 대한 불신 등 여러 원인이 작용한다. 환자 당사자와 보호자, 치료자가 함께 노력하여 적극적으로 치료에 임할 필요가 있다. 낮은 치료 순응도는 조현병의 증상일 수 있으므로 주변의 도움이 꼭 필요하다.

02 대인관계 갈등과 자살예방

60대 남성이 경비원으로 근무하던 아파트 옥상에서 투신했다. 출근 중이던 주민이 화단에 쓰러져 있던 사망자를 발견하고 119에 신고했다. 옥상에서는 사망자가 뛰어내리기 전 남겨 놓은 유서 한 장과 가지런히 놓인 구두 한 켤레가 발견되었다. 난간에 오르기 위해 디딤돌로 사용한 시멘트 블럭 주변에 남겨진 족흔은 사망자의 신발 문양과 일치했다. 난간에 남겨진 지문도 사망자와 일치했다. 사망자는 전날 업무상 과실로 해고를 당한 것으로 드러났다.

수사 결과에 나타난 급성 촉진 요인

사망 전날 사망자는 며칠 전 일어난 보일러실 화재로 심한 문책을 당했다고 한다. 사망자는 화재가 본인 과실이 아니라고 강하게 항의했으며, 해고를 당한 후 기름통을 들고 관리소장을 찾아가 자살하겠다고 위협하다 경찰에게 저지당했다. 이러한 정황과 주변 증거를 바탕으로 수사는 자살로 종결되었다.

경찰 수사 내용을 보면 자살의 동기는 명백해 보인다. 하지만 사망자가 자살한 데에는 눈에 보이는 것 외에도 더 많은 요인이 작용했을 터였다. 가족의 동의를 얻어 사망자의 자택에서 짧은 시간 가족들과 면담을 진행할 수 있었다.

뇌수술과 성격 변화, 은퇴 등 환경의 변화

사망자는 부인과의 사이에 아들 둘과 딸 하나를 두었으며, 젊은 시절에는 모 전기공사에 근무했다. 부인의 진술에 따르면 사망자는 원래 조용하고 차분하면서도 사교적인 성격이었다고 한다. 그런데 13년 전 직장에서 작업을 하다 떨어져 머리를 심하게 다쳤다. 뇌수술을 받고 건강은 회복했으나, 이후 성격과 행동이 많이 바뀌었다. 기분 변화가 심해졌고 의심이 많아져 주변 사람들에게 공격적으로 대했다. 가족들과 마찰이 잦아졌고 부부 사이에도 갈등이 깊어졌다.

이후 10년 정도 직장생활을 계속하다가 3년 전 명예퇴직을 했다. 퇴직 후 부인이 재취직을 권유했고, 예의 아파트에 경비원으로 취직하게 되었다.

연이은 사별과 갈등, 자살생각의 발생

2년 전 쯤에는 여동생이 간경화로 사망했다. 남매 중 가장 사망자와 돈독했던 사이여서 사망자의 상실감은 상당히 컸다. 얼마 지나지 않아 평소 건강하던 모친에게 췌장암이 발병했고, 간병으로 애를 쓰던 사망자도 지병인 고혈압이 악화되어 입원치료를 했다. 2주의 입원기간 동안 사망자는 두 아들에게 "짐이 되어 미안하다", "빨리 죽고 싶다"는 말을 했다고 한다.

이후 반 년 남짓 투병 생활을 이어가던 모친마저 사망했다. 사망자는 모친에게 자식 도리를 다하지 못했다며 죄책감을 보였다. 모친 사망 후 재산 분할을 놓고 형제들 간에 다툼이 벌어졌다. 사망자는 형제들을 중재해보려 했지만 결국 갈등은 소송으로 비화됐다. 1년 넘게 법정 다툼이 계속되는 동안 형제간의 왕래는 완전히 끊어졌고, 최근 사망자는 형제들의 따돌림에 깊은 실망감을 드러내며 괴로워했다. 이즈음부터 사망자는 관리소장으로부터 업무에 소홀하다는 핀잔을 자주 받게 되었다.

직장 내 대인관계 갈등

사망 약 6개월 전부터 사무소 소장과의 갈등이 잦아지기 시작했다. 관리소장은 사망자에게 한 번 더 아파트 택배 분실이 발생하면 책임을 지고 배상하겠다는 각서를 쓰게 하고, 부인까지 불러 대리인으로 지정하여 연대 책임을 지도록 했다. 이후 더 불리한 내용의 각서를 쓰라는 요구도 있었다. 이전부터도 업무상의 과실에 대해 자주 문책을 받았으며, 동료들 앞에서 공개적으로 무안을 주어 모멸감을 느끼게 했다. 또다시 실수를 하면 민사책임을 물을 것이라고 협박받은 일도 있었다. 사망자는 관리소장의 처사에 분개하는 한편 동료들이 자신의 억울함을 몰라주는 것에 서운함을 느꼈고, 퇴근 후 음주하는 횟수가 많아졌다.

사망자는 자주 가족이나 주변 지인들에게 직장 생활이 힘들고, 그만두고 싶다며 하소연을 했다. 퇴근 후 부인에게, 처음 일을 시작했을 때부터 관리소장이 자신만 못살게 굴었으며 계속되는 인간관계 갈등에서 빠져나갈 길이 없다고 호소하며 울먹인 일도 있었다.

화재 책임과 해고

사망으로부터 5일 전, 야간 근무 중에 입주민이 경비실로 찾아와 횡포를 부렸다. "늙어서 분위기 파악을 제대로 할 줄 모른다", "여기서 계속 일을 하려면 인사성이 밝아야 한다"며 욕설을 퍼부었다. 소장에게서도 업무 문제로 동료들 앞에서 핀잔을 받았다. 그날 사망자는 귀가 전 혼자서 만취할 때까지 술을 마셨다.

이틀 후 새벽 3시경, 사망자가 근무하던 중에 지하 보일러실에서 보일러 배관 이상과 기름 누출로 화재가 발생했다. 119가 출동하여 화재는 곧 진압되었지만, 보일러가 정지되면서 주민들은 밤새 추위에 떨어야 했다. 사망자도 화상을 입었지만 상황이 급박해 치료를 받지 못했다. 입주자 대표와 관리소장은 사망자를 심하게 질책했고, 화재 소식을 듣고 걱정되어 찾아온 부인 앞에서도 문책이 계속됐다. 동료들은 사망자가 이 일에 대해 "인격적 모멸감을 느낄 정도로 심한 말을 들었다"면서 괴로움을 표출했다고 진술했다.

다음날 사망자는 오전 6시 30분에 야간 근무를 마쳤다. 직후 관리소장으로부터 화재에 책임을 지고 손해를 배상할 것을 종용받았다. 사망자는 화재에 자신의 과실이 없음을 주장하며 항의했고 격한 말다툼이 벌어졌다. 관리소장은 배상액만큼 월급을 차감하겠다고 통보했고, 사망자는 계속 무실을 주장하며 "정 믿지 않는다면 죽음으로라도 내 과실이 아님을 보여주겠다"고 거세게 항의했다. 갈등이 극에 달하자 관리소장은 사망자를 해고했고 분노한 사망자는 기름통을 들고 와 자살하겠다며 소란을 피웠다. 결국 경찰이 출동하기에 이르렀다. 주의를 주고 가족에게 인계하는 정도로 상황은 일단락되었으나, 사망자는 경찰서에도 자살하겠다는 말을 했다고 한다.

자살경로분석을 통해 확인한 자살 위험요인

사망 의도와 치명성 | 고층 투신이라는 치명성 높은 수단을 선택했으며 여러 번 자살 의도를 밝혔다. 근무지, 아파트 관리 직원들이 출근하는 시간대를 선택한 것은 관리소장과 동료들에게 자신의 결백과 분노를 보여주고자 한 것으로 추정된다.

지속 요인 | 뇌 부상 후유증으로 감정 조절과 대인관계에 어려움을 겪어왔다. 2년 사이 동생과 모친이 연이어 사망하여 깊은 상실감, 우울감, 불면증 등에 시달렸다. 상속다툼으로 형제들에게 외면당하면서

원망과 고립감을 느꼈다. 직장에서 상사 입장인 관리소장과 1년 이상 갈등하면서 지속적인 스트레스를 겪었다. 사람들 앞에서 업무 관련된 문책을 받으면서 자존감 저하를 경험했을 것이다. 동료들과도 소원해졌고 사망 전 1년간 알코올 사용이 잦았다.

급성 촉진 요인 | 화재 사건으로 입주자 대표와 관리소장에게 심한 책임 추궁을 당했으며, 사람들 앞에서 모멸감을 느끼는 경험을 했다. 결백을 주장했으나 아무도 믿어주지 않아 심한 분노와 배신감을 느꼈다. 줄곧 갈등하던 관리소장으로부터 손해배상 요구를 받고 해고를 당했으며, 직후 자살 위협을 했다.

자살예방 시사점

화재 사건을 전후하여 자살 징후와 스트레스를 뚜렷하게 드러냈으나 개입이 이루어지지 않은 점이 안타깝다. 특히 자살 위협을 하여 연행되었을 때 경찰서에서 자살 위험 상황을 판단하고 전문 상담기관 등에 연계했다면 피해를 막을 수 있었을 것이다. 이 점에서 일선 경찰관에 대한 자살예방 교육 실시 및 각 지역 경찰서와 자살예방기관의 긴밀한 연계 체계 구축이 요청된다.

직장 동료들이나 가족들도 사망자가 고통과 분노를 호소하며 공공연하게 자살을 언급할 때 실제 자살을 시도하리라 생각하지 못했다. 주변에서 자살 위험 징후에 대한 인지가 있었거나 적절한 개입 방안을 알고 있었다면 보다 적극적인 대처가 가능했을 것이다. 일반에 대한 자살예방교육을 통해 자살 문제에 대한 경각심을 공유할 필요가 있다.

03 상실과 자살예방

18세 여성이 자택 창고에서 노끈을 이용하여 목을 맸다. 당시 집에는 아무도 없었고 저녁이 되어서야 퇴근한 부친이 이를 발견하고 119에 신고했다. 안방에도 자살을 시도한 것 같은 흔적이 여기저기 남겨져 있었다. 침대 위에 여러 가닥의 전기줄이, 바닥에 고무 끈이 흩어져 있었고 목욕탕 옷걸이에는 수건이 매여있었다. 자살 완료에 사용된 노끈 역시 미리 준비해둔 것으로 보였다. 청바지 주머니에서 각각 부친과 남자친구 앞으로 유서 두 장이 발견되었다.

사망으로부터 1년 후 부친 쪽에서 심리부검을 하고 싶다며 연락해왔다. 착하고 모범생이었던 딸이 그렇게 죽음을 선택한 것을 이해할 수 없다며 자살의 배경을 더 알고 싶다고 했다. 부친을 주요 정보제공자로 하여 심리부검 면담을 실시하고, 부친의 소개를 받아 사망자의 남자친구를 보조 정보제공자로 면담했다.

가정환경과 가족력

사망자는 부친과 모친, 언니의 4인 가족으로 성장했다. 가정 분위기는 원만했으나, 사망자는 생후 모친이 간호사 자격시험을 준비하고 부친은 직장생활을 하는 등 가정에 육아 여력이 없어 3세까지 친가와 이모 집을 오가며 성장했다. 유아기 환경이 다소 불안정했다고 할 수 있으나, 연관된 정서 문제는 발견되지 않았다.

모친은 천주교 신자였으며 사교적이고 이타적인 성격으로 주변에 사람이 많았다. 딸들과도 항상 마음을 터놓고 대화했다. 봉사활동에 적극적이어서 간호사 일을 하면서도 노인과 노숙인을 위한 의료봉사를 활발히 했다. 양로원 봉사를 할 때는 두 딸을 자주 데려갔다. 반대로 부친은 가족에게 무관심했다고 한다.

사망자는 내성적인 성격으로 학창시절 친구가 많지 않았다. 여럿과 어울리는 것은 잘하지 못하고 한두 명의 친구를 깊게 사귀는 편이었다. 성적은 상위권이었고 학교생활에서 특별한 부적응은 없었던 것으로 보인다. 모친과 함께 성당에 다녔고, 매일 밤 귀가 전 어머니와 함께 집 근처 전통찻집에서 함께 차를 마시며 많은 대화를 했다. 힘든 일이 있으면 항상 어머니에게 상의했다.

신체적으로는 건강했으나 우울증 가족력이 있었다. 외가 쪽 큰삼촌과 막내 이모가 우울증을 진단받았다. 막내 이모는 사망자가 어릴 때 사망했는데 이유는 불명이었다.

가족의 투병과 재수, 부친에 대한 불신

사망 3년 전 평소 음주를 많이 하던 부친이 위암 진단을 받았다. 부친을 간병하던 모친도 스트레스가 심해지면서 뇌졸중이 생겨 입원을 하게 되었다. 이후 사망자는 수능시험을 치렀으나 성적이 기대에 못 미쳐 재수를 결정했다. 언니는 다른 지방에서 대학을 다니고 있어 사망자가 모친의 간병을 도맡았다. 부친은 병이 완치되어 직장에 복귀했으나 모친의 치료 예후는 좋지 않았다. 업친 데 덮친 격으로 이제까지 부친이 직장 동료와 불륜관계를 맺고 있었음이 드러났다. 이 사실을 안 사망자는 부친에게 심한 실망감과 배신감을 느꼈다.

모친의 사망과 우울증

6개월 전 모친이 합병증 등으로 병세가 악화되어 갑작스럽게 사망했다. 이후부터 사망자는 주변 사람들과의 관계를 피했다. 가까운 친구 뿐 아니라 남자친구와도 소식을 끊었고 부친과는 일절 대화를 하지 않았다. 수능 시험일이 다가오고 있었지만 낮에는 종일 무기력하게 지내고 밤에는 불면증에 시달렸다.

당시 사망자는 부친과 둘이 살면서 재수학원을 다니고 있었다. 오전에 학원을 갔다가 집에 돌아와 혼자 공부를 하다 독서실로 향했다. 언니는 다른 지방에 있어 대학교 학기 중에는 만나기 힘들었고, 부친이 퇴근할 무렵이면 사망자는 독서실에 가있었다. 대부분의 시간을 타인과의 대화 없이 혼자 지냈다. 이 무렵 언니의 권유로 인근 정신과에서 우울증 치료를 받기 시작했다.

자살 위험 징후

죽기 3개월 전 가까운 친구를 만나 아끼던 그림을 주며 "함께 해줘서 고맙다"고 말했다. 이후 혼자 기차를 타고 정동진에 갔다. 정동진은 모친이 입원 중에 건강해지면 함께 여행가자고 약속했던 곳이었다. 정동진에 도착한 사망자는 언니에게 연락해서 보고 싶으니 정동진에 와달라고 부탁했다. 하지만 언니는 학기 중이었고 아르바이트가 있어 가지 못했다.

정동진 여행 후 우울증이 더 심해졌다. 사망 한 달 전부터는 정신과에서 처방한 우울증 약도 먹지 않았고, 수험서를 정리해서 헌책방에 넘겼다. 이즈음 언니에게 전화를 걸어 "사는 게 힘들지 않냐?"고 물었다.

사망 전날 사망자는 모친과 자주 가던 전통찻집에서 혼자 차를 마셨고 집에 와서는 부친을 위해 저녁을 지었다. 사망 당일은 모친의 생일이었다. 진주에 거주하는 조모에게 전화를 걸어 "엄마가 보고 싶다", "건강하게 사시라"라고 말했다. 마지막으로 핸드폰의 비밀번호를 해제하고 포맷했다. 남겨진 수첩에는 십자가를 수놓은 천이 끼워져 있었으며 천 하단에 "어머니를 그리워하며"라는 문구가 적혀 있었다.

아버지와 남자친구에게 남긴 유서에는 각각 이런 내용이 담겨있었다.

"아빠, 저 먼저 갈게요. 저 때문에 너무 많이 힘들어하지 마세요. 하늘나라에서 엄마랑 잘 지낼게요. (…) 행복하게 사세요. 저 아빠 너무 미워하지 않아요."

"미안해. 내가 너무 무책임한 것 같지만 나도 어쩔 수 없는 선택이었어. 함께해줘서 너무 고마워. 못다 한 우리 사랑 하늘에서 만나 이어가자. 날 잊고 행복하게 살아."

자살경로분석을 통해 확인한 자살 위험요인

자살 의도와 치명성 | 전체적으로 자살의 계획성이 두드러졌다. 여러 종류의 끈을 미리 준비하였고, 부친이 출근하여 집을 비우는 시간대에 눈에 잘 띄지 않는 창고에서 자살을 시도했다. 일시는 모친의 생일을 선택하였다. 치명성과 의도는 높다고 판단된다.

지속 요인 | 사망자는 평소 감정을 잘 드러내지 않는 성격이었고 사회적 교류가 많지 않았다. 부친과 모친이 중병으로 투병하고 정서적으로 의지하던 모친의 병세가 계속 악화되면서 불안과 스트레스를 겪었다. 재수를 하여 정체감이 불안정한 상황에서 오히려 성적이 떨어졌고, 간병과 모친의 병세 악화로 공부를 지속하기 어려웠다.
모친 사망 이후 우울증을 보였으나 치료는 미진하였으며, 지속적인 무기력증과 불면증에 시달렸다. 재수 생활을 하며 친구들과의 교류가 끊어지고 타인과의 접촉이 거의 없는 생활을 했다. 외가 쪽으로 기분장애 가족력이 있었다.

급성 촉진 요인 | 가장 사랑하고 의지하던 모친의 사망으로 깊은 상실감을 느꼈다. 부친의 외도 사실을 알고 실망하여 부친과의 대화를 단절했다. 물건을 정리하고 자살을 준비하는 동안 주변의 도움이 이루어지지 않았다.

자살예방 시사점

자살 전 한 달여 기간 동안 사망자의 행동에는 자살 위험 징후가 뚜렷하게 드러났으나, 일상의 대부분을 혼자 보냈기에 주변에서 이를 감지하고 대처하지 못했다. 관계가 돈독한 모친이 사망하고, 재수생활로 친구들과의 교류가 없어졌으며 부친과의 관계마저 소원해진 상황에서 수험 준비를 하면서 사망자는 깊은 외로움을 느꼈을 것이다. 언니와 부친 등 주변의 정서적 지지가 절실한 시기였다.

우울증 진단 후 임의로 약물 복용을 중단했고 적절한 심리치료가 이루어지지 못했다. 당시 가족과 사망자에게 우울증과 자살 위험성에 대한 교육, 전문가 상담 등이 이루어졌다면 징후를 알고 적절한 대처를 하는 데 도움이 되었을 것이다.

수험 문화의 개선도 필요한 부분이다. 특히 재수를 할 경우 소속감을 느낄 장소가 없어지고 주변과의 대화마저 공부 핑계로 미루고 회피하는 경우가 많다. 청소년과 부모의 가정 내 대화 방법에 대한 교육도 필요하다고 본다.

02

자살예방을 위한 자살 위험성 평가

01 자살 위험성 평가의 의의와 방법

심리부검을 통해서 얻어진 모든 정보는 결과적으로 자살예방에 귀중한 단서가 된다. 개별 사례든 군집 사례든, 심리부검 결과는 자살행동에 이르기까지 작용하는 다양한 위험요인을 보여준다. 세대별, 성별, 지역별, 특정한 집단에서 나타나는 위험요인이 무엇이며 자살 이전에 나타나는 위험징후가 무엇인지 살펴봄으로써, 각각의 자살 위험성을 어떻게 판별하고 어떻게 예방을 진행할지에 대해 중요한 지침을 제공하는 것이다.

자살 위험성 평가는 이전에 자살행동을 보였거나 그러한 우려가 있는 사람, 즉 자살 위험군을 대상으로 그 위험성을 결정하기 위한 도구이다. 심리부검을 통해 확인된 자살 위험요인과 자살 위험 징후에 근거하여 잠재된 위험성을 판별하고, 직·간접적인 치료 계획을 세우거나 향후 자살 위험을 관리하는 데 지침으로 삼는다.

특히 이전 자살 시도자에 대한 예방과 심리치료 결정은 엄밀한 평가 지침과 자살 위험성 구조화에 근거하여 이루어져야만 한다. 이를 바탕으로 관찰·모니터링의 실시 여부, 입원 여부, 자살 수단으로 보이는 도구의 통제, 어떤 위험요인에 개입해야 할지 아니면 어떤 보호요인을 강화해야 할지 등을 결정한다.

자살 위험성 구조화의 개략적인 과정은 다음과 같다. 면담, 기록조사 등을 통해 위험성 평가에 반영할 자료를 수집한다. 이후 자료에서 자살 위험요인을 식별한다. 소인적 요인, 환경적 요인, 지속 요인, 촉진 요인 등을 두루 확인하되, 그중에서도 자살행동과 직 · 간접적으로 연관된 것을 주의 깊게 살핀다. 이러한 요인들은 정신과 진단이나 심리검사 결과 등을 통해 객관화하는 과정을 거쳐야 한다. 자살을 불러일으킬 수 있는 촉발 사건이 무엇인지도 찾아낼 필요가 있다.

또한 위험요인뿐만 아니라 위험요인을 이겨내게끔 하는 보호요인 또한 존재하므로, 보호요인 역시 확인하여 평가에 반영해야 한다.

이전에 특정한 자살행동을 보였다면 빈도, 수단 등을 구체적으로 조사하여 그 의도와 치명성 등을 반영한다.

높은 수준의 자살 위험성을 인지할 경우 평가자는 특별히 세심한 주의를 갖고 자살 가능성을 판단해야 한다. 단 자살이나 자살행동에 대한 위험성 평가는 자살 예측이 아니라는 점을 항상 기억해야 한다.

자살 위험성 구조화 과정

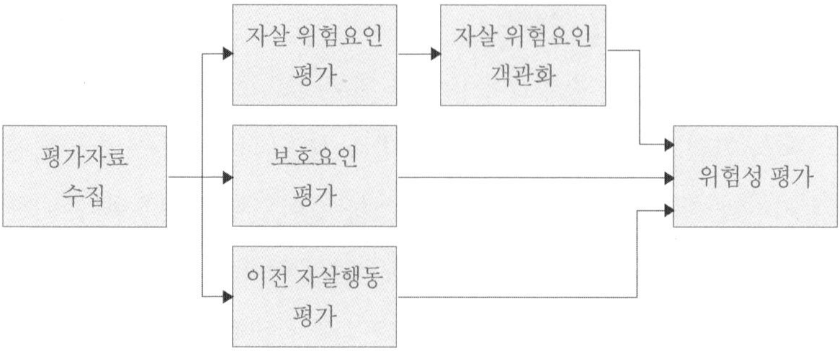

위험성 평가에서 높은 점수를 받았으므로 향후에 필시 자살행동이 있을 것이라거나, 점수가 낮게 나왔으니 안전하다고 단정할 수는 없다. 위험성 평가는 어디까지나 효과적인 예방 조치를 돕기 위한 보조적 도구이다.

사례 한국 남성 자살 생존자

43세 회사원 이환희 씨는 오랜 기간 우울증을 겪었으며, 지난 해 부인이 자살로 사망했다. 수면을 잘 취하지 못했으며 떨어진 식욕과 집중력 저하로 인해 지속적으로 가족들에게 불편함을 호소하고 있는 상태였다. 직접적인 자살행동을 보이지는 않았지만, "죽고 싶을 정도로 힘들다"는 표현을 자주 하는 등 우회적인 방식으로 자살생각을 표현했다. 최근 스트레스를 받으면 혼자서 음주를 하는 습관이 심해졌다. 부인의 사망을 기점으로 부쩍 음주 횟수와 양이 증가했다.

이환희 씨의 사례처럼 개별적 자살 위험성을 평가할 때는, 실질적인 증거나 조사에 바탕한 위험요인(research-based risk factors)을 파악하는 데서부터 시작해야 한다.

이환희 씨는 최근 몇 년 회사의 재무 상황이 악화되면서 지속적인 스트레스를 받고 있었다. 가까웠던 동료 직원들이 명예퇴직을 했고, 그 결과 업무 부담이 늘어나 야근, 주말 출근 등 과로에 시달렸다. 이환희 씨 역시 인사고과 등급이 낮아 해고의 두려움을 갖고 있었다. 스트레스 탓에 우울증과 불면증이 만성적이 되었다.

무엇보다 큰 스트레스는 갑작스럽게 아내가 죽은 일이었다. 아내의 죽음 이후로 우울 증상이 심해졌고, 주변과의 교류를 부쩍 줄였다. 상당한 고립감과 외로움을 느끼고 있는 것으로 보였다.

이환희 씨의 자살 위험 요인을 다음과 같이 개념화할 수 있다.

부인의 죽음	→	상실
친구들의 퇴직, 사회관계 감소	→	고립
해고 걱정, 불면증	→	불안
과로, 식욕 저하	→	육체적 건강 문제
우울증	→	정신과적 문제
잦은 음주	→	물질 남용
죽음에 대한 언급	→	자살생각

상당히 많은 위험요인에 노출되어 있음을 알 수 있다. 정서적으로는 전제적으로 무망감과 좌절감이 두드러졌다.

하지만 위험요인이 많다고 해서 자살을 하는 것은 아니다. 촉발 사건이 될 수 있는 요인이 있는지 파악해야 한다. 이환희 씨는 당시 부인의 1주기를 앞두고 있었다. 이는 중요한 관계 상실을 상기하는 괴로운 일이 될 수 있다. 이러한 상황은 촉진 요인으로 판단하여 위험성 평가에 반영해야 한다.

위 사례에는 보호요인과 과거 자살행동 이력, 우울증 등의 진단과 치료 여부가 나타나 있지 않다. 이 경우 평가자는 주어진 자료만으로 평가하지 말고 추가 정보를 수집해야 한다. 과거 자해, 자살 시도 등 자살행동 관련 이력이 있었다면 그 치명성 수준에 따라 자살 위험성도 현저하게 높아질 수 있다. 이 경우 자살행동의 구체적인 상황과 시간대, 촉발 사건으로 작용한 맥락이 무엇인지 반드시 파악해야 한다. 이전 자살 시도의 방식과 촉진 요인을 정확히 파악해야 향후에 대처할 방법을 그나마 마련할 수가 있다.

자살행동 등 스트레스 상황에 적절하게 대처하지 못하는 모습을 보였거나 주변으로부터 지원을 받지 못하는 상황이라면 자살 위험성이 높다고 말할 수 있다. 반대로 위험성이 있는 촉진 요인에 합리적으로 대처했던 과거 경험이 있거나 충분한 보호요인이 있다면 위험성은 다소 낮아진다.

또한 초기 자료에서 정신과적 문제가 보고되었다고 해도 진단이나 검사 결과가 그에 부합하지 않는다면 위험성을 낮추어야 한다.

02 자살 위험성 구조화와 자살 의심 요목

자살 위험성 평가가 당사자에 대한 효과적인 지원과 거시적인 자살예방책 마련 등으로 이어지기 위해서는 여러 기관과 전문가들이 긴밀하게 협조할 필요가 있다. 이때 필요한 것이 자살 위험성 구조화이다. 자살 위험성 구조화란 전문가들이 평가한 자살 위험성을 일정한 기준과 체계에 따라 척도화하기 위한 도구라고 할 수 있다. 자살 위험성 구조화를 위해서는 수집 가능한 모든 자료를 이용하여 임상적 판단을 내리고, 그 판단에 대한 합리적인 근거를 서술하며 동료 연구자, 연구책임자와 가능할 때마다 의논하는 과정이 필요하다.

자살예방을 위한 자살 위험성 구조화는 자살 사망자에 대한 자살 위험성 구조화와 여러 면에서 차이가 있다. 자살예방을 위해서는 급성 위험요인과 만성 위험요인을 이해하고 구분하는 것이 매우 중요하다. 대체로 급성 위험요인은 현 시점을 기준으로 단기간 내의 자살행동 발생 가능성을 증가시키며, 만성 위험요인은 장기간에 걸쳐 자살행동의 치명성을 증가시킨다고 볼 수 있다.

예를 들어 정신과 입원 이력은 대표적인 만성 위험요인이다. 심리부검 결과를 보면 정신과에 입원한 일이 있는 사람들은 생애에 걸쳐 높은 위험성을 보였다. 그런데 시기적인 측면을 살펴보면 자살행동 시도는 입원치료 후 퇴원한 직후가 가장 높게 나타난다. 이 경우 퇴원은 급성 위험요인이라고 할 수 있다.

또한 자살예방을 위한 위험성 구조화에서는 자살이 우려되는 정

황을 다루는 데 의심 요목(index of suspicion)이라는 개념을 사용한다.[1]

자살 위험성 의심 요목 | 자살 위험성 증가를 보여줄 수 있는 최근의 행동, 환경, 임상병리적 변화이다.

- 죽음에 대한 우회적인 언급이 반복됨
- 최근의 심각한 대인관계 좌절
- 최근 밝히기 두려워하던 사실이 노출되거나 수치심, 죄책감을 경험
- 부정적인 환경 변화
- 최근의 정신과 퇴원
- 최근 불안을 야기하는 건강 관련 진단을 받음. 혹은 수술, 입원 등 그에 관련된 의료 처치가 진행됨.
- 남에게 짐이 된다는 의식의 증가
- 무망감 혹은 분노 표현이 잦아짐
- 잦은 감정 변화
- 치료에 대한 불만 혹은 무관심
- 정신과에서 퇴원했다가 단기간 내에 재입원함

높은 위험성을 보여주는 의심 요목 | 급격히 정신과적 징후가 나타나기 시작했다면 상대적으로 더 높은 위험성이 있다고 할 수 있다.

- 심리적 고통을 호소하며 우울과 혼란을 드러낸다.

---

1 뉴질랜드 보건성과 뉴질랜드가이드라인그룹(NZGG)이 제공하는 The assessment and management of people at risk of suicide(2003)을 참고. Ellis et al.

- 망상이나 지시환청을 호소하며 주의력이 감소된다.
- 불면증이나 식욕 부진이 보이고 최근 불안감이 부쩍 심해진다.

즉각적 주의를 요하는 급성 위험요인 | 자살생각 혹은 의심은 되지만 부인된 자살생각이 존재하는 경우다.

- 최근 자살 억제 요인이 사라지거나 영향이 감소함
- 일상을 적절히 영위하는 데 어려움을 겪음
- 직접적인 자살 언급이나 자살 위협
- 자살 결심이나 계획을 드러냄
- 자살 도구 마련 시도 등 자살을 준비한 증거가 나타남
- 최근 한 해 안에 자살 의도를 갖고 비치명적 자살행동을 실행함

자살행동 발생 위험성 증가를 보여주는 요인

- 유서나 이별의 글을 작성
- 금전 문제 정리
- 치명적 자살 수단에 접근이 가능해짐
- 발견 · 구조 · 개입을 좌절시키기 위한 조치를 취함
- 자살 예행연습을 한 증거
- 최근 알코올 남용
- 심각한 동요
- 정신적 불안, 공포, 지속적 불면증
- 만성적 우울증, 심각한 쾌감 상실, 집중력 감소

- 양극성장애에서 기인한 특정 삽화의 반복
- 강박적인 반추사고
- 독거, 감금 등 물리적 고립
- 최근 자살 관련 언론매체 노출
- 지각된 무기력감

자살 위험성 구조화에 따른 위험성 평가

위험성 구조화에는 사례에 대한 심도 있는 이해가 선행되어야 한다. 만성 요인, 급성 요인 등을 식별하는 것과 더불어 충분한 질문을 통해 신뢰성 있는 정보를 추출하여 사례들의 위험성 수준을 판단해야 한다. 모든 위험요인은 그 요인이 대상자의 삶에 어느 정도의 영향을 미치는지, 대상자가 얼마나 잘 대처하고 있는지에 중점을 두고 평가되어야 한다.

위험성 수준을 구조화할 때는 치명성 맥락, 다시 말해 만성 위험요인을 맥락으로 두고 급성 위험요인을 촉진 요인으로 고려하는 것이 보편적이다. 기본적으로 자살 위험요인이 다양할수록 위험성은 증가하며, 중대한 급성 위험요인이 있을 때는 보호요인이 제대로 기능하지 못할 가능성이 높다. 급성 위험요인이 많고 그 정도가 강할수록 그 위험성은 더 커질 수 있다.

흔히 만성 요인들과 급성 요인들 각각에 대해 위험성을 평가하고, 이를 종합적으로 고려하여 전체 위험성을 평가한다.

개입 결정(management plan)

내담자의 자살 위험성이 임박했다고 판단하면, 의사나 상담사는 가까운 응급실까지 동행하거나 도움을 줄 수 있는 제삼자가 동행하도록 해야 한다. 혹은 EMT(전문응급구조)를 할 수 있는 119를 불러야 하는 경우가 있을 수 있다.

내담자가 중도 수준의 자살 위험성을 보인다면 치료를 위한 상담을 실시하거나, 상담이 가능한 다른 전문가와 연결해주거나 위기상담개입 기관을 소개해주어야 한다. 경우에 따라서는 자살 가능성을 줄이기 위해 내담자가 스스로 취할 수 있는 행동 등을 조언해줄 수 있다.

03 자살 위험성 구조화 사례

① 남성, 44세, 변호사, 비혼 상태

대상자는 과거에 주요 우울증 진단을 받고 치료를 받아왔다. 부인이 자살로 사망한 후 재혼했다가 최근 이혼했다. 최근 회사에서 비위를 저질러 징계에 대한 걱정이 커졌고 음주도 증가했다. 발작적으로 잠을 자고 숙취 상태로 출근한 일도 있으며 이로 인해 고객과의 상담에서 실수를 해 견책을 받았다. 이런 모습에 친구와 직장 동료들도 거리를 두고 있다. 대상자는 현재의 상황을 변화시킬 방법이 보이지 않는다고 진술했다.

자살한 첫 아내로부터 버림받은 느낌을 받았고, 대상자와 부인을 상담한 심리치료사를 죽이는 꿈을 꾼다. 심리치료사는 부인의 자살이 대상자 탓이라고 생각하는 것 같았다고 했다.

8세 경 다니던 교회 목사로부터 성폭력을 당했다. 이 사실은 아무에게도 알려지지 않았다.

만성 위험요인 | 우울증, 아내의 자살, 이혼, 과거 성폭력 피해

급성 위험요인 | 최근 알코올 사용 증가, 불면증, 복수 환상, 갇힌 느낌, 무망감, 사회적 고립

위험성 수준		만성 요인(치명성)		급성 요인(최근 변화/동요)
낮음				
보통	+	• 기분장애 • 사별 • 학대 경험		• 최근 증가된 음주 • 이로 인한 불면증 • 복수 환상
높음			++	• 자살생각 • 갇힌 느낌 • 무망감 • 사회적 고립
전체 위험성: 매우 높음				

② **여성, 44세, 전업주부, 혼인 상태**

만성 우울증과 최근 나타난 불면증으로 고통스러워하고 있었다. 자살생각은 부인했으며 불면증은 십대인 아들에 대한 걱정과 관련 있어 보였다. 가족력으로는 과거 모친과 외할아버지가 우울증을 앓

왔던 경력이 있었다.

만성 요인 | 만성 우울증, 우울증 가족력

급성 요인 | 불면증

위험성 수준	만성 요인(치명성)	급성 요인(최근 변화/동요)
낮음	• 만성 우울증 • 우울증 가족력	• 불면증
보통		
높음		
전체 위험성: 낮음		

③ 남성, 21세, 대학생, 비혼 상태, 가족과 동거

대상자는 지난 2년간 약물 남용 상태였다가 2개월 전부터 약물을 끊었다. 약물을 사용하는 동안 가족, 친구에 대한 공격적인 행동, 충동성, 망상, 환청 등을 보였으며 대부분의 사회적 관계가 단절됐다.

지난 5개월간 불안 증상과 불면증을 보였으며, 약물을 끊은 2개월간 신체적, 정신적 불편을 호소했다. 심각한 수준의 죄책감, 지난 행동을 용서받지 못할 것이라는 무망감과 두려움을 보였다.

최근 기분 변화가 심해지고 있고 강박증 증상, 심각한 우울감을 보고했다. 쾌감을 상실하거나 이에 관심을 보이지 않았고 한동안 폭음을 일삼았다. 뚜렷한 자살생각은 없어 보였다. 부친과 가벼운 수준의 신체적인 다툼과 언쟁이 잦았다.

이전에도 우울증을 앓은 이력이 있고, 아버지 쪽으로 비전형 우울증과 조현병 가족력이 있었다.

만성 요인 | 복합적인 우울감, 약물 남용으로 인한 정실질환, 우울증 이력, 우울증·조현병 가족력

급성 요인 | 불안, 극단적 기분변화, 죄책감과 편집증, 알코올 사용 증가, 사회적 고립

위험성 수준	만성 요인(치명성)		급성 요인(최근 변화/동요)	
낮음				
보통	+	• 기분장애 • 공존이환: 단기 약물 유발 정신과적 장애 • 정신질환 가족력		
높음			++	• 불안·극적 기분 변화 • 죄책감·편집증 • 증가된 알코올 사용 • 사회적 고립
전체 위험성: 중간에서 높은 수준 사이				

04 나의 위험성 수준은? 자살 위험성 진단표

구조화된 자살 위험성 평가에는 객관화된 많은 자료와 일정 수준의 전문성이 요구된다. 하지만 현실적으로 자살 우려가 있는 사람 모두가 이러한 평가를 받는 것은 불가능하다. 그렇다고 해서 관련 교육을 받지 않은 사람이 검증된 판단 기준 없이 위험요인의 유무만을 놓

고 막연하게 평가를 시도하는 것은 권하기 어렵다. 이는 자살 사망자를 정형화하거나, 자신의 자살생각을 오히려 강화하는 결과로 이어질 수 있다.

따라서 전문적인 자살 위험성 평가 연구와 더불어, 자신이나 주변 사람들의 자살 위험성이 걱정스러울 때 도움을 청하거나 개입을 실시하는 데 기준으로 삼을 수 있는 보다 간략화된 진단 도구도 필요하다.

토머스 조이너는 저서 《왜 사람들은 자살하는가?》에서 자살 위험성을 간략하게 평가할 수 있는 진단 도구를 제시했다. 조이너는 자살생각과 자살 의도를 보여주는 단서들을 필수 위험 요소, 자살 의심 요목이 될 수 있는 요인들을 추가 위험 요소로 나눔으로써 평가에 보다 명확한 기준을 세웠다. 필수 위험 요소는 그 자체로도 위험성이 상당히 고조되어 있음을 보여주고, 필수 위험 요소에 추가적 위험 요소가 덧붙여지면 위험성이 매우 심각해지는 것이다. 반면 추가 위험 요소가 다수 있다고 해도 필수 위험 요소가 발견되지 않는다면 상대적으로 대상자가 자살 의도가 있다고 단정하기 어렵다.

조이너의 아이디어와 한국에서 진행한 심리부검 연구를 기반으로 자신의 자살 위험성 수준을 알아볼 수 있는 진단표를 제시하고자 한다. 다만 이는 약식 진단표이며, 보호요인이 반영되지 않았고, 보다 발전된 위험 진단과 도움 개시를 위한 보조 도구임을 언급해둔다.

위험성 분류 등급은 높음, 중간, 낮음의 3단계를 사용하였고, 자살행동, 진전된 자살생각, 자살 위험성을 높이는 정신과적 진단을 필수 위험요인으로 두었다.

필수 위험요인	추가 위험요인
• 2회 이상의 자해 • 2회 이상의 자해와 1회 이상의 자살 시도 • 최소 2회 이상의 반복적인 자살 의도 표현 • 자살생각과 자살 의도의 표현 • 구체적인 자살 계획과 준비, 예행연습 • 진단된 심각한 정신과적 장애 혹은 공존이환	• 매우 친밀한 대상 혹은 다수와 관계 단절 • 12개월 이상의 무직 상태 · 파산 · 부도 · 실직 · 퇴학 · 5천만 원 이상의 빚 중 2건 이상 • 12개월 이내 4건 이상의 신변 문제 발생 • 스트레스에 대한 대처 능력 부족 • 가정폭력 · 학교폭력 · 학대 · 방임 · 협박 중 2건 이상 • 배우자와의 사별, 이혼, 별거, 원치 않는 오랜 비혼 기간 중 2건 이상 • 알코올 남용 • 최근 건강 상태의 심각한 변화 • 최근 혹은 과거의 입원 혹은 중증 이상의 건강 관련 문제 • 최근 가족에게 심각한 신체 질환 발생 • 1회 이상 가족이나 지인의 자살행동에 노출 • 1사례 이상의 정신질환 가족력

자살 위험성 수준	필수 위험요인	추가 위험요인
높음	자해/자살 시도를 포함하여 2개 이상	2개 이상
높음	자해/자살 시도 중 1개	4개 이상
중간 이상	자해/자살 시도 이외에서 1개	2개 이상
중간 이상	자해/자살 시도 이외에서 2개 이상	1개 이상

다양한 위험요인 중에서도 특정 연령대에서 두드러지게 나타나는 위험요인은 가중 평가를 할 수도 있다. 20대는 최근의 심각한 신체적 질병에 상대적으로 취약함을 보였고, 40대와 50대는 대인관계에서의 갈등·단절이나 경제활동 문제에 취약했다. 반면 50대 이상에서는 알코올 문제를 포함한 신체적·정신적 질환, 가족의 심각한 질환에 대처하기 어려워하는 경우가 많았다.

필수 위험요인 2개 이상, 추가 위험요인 3개 이상이 동시에 나타나는 등 최근을 기준으로 중간 이상의 자살 위험성이 나타날 경우, 가급적 빨리 주변과 전문가의 도움을 받기를 권고한다.[2]

---

2 Joiner, 2005

03

심리부검과 자살예방

01 자살의 의사결정 과정과 그 대처

의사결정 이론(decision making theory)에서는 자살을 하나의 선택, 즉 특정한 목적을 성취하기 위한 의도에서 이루어지는 목적 지향적 행동이라고 본다.[3] 설령 그것이 잘못된 정보에 근거했거나 정서적으로 불안정한 상태에서 충동적으로 내려진 결정이라고 해도, 자살 역시 개인이 나름의 이유와 근거를 가지고 내린 의사결정이라는 것이다.

이 이론의 핵심은 자살행동을 하는 사람들이 행동하기 전에 먼저 일정 기간 동안 생각, 다시 말해 자살생각을 한다는 것이다. 자살행동

3 Felson, 2009; Wikström, & Treiber, 2009

을 하는 사람은 자신이 어떤 수단으로 어떤 유형의 자살을 할지, 언제, 어디서, 누구와 혹은 혼자서 자살을 할지 등을 하나하나 생각하고 결정한다. 각각의 결정에는 바탕이 된 나름의 생각들이 존재한다. 따라서 그들이 왜 특정 시간, 특정 장소, 특정 방식을 선택하여 자살행동을 했는지, 어째서 다른 조건에서는 자살행동이 나타나지 않았는지에 대해 탐구해볼 필요가 있다.

치명적 자살행동의 4단계 의사결정 과정

자살하려는 사람들은 의사결정 과정에서 일반적으로 다음의 4가지 사고 절차를 거친다.

첫째, 당면한 문제 상황에 대처할 하나의 방법으로써 자살을 떠올리고, 이를 의식적으로 자각한다. 그리고 이를 수용한다. 잠시 자살을 생각했다가도 곧 그 생각을 흘려버리는 사람이 있는 반면, 어떤 사람들은 결국 그것을 진지한 방안으로 받아들이는 것이다. 이런 차이가 어디에서 기인하는지, 그 사고 과정에 무엇이 작용하는지가 연구자들이 의문을 품는 지점이다.

둘째, 자신이 생각하기에 자살이 가져올 수 있는 긍정적인 결과를 살펴보고, 자살이라는 선택이 최종적으로 이득이 된다고 판단한다. 이때 말하는 '긍정적인 결과'는 현실에서 실제 일어날 결과가 아니라 당사자가 자신의 사후에 일어나리라고 믿는 결과라는 점에 유의해야 한다. 예를 들어 심리적·신체적 고통을 겪는 사람은 사후에 평안이 있으리라 기대하고, 자신이 짐이 된다고 믿는 사람은 가족이 자유로

워지리라 믿는다. 복수하고 싶은 특정인의 불행, 실추된 명예의 회복 등을 기대하기도 한다. 긍정적인 최종 결과에 대한 믿음이 없다면 자살을 목표하지 않을 것이다. 사람들이 왜 자살이라는 선택을 하는지 이해하기 위해서는 그들이 자살이란 행동을 통해 어떤 결과를 얻으려고 하는지 이해해야 한다.

셋째, 자살 시도자는 자신이 생각하기에 자살이 가져올 수 있는 부정적 결과를 살펴보고, 그 결과가 감수할 만한 것이라고 판단한다. 자살에는 항상 대가가 발생하고 그 결과는 돌이킬 수 없다. 자살은 남은 사람들에게 씻을 수 없는 아픔과 고통, 때로는 경제적인 어려움을 안겨줄 수 있다. 당사자 또한 자살행동의 과정에서 엄청난 두려움과 고통을 경험할 것이며 후회하게 될 가능성도 있다. 하지만 자살로 나아가는 사람들은 결과의 부정적 영향을 미처 다 인지하지 못하거나, 축소해서 평가하거나, 어쨌거나 자신과 남은 사람들이 감당할 만한 수준이리라고 믿는다. 이는 폭력과 고통에 무감각해진 사람, 자신이 쓸모없거나 짐이 된다고 믿는 사람이 왜 더 쉽게 자살을 선택하는지 설명해준다.

넷째, 자살 사망자들은 자살을 실행하기 위한 방안들을 살펴보고 자신에 처한 상황에서 실행이 가능하다고 판단한다. 자살이 완료에 이르기까지는, 치명성이 있으면서 자신이 접근 가능한 수단, 방해받지 않을 시간과 장소가 필요하다. 또한 앞서 염두한 긍정적 결과가 확실히 이루어지도록 보증하고 부정적 결과를 완화하기 위한 조치가 취해져야 한다. 자신의 주장 혹은 결백을 보여줄 수 있는 증거를 남긴다거나, 남겨진 가족을 위로할 수단을 마련하거나, 최대한 고통이 없는 방법을 찾는 것이 예가 될 수 있다. 이러한 조건이 갖추어졌다는 판단이 서지 않으면 당사자는 자살을 망설이거나 포기할 수 있다.

따라서 자살행동이 어떤 방법으로 실행되었는지를 분석하면 사망자가 자살을 계획하면서 무엇을 중요하게 고려했는지, 특히 앞선 세 단계에서 어떤 결론을 내렸는지 파악할 수 있다. 심리부검 전문가들이 사망자가 "왜 이 시간과 이 장소, 이 수단을 선택했는가?"를 중요하게 다루는 것은 이 때문이다.

의사결정 이론에 바탕한 자살행동 위험성 평가

의사결정 이론의 관점에서 보면, 위험성 평가의 과제는 사람들이 어떤 이유에서 어떤 단계를 거쳐 어떤 결론을 내렸는지 알아냄으로써 그 의사결정에 영향을 미친 요인들을 파악하는 것이다. 자살 결정을 부추기는 위험요인과 방해하거나 망설이게 하는 보호요인을 함께 찾아내야 한다. 어떤 요인들은 장기적으로 강력한 영향을 미치지만 어떤 요인들은 일시적 효과만 있을 수도 있다.

가장 중점을 두어야 하는 것은 자살 결정의 각 단계에서 원인 역할을 하는 위험요인이다. 이 요인들은, 의사결정에 어떤 방식으로 작용하느냐에 따라 동기 유발 요인, 탈억제 요인, 불안정화 요인으로 구분할 수 있다.

동기 유발(motivate) 요인은 당사자가 생각하는 긍정적 결과를 강화하는 역할을 한다. 고통에서의 벗어남, 복수, 극단적 스트레스로부터의 회피, 종교적 신념의 완수 등이 예가 될 수 있다.

탈억제(disinhibit) 요인은 당사자가 인지하거나 생각하는 부정적 결과를 감소시킨다. 통찰의 부족, 자기비하, 허무주의, 극단적 감정 기복, 타인과의 대화 단절, 불안정성 등이 예가 될 수 있다.

불안정화(destabilize) 요인은 인지와 판단을 방해하고 시야를 협소하게 하여 당사자가 자신의 의사결정을 제대로 통제하지 못하게 만든다. 알코올과 약물의 사용, 정신질환, 지적장애, 사고의 경직성 등 인지와 합리적 추론 능력을 손상시키는 요인을 들 수 있다.

의사결정 이론 위험성 평가를 통한 자살예방

의사결정 이론은 위험성을 찾아내고 평가하는 데 도움을 줄 뿐 아니라 이를 관리하는 데에도 전략과 방향을 제시한다. 위험요인들을 관리함으로써 자살 시도자가 더 적응적으로 사고할 수 있도록 격려하고, 보호요인 등 자살 의사결정을 어렵게 만드는 조건들을 강화하여 자살을 피하도록 도울 수 있다. 다음 사례를 보자.

18세 고등학생 송진희가 자택인 아파트에서 뛰어내려 자살을 시도했다. 상당한 고층이어서 치명성이 높은 상황이었으나 다행히 화단에 떨어져 크게 다치지 않았다. 진희는 이전에도 자해를 시도한 일이 있고 몇 번씩 아파트 베란다에서 뛰어내리려고 했다고 한다. 이번에도 명백히 자살 의도를 가지고 투신한 것으로 보였다. 진희는 유서나 메모를 남기지 않았으며 자살 시도의 이유도 밝히려 하지 않았으나, 참고인 진술 과정에서 양어머니가 진희가 아버지에게서 가정폭력을 당하고 있다고 증언했다.

진희는 부친, 양어머니, 남동생의 4인 가족이었다. 진희의 부친은 진희가 초등학교 때부터 진희와 동생을 지속적으로 학대했다. 하지만 진희가 처한 상황을 알아채거나 진희를 도와주는 사람은 없었다. 양어머니 역시 부친에게 폭력을 당하고 있었고 부친이 두려워 진희와 동생을 보호해주지 못했다.

나이가 들자 동생마저 진희를 괴롭히기 시작했다. 동생은 청결 강박증이 있었고, 느닷없이 분노를 폭발시키며 욕을 하거나 때리곤 했다. 가족들의 반복되는 폭력에 진희는 항상 극심한 불안과 공포에 시달렸다. 학교에서도 모든 관계를 회피했다. 고등학생이 되고 나서는 학교에서 따돌림을 당하다시피 하며 2년 이상 고립되어 지냈다. 참다못해 가출을 한 적도 있었지만, 얼마 있지 않아 집으로 돌아왔다. 집에 남은 어머니가 자신 때문에 부친으로부터 괴롭힘을 당할까 봐 걱정이 되어 돌아올 수밖에 없었다.

어느 날 동생이 또다시 분노를 폭발시켰다. 진희의 방에 들어와 물건을 집어 던지고 "죽어버려!"라고 소리를 치며 난동을 피운 끝에 연필로 진희의 손을 찍어 깊은 상처를 냈다. 동생도 아버지의 피해자일 뿐이라며 나름 동생을 감싸려 했던 진희였지만, 이 사건 이후로는 마음을 닫은 듯했다. 이후 정서가 더 불안정해졌다. 복용 중이던 우울증 약도 먹지 않았고, 불안장애 증상까지 보이기 시작했다. 손목을 긋는 등 자해 행동을 보였고, 병도 낫지 않을 것이고 자신은 가족에게 짐밖에 되지 않는다는 생각에 사로잡혔다. 베란다 창문을 딛고 올라서서 뛰어내리려고 하는 등 자살 시도도 여러 차례 있었다. 그러다가 결국 투신으로 이어진 것이다.

현재 상황이 변하지 않는다면 진희는 또다시 자살을 시도할 가능성이 높다. 하지만 진희의 자살에 작용한 요인과 자살행동 이력을 알면 자살의 의사결정 과정과 결과를 그려볼 수 있고, 그에 따라 안전을 확보할 방법도 찾을 수 있다.

송진희 사례의 자살 의사결정 과정

자살을 떠올리게 한 당면 문제	가족의 반복적인 폭력
송진희가 생각하는 자살의 긍정적 결과	가족의 폭력과 우울증의 고통으로부터 벗어남 가족에게 짐이 되지 않을 수 있음
송진희가 생각하는 자살의 부정적 결과	남겨지는 양어머니가 겪을 위험
실행 가능한 자살 방법	고층 투신

당면 문제 상황에 대한 대응 | 먼저 자살생각에 가장 큰 영향을 미치는 부친과 남동생의 폭력에 대해 강제적 개입을 진행해야 한다. 형사처벌, 격리 혹은 수사기관과 전문가의 판단에 따른 조치를 하여 더 이상 진희와 양어머니가 폭력을 당하지 않도록 보장해야 한다.

자살로 이루고자 했던 결과에 대한 대응 | 진희는 육체적 · 정신적 고통으로부터 절실하게 벗어나고자 했다. 따라서 학교와 기관 등에서 진희가 고통에서 벗어나서 심리적 안정을 찾을 수 있도록 심리치료, 정기 상담 등을 지원한다면 자살 동기를 상당 부분 감소시킬 수 있다. 청소년기에 필요한 유대감과 소속감을 제공하여 외로움에서 벗어날 수 있게 해주는 것도 필수적이다. 또한 폭력에 대한 격리·보호 조치와는 별개로 폭력에 대한 학습된 무기력에서 벗어날 수 있도록 가정폭력 대처 방안, 위기 상황 대응 조치 등에 대해 알려주어야 한다.

자살의 부정적 결과에 대한 인지 강화 | 진희는 반복된 폭력으로 자살의 고통과 두려움에 대해 무뎌져있을 수 있고, 자살을 통해 잃어버릴 것이 없다는 부정적 믿음에 빠져있을 수 있다. 이러한 사고를 완화하고 미래에 대한 희망을 가질 수 있도록 정서적 지지와 정기적인 상담이 필요하다.

자살행동 실행 가능성에 대한 대응 | 자살 시도를 반복하는 사람들은 비슷한 방식을 선택할 가능성이 높다. 따라서 안전 창살을 설치하고 옥상 문을 잠그는 등 투신에 대한 접근성을 낮추는 것만으로도 상당한 효과를 볼 수 있다.

02 자살생각 완화를 위한 인지치료

자살의 의사결정 과정에서 살펴보았듯이 자살 시도자는 현재 처한 상황과 자기 자신, 미래에 대해 왜곡된 인식을 갖고 있을 가능성이 높다. 자살생각과 맞물려 있는 부정적인 사고, 잘못된 결과 예측을 변화시킬 수 있다면 자살생각 또한 현저하게 감소시킬 수 있다. 또한 이는 우울증, 대인관계 어려움 등 다른 위험요인의 감소에도 도움이 될 수 있다.

정신의학계에서는 이러한 사고 변화를 위해 인지치료 기법을 적용하여 효과를 보고 있다. 인지치료 기법을 기반으로 한 대표적 자살생각 완화 모델 ICARE를 소개하고자 한다.[4] 조이너 등이 개발한 이 모델은 임상치료사나 상담가가 자살생각에 개입하여 변화를 이끌어 주기 위해 밟아야 할 과정을 단계별로 제시하고 있다. ICARE는 식별(Identification), 연결(Connection), 평가(Assessment), 재구성(Reconstruction), 실행(Execute)의 머리글자를 딴 말로, 대상자가 자신의 부정적인 사고 패턴을 인식하고 이를 긍정적인 방향으로 재구조화도록 돕는 것을 목표로 한다.

Identification: 부정적인 자동사고와 핵심 신념의 식별

자살생각을 하는 사람들은 부정적으로 사고하는 것이 습관이 되어있다. 문제가 생기면 곧바로 자기 탓이라고 여기거나, 누구를 만나

4 Rudd, Joiner, & Rajab, 2001

도 상대방이 자신을 못마땅해 할 것 같아 불안에 빠지는 식이다. 인지치료 분야의 권위자 아론 벡은 이를 자동사고(automatic thought)라고 부르며, 부정적인 자동사고를 보다 합리적이고 적응적인 사고방식으로 대체함으로써 우울증과 자살생각을 개선할 수 있다고 했다.

식별 단계에서는 대상자와의 대화를 통해 대상자가 갖는 부정적인 자동사고와, 그 근본이 되는 핵심적인 신념을 파악한다. 예를 들어 실패를 하면 "나는 제대로 하는 일이 없다"고 자기 탓을 하고 성공을 하면 "운이 좋았을 뿐이다"고 평가절하를 하며 자기비하의 자동사고를 보이는 대상자가 있다고 하자. 상황에 따라 자동사고는 다양하게 나타날 수 있지만, 그 바탕에는 "나에게는 능력이 없다"는 핵심 신념이 있을 수 있다. 언제 이러한 생각이 드는지, 왜 그런 생각이 든다고 생각하는지, 그런 생각이 들 때 어떻게 행동하는지 등 대상자의 생각과 감정, 행동에 대해 구체적인 이야기를 나누며 함께 탐색을 진행한다.

자살행동을 하는 대상자가 흔하게 갖는 부정적인 신념으로는 "어차피 고통에서 벗어날 수 없다", "아무도 나를 신경 쓰지 않는다", "나는 아무것도 할 수 없고, 남에게 짐이 될 뿐이다" 와 같은 생각들을 예로 들 수 있다.

Connection: 자동사고와 연결된 인지적 왜곡의 탐색

자동사고는 흔히 대상자가 과거에 겪은 부정적인 경험과 관련이 있기 때문에 쉽게 떨쳐내기가 어렵다. 하지만 사고의 전개 과정을 면밀히 살펴보면 사고 과정에 따라오는 고유의 왜곡이 존재함을 확인할 수 있다. 예를 들어 이전에 과업 실패나 관계 단절, 따돌림 등을 자주 경험한 대상자는 다음과 같이 생각할 수 있다.

"이번에도 실패한다면, 앞으로 아무도 날 인정하지 않을 거예요."

"이번 한 번은 잘 했지만, 곧 밑천이 드러날 거예요."

"또 애인을 화나게 했어요. 결국은 날 떠나버릴 거예요."

"나한테만 말을 안 거는 걸 보니 날 싫어하는 게 분명해요."

사고의 전개 과정을 살펴보면 과잉 일반화, 긍정적인 경험의 평가절하와 부정적인 경험의 과대평가, 파국화, 극단적인 흑백 논리 등이 결부되어 자동사고가 발생함을 알 수 있다. 이렇게 자동사고와 연결되어 작용하는 왜곡을 탐색하는 것이 연결 단계이다.

Assessment: 스스로의 생각을 평가하여 오류를 확인

평가는 인지치료의 핵심적인 과정이다. 대상자가 자신의 자동사고와 핵심 신념을 평가하고, 스스로 오류를 인식하도록 돕는다. 평가를 객관화하는 데는 다음과 같은 질문이 도움이 될 수 있다.

"그 생각을 입증할 수 있는 구체적인 근거는 무엇인가?"

"그 생각에 반하는 증거는 어떤 것이 있는가?"

"그 생각이 현실이 될 가능성은 얼마나 되는가?"

"그 생각이 사실이 아니라면, 현재의 문제 상황에 대한 다른 설명은 무엇인가?"

"그 생각을 계속 유지하면 어떤 문제가 생길 수 있을까?"

Reconstruction: 부정적인 생각을 대체하는 적응적 생각의 재구성

재구성은 이제까지의 단계에서 확인하고 평가한 내용을 바탕으로, 자신과 세상을 바라보는 다른 생각을 구성하는 것이다. 기존의 정보를 바탕으로 하면서도 왜곡을 거치지 않고 보다 적응적인 방향으로 생각을 전환하는 과정이라 할 수 있다.

예를 들어 다음과 같은 자동사고를 재구성해보자.

"회의에서 부장이 내 의견을 묻지 않았어. 내가 능력이 없기 때문일 거야."

사실 자신이 경험한 사건을 지나치게 일반화하는 것은 대부분의 사람들이 보이는 사고 패턴이다. 문제는 부정적인 신념을 내재화한 사람은 일반화가 항상 부정적이고 극단적인 방향으로 작용한다는 것이다. 따라서 의식적으로 탈일반화를 시도해야 한다.

"그 일은 그 회의, 그 상황이 어땠는지를 보여주는 거야. 시간이 없었을 수도 있고 부장이 이미 혼자 결론을 정해놨을 수도 있어. 그 일이 부장이 내 직무 능력을 어떻게 생각하는지, 실제 내 직무 능력이 어느 정도인지를 보여주는 건 아니야."

염두에 두어야 할 것은 왜곡된 생각을 벗어난다는 것은 무조건 긍정적인 생각을 하는 것이 아니라는 것이다. "모두가 나를 싫어한다"는 생각을 "모두가 나를 좋아한다"로 전환하는 것은 가능하지도 않고 사실도 아니며 인지치료에서 목적하는 바도 아니다. 재구성은 왜곡되거나 일반화되지 않으면서, 가능하면 변화에 대한 동기를 부여하는 방향으로 이루어져야 한다. 예를 들면 다음과 같다. "사람들은 날 좋아할 수도 있고 싫어할 수도 있고 어느 쪽도 아닐 수도 있다. 내가 마음을 열고 다가가면, 반드시는 아니지만 친해질 가능성이 높아진다."

즉 대상자가 아직 확정되지 않은 상황의 불안정성과 가능성을 수용할 수 있는 용기와 역량을 키워주고, 그에 필요한 에너지와 자신감, 중간에서 경험할 수밖에 없는 시행착오를 견딜 힘을 얻을 수 있도록 정서적 안정감과 지지를 함께 제공해야 한다.

Execute: **재구성된 사고에 따른 변화된 행동의 실천**

인지치료의 전제는 인지와 생각이 변화하면 정서와 행동도 따라서 변화한다는 것이다. 역으로 보면, 행동 변화에 이르러야 비로소 생각이 변화했다고 말할 수 있다.

부정적인 자동사고의 문제점은 불확실성이 발생했을 때 당사자가 포기, 회피, 거절, 무기력 등으로 일관하게 만든다는 것이다. 아무것도 시도하지 않거나 부정적인 태도를 보임으로써 상황이 나빠지고, 당사자는 나빠진 상황의 책임을 자신에게 돌리며 자기 비난을 강화하는 자기이행적 예언의 순환이 만들어진다. 반면에 재구성된 사고는 주어진 상황과 단서를 더 현실적으로 파악하여 현재 자신이 처한 조건에서 열려있는 가능성을 인지하게 해준다.

"내가 항상 혼자이기만 했던 것은 아니야. 친구는 나한테 전화도 자주 걸었고, 교회에선 사람들이 말도 걸고 같이 밥 먹자고 권하기도 했잖아. 이들은 나를 생각해주는 사람들이야. 내가 다가가면 내 말에 귀를 기울여줄 수도 있을 거야."

이와 같이 재구성한 사고에 기인하여 현상을 바라보면, 현재 주변에 존재하는 자원을 극대화하거나 관계에서 어떤 노력을 기울여야 할지 알게 되고 그것을 실천함으로써 추가적인 지원과 도움을 받을 수 있게 된다. 행동을 실천하여 긍정적인 결과를 얻으면 변화된 생각에 대한 믿음이 강화되고 또 다른 시도에 대한 동기가 부여된다.

반면 실천을 하지 못하거나 실천이 부정적인 결과로 이어지는 일이 반복되면 쉽게 옛날의 사고로 되돌아갈 수도 있다. 따라서 가정폭력이나 학교폭력, 당사자를 무조건적으로 비난하거나 깎아내리는 직장 상사 등 부정적 사고의 원인이 되었거나 이를 강화하는 외부적 문제 상황이 있다면 이에 대한 해결이 선행될 필요가 있다. 인지 변화와 행동 변화, 주변 상황의 변화가 함께 이루어지는 것이 인지치료가 목표하는 이상적인 결과다.

자살 위험군의 인지 개선을 위한 개입 방안

부정적인 자동사고는 당사자가 어리석거나 비논리적이어서 발생하는 것이 아니며, 당사자가 처한 고통스럽고 불안정한 상황에서 비롯한 결과이다. 또한 우울증 등 정신과적 문제의 증상일 수도 있다.

특히 만성적인 자살생각을 보이거나 자살 시도에 이르는 사람은 사고방식의 문제 이전에 실제적인 위험요인에 노출되어 있을 가능성이 높다. 이 경우 인지치료와 병행하여 근본적인 문제 상황을 개선할 수 있는 지원이 반드시 필요하며, 비전문가나 당사자가 사고 개선을 시도하기보다는 전문가의 진단과 도움을 받는 것이 좋다. 또한 대부분의 경우 인지치료와 약물치료 중 하나만 진행하는 것보다는 두 가지를 병행하는 것이 가장 치료 효과가 높은 것으로 알려져 있다.

하지만 당사자나 주변 사람들이 인지치료적 관점에서 부정적인 사고의 진행 과정을 이해하는 것은 당사자를 수용하고 지지하는 데 많은 도움이 될 수 있다. 특히 당사자의 삶을 잘 알고 있는 가족, 친구, 지인 등은 효과적으로 이러한 과정을 지원할 수 있다. 일본의 정신과 의사 다카하시 요시토모는 주위에 자살을 생각하는 사람이 있을 경우, 당사자가 흑백논리나 파국적 사고 등 인지적 왜곡에서 빠져나올 수 있도록 주변에서 대화를 통해 도움을 줄 것을 권고한다. 특히 당사자가 후회하거나 두려워하는 과거와 미래보다는 '지금, 여기'에 초점을 맞추는 것이 좋다.

자살을 생각하는 사람들이 갖는 대표적인 부정적 신념은 남에게 짐이 된다는 의식, 타인과 의미 있는 연결을 갖지 못한다는 고립감, 그리고 그러한 상황이 변화하지 않고 영속될 거라는 무망감이다. 풀어서 말하자면 다음과 같이 표현할 수 있다.

"난 남에게 도움 되는 일은 아무것도 할 수 없어. 다른 사람에게 짐이 될 뿐이야."

"사람들은 나를 싫어해/신경 쓰지 않아. 난 앞으로도 줄곧 혼자일 거야."

이때 주변에서는 당사자가 지닌 실제적인 역량과 긍정적인 특성, 이제까지 주변에 한 기여, 다른 사람이 당사자에게 품고 있는 긍정적인 생각과 애정 등에 대해 대화를 나누고 이에 근거해서 스스로 사고를 재구성할 수 있도록 도움을 줄 수 있다. 꾸준한 대화 자체도 당사자에게 있어 부정적 신념에 반하는 근거가 될 수 있다.

나의 부정적 인지 개선을 위한 활동

우리가 내면의 부정적인 목소리에 귀를 기울이고 쉽게 극단적인 결론을 내리곤 하는 것은 대개 고통스러운 감정을 회피하고 불안을 덜 느끼기 위해서이다. 하지만 우리가 느끼는 부정적 감정과 고통은 영원히 지속되는 것이 아니다. 좋은 감정과 마찬가지로 나쁜 감정도 시간에 따라 희미해지고 퇴색한다. 자신의 감정을 직시하기 위해서는, 고통스러운 감정이란 어쩔 수 없는 숙명이 아니라 상황에 따라 찾아왔다가 지나가는 일종의 불쾌한 상태임을 이해할 필요가 있다.

자신의 감정을 받아들이고 나면 주어진 상황을 보다 넓은 시야에서 볼 수 있다. 왜곡된 사고에 반대되는 증거들이 보이기 시작하고, 그 생각을 대신할 대안적 생각, 다른 실천의 가능성도 찾아낼 수 있다. 생각과 행동이 변화하면 습관적으로 찾아오던 부정적인 감정도 오히려 줄어들게 된다.

이런 의미에서 인지의 변화를 위해 노력하는 사람들은 자신의 감정 변화를 차분히 관찰하는 데서 출발하라고 권하고 싶다. 몰입되어 있을 때는 영원히 끝나지 않을 것처럼 느껴지는 감정도, 거리를 갖고 지켜보면 시시각각 달라지고, 결국에는 물러간다는 것을 확인할 수 있다.

일기나 메모 형식으로 자신의 감정을 짤막하게 적어 보는 것도 좋은 방법이다. 글로 꺼내놓았다가 나중에 확인해 보면, 그 감정이 벗어날 수 없는 그 무엇이 아니라 왔다가 그치는 세찬 비 같은 것임을 느끼게 된다. 이때 자동사고가 말해주는 '생각한 것', '믿는 것'을 적는 것이 아니라 실제로 일어난 일과 자신이 느낀 감정만을 적는 것이 중요하다. 날짜, 시간을 함께 적고, 가능하면 감정이 지나간 후에 언제 그쳤는지도 적으면 좋다. 이러한 과정이 쌓일수록 자신의 감정을 더 잘 지켜보고 대응할 수 있게 된다.

긍정적인 경험을 적는 일기를 쓰는 것도 추천할 만한 활동이다. 하루 중 경험한 것들 중에 좋았던 일, 고마웠던 일, 자신이 잘한 일 등에 대해 적는 것이다. 일어난 사건을 기술하고 그것이 왜 좋았는지 그리고 그 사건을 통해 느꼈던 감정이 무엇이었는지 적는다. 내가 긍정적인 느낌을 받았다면 아무리 사소한 것이라도 좋다.

자신에 대해 비관적인 사람들은 이런 활동이 무척 어렵게 느껴질 수 있다. 내가 무언가를 잘했다고 생각하는 것 자체가 불편하고, 지금 내 상황은 너무 나쁜데, 이런 것들은 너무 사소해서 아무 변화도 가져올 수 없다고 여겨질지 모른다. 하지만 우리 삶을 이루는 것은 크고 중요한 사건 한두 가지가 아니라 매일 이어지는 수많은 작은 경험들이다. 그 경험들을 나의 삶으로 받아들이고 온전히 기쁨을 느끼는 것만으로도 훨씬 활력을 얻을 수 있다.

하루아침에 변화할 필요는 없다. 생각과 행동은 반복적인 습관을 통해 재구조화된다.

가장 중요한 것은 다른 사람에게 도움을 청하는 것이다. 변화는 어렵고 시간이 많이 걸리는 과정이다. 그 과정을 혼자서 시도하는 것은 효과적이지도 않고 굳이 그럴 필요도 없다. 또한 인지치료는 전문성이 요구되는 과정이므로, 의사 등 전문가의 도움을 받아 진행하는 것이 바람직하다.

03 자살을 생각하는 사람의 위험 징후

자살을 생각하는 사람은 그 의사결정 과정에서 자신의 생각 혹은 의도를 암암리에 드러낸다. 의도적으로 표현하든, 무의식적이거나 부수적으로 표출되든 자살이라는 중대한 의사결정을 내리는 동안 당사자의 언어·행동·정서에 일정한 변화가 나타나는 것이다. 이중에는 주변에 있는 가족이나 친구가 알아챌 수 있는 형태도 있다. 이를 우리는 자살 위험 징후, 혹은 자살 위험 신호(warning sign)라고 한다.

실제로 많은 자살 사망자가 생전에 다양한 방식으로 위험 신호를 보인다. 하지만 주변 유가족 10명 중 8명은 이를 알아차리거나 뚜렷한 대응을 하지 못했다. 죽음에 대한 잦은 언급, 반복적인 자해 시도 등이 있었음에도 주변이 이를 자살과 연관하여 인식하지 못한 일도 많았다. 심지어 직접적인 언어로 자살생각과 자살 의지를 반복해서 표현했음에도 습관적인 말버릇이나 일시적인 기분으로 여기고 대수롭지 않게 넘겨버린 경우도 자주 나타났다.

자살 사망자와 나눴던 대화, 주변 상황 등을 찬찬히 따져 자살의 신호를 파악할 수 있다면 분명 자살을 미연에 방지할 기회가 있을 것이다. 따라서 자살과 관련된 이상 징후나 위험 신호를 알아두고 이를 기민하게 알아차릴 수 있도록 해야 한다.

언어로 나타나는 자살 위험 징후

죽음과 자살 언급 | 자살을 생각하는 사람은 실제 자살과 관련된 단어들, 이를테면 살인, 죽음, 사망, 사후세계, 해방, 연예인의 자살과 죽음 등을 자주 언급한다. 이는 지나가는 말로 나타날 수도 있고 진지하게 언급될 수도 있다. 어느 쪽이든, 자살 완료에 이른 사람은 그렇지 않은 사람보다 5배 이상 높은 자살 관련 단어 사용을 보인다. 사후세계에 대한 궁금증, 자살한 사람들에 대한 이야기, 자살한 사람들의 아픔에 대한 공감, 그런 선택에 대한 암묵적 동의와 공감을 은연중에 가까운 사람에게 노출한다.

"내가 오래 살 수 있을까? 하루하루 죽음에 다가가는 거 같아."

신체적, 정신적 고통에 관한 언급 | 자살생각은 대체로 견디기 어려운 신체적·정신적 고통에서 기인하는 바가 있으며 자살 의사결정이 진행되는 과정에서 당사자들은 이를 주위에 토로하게 된다. 따라서 고통, 아픔과 관련된 표현이 늘어난다. 내적으로는 정신적 고통과 신체적 고통을 더 이상 견딜 수 없다는 결론에 이르고 있으며, 이와 연관되어 자기비하와 미래에 대한 비관이 함께 나타난다.

"머리가 아프다. 더 이상 견딜 수가 없다."
"잠을 잘 수가 없어 괴롭다. 약을 더 이상 먹고 싶지 않다."
"무기력이라는 세 글자가 어울릴지 모르겠다. 더 이상 너를 돌볼 수 없구나. 이제 난 짐이 될 뿐이야."
"너무 힘들어. 차라리……."

자살 수단에 관한 언급 | 자살생각이 진전될수록 자살에 대한 언급은 구체적인 형태를 띄게 된다. 막연하게 자살 이야기를 꺼내는 데서 한 발 더 나아가 주변 사람들에게 현실에서 실행 가능한 자살 방식에 대해 언급하거나 질문한다. 지나치듯 물어보기도 하고 동의를 구하듯 하거나, 은연중에 자살을 도와줄 수 있는지 타진하기도 한다. 목매기, 끈, 바다, 강, 산, 나무, 철도, 약물 복용, 투신 등이 언급된다.

고마움과 미안함에 관한 언급과 애정의 표현 | 남겨지게 될 가족이나 친구에게 미안하다. 고맙다, 사랑한다 등 우호적인 감정을 표현한다. 이러한 표현은 모친에게 하는 경우가 가장 많지만, 연락 없이 지내던 친구나 이혼한 부인에게 갑작스레 연락하기도 한다. 막연하게 감정을 전하거나 잘못에 대해 용서를 구하기도 하고, 남겨진 사람들이 살아갈 삶을 걱정하거나 조언의 말을 하기도 한다. 달관한 듯한 태도로 "주변 사람들과 잘 지내라". "열심히 공부해라", "잘 살아라" 등의 말을 남긴다.
"여보, 미안해. 내가 참 바보였어. 당신 옆에 있어주지 못해 미안해."

"가족이 정말 보고 싶다. 엄마, 보고 싶어요."

"미안해. 다 내 잘못이야. 고생시켜서 미안하다."

"친구야, 그동안 항상 고마웠어."

"그동안 어떻게 지냈어? 잘해주지 못해서 미안했어. 잘 지내고."

최근에는 자살생각을 표현할 때 직접적인 대화나 전화 통화보다는 문자메시지, 카톡 등을 사용하는 경우가 많아졌다. SNS에서 우회적인 방식으로 자살생각을 드러내기도 한다. SNS 프로필, 상태 메시지, 사진 등을 변경하거나 SNS에 글을 올린다. 천국과 하늘에 관련된 문구나 사진, 비둘기 사진 등 평소 사용하던 것과 다른 분위기의 이미지, 문구를 올리거나, "파도처럼 밀려왔다 간다" 등의 죽음에 대한 비유적 표현, 죽음을 다룬 시나 소설을 인용한 표현을 사용하기도 한다. 평소 글을 자주 쓰는 사람은 자살의 의사결정 과정에서 상대적으로 많은 관련 내용을 노출한다. 하지만 이것이 개인 노트나 일기장 등에 표현될 경우에는 주변에서 포착하기 어렵다.

감정과 행동으로 나타나는 자살 위험 징후

언어 표현은 사람에 따라 없거나 모호할 수도 있지만, 감정과 행동은 변화가 더 크고 눈에 띄게 나타난다. 따라서 이러한 변화에 주의를 기울이는 것이 도움이 된다.

감정 조절의 어려움 | 우울, 분노, 충동성, 슬픔 등을 조절하지 못한다.

폭력적으로 행동하거나 충동성, 무모함 등을 드러내기도 한다. 가족, 지인과 갈등이 많아지거나 혼자서 우는 모습을 보이기도 한다.

신변 정리 | 개인적인 물품이나 재산, 귀중품 등 주변을 정리하는 행동을 한다. 보험을 해약하고 부채를 청산하는 등 금전적인 문제들을 해결하고, 평소 아끼고 소중하게 생각했던 물건, 의미 있는 기념품 등을 처분하거나 남에게 준다. 한 여성은 죽은 남편의 유품이었던 반지를 자살 전에 자식에게 넘겨주었다.
개인 휴대폰에 있던 전화번호나 사진, 메모 등을 모두 삭제한다. 사진 앨범을 없애거나 평소 자주 사용하던 컴퓨터 하드를 포맷하는 등 자신의 흔적을 지우려는 시도를 한다. 글을 많이 쓰던 사람은 그동안 쓴 글을 없애버리기도 한다. 자살 전날 일기장을 태우거나, SNS의 게시물을 삭제하거나 계정 자체를 없애버린 사례 등이 있다.

관계 단절 | 행사나 모임 등 사교활동을 꺼리기 시작하고, 심해지면 친밀하게 지내던 가족, 친구들로부터도 스스로를 단절시킨다. 통화가 되지 않는 등 연락 두절이 빈번해진다.

일상의 부적응 | 식욕 저하, 불면증 혹은 과수면, 쾌감 상실, 집중력 저하, 무기력 등 일상생활 유지에 어려움을 겪거나, 일상을 유지하는 데 무관심한 태도를 보인다. 말수가 줄고 몸가짐을 정리하지 않으며, 하루 종일 멍하게 있거나 텔레비전을 틀어 놓고 아무것도 하지 않고 있

기도 한다. 혼자 있는 시간이 많아지고, 알코올 남용을 보이는 경우도 있다. 예약된 정신과 상담을 취소하거나 약물 복용을 그만두는 등 문제 상황을 개선하려는 노력을 보이지 않거나 포기한다.

호의와 애정의 표현 | 사람에 따라서는 남겨진 사람에 대한 감정 표현을 말이 아닌 행동으로 한다. 대화가 없었던 상대나 불화가 있었던 상대와 관계 개선을 시도하고, 자식, 부모, 친구 등에게 많지 않은 소지금을 털어 용돈을 주거나 선물을 하기도 한다. 몸이 불편했던 한 남성은 자살 직전에 부인을 위해 이불 빨래를 했다. 호의와 베품의 대상이 자기 자신인 경우도 있다. 어렵게 살던 한 여성은 자살 직전에 에어컨을 주문했다.

자살행동, 자살의 계획과 준비 | 약물 남용, 리스트컷 등 자기 위해 행동을 보이거나 자살에 대한 계획을 세우기 시작한다. 인터넷 검색 등을 통해 자살 수단이나 장소를 탐색하고 가족이 집에 없는 시간을 파악하려 한다. 의욕, 기력 등이 현저히 낮거나 몸이 불편한 사람은 주로 주거지에서 음독을 하거나 목을 매기 때문에 더 자주 주의를 기울일 필요가 있다.
유서를 남기는 경우 상당수가 유서 작성 당일 혹은 하루이틀 이내에 자살을 실행한다. 따라서 자살이 의심되는 사람이 평소 쓰지 않던 손편지 등을 신중하게 작성하거나 한다면 특히 경각심을 가질 필요가 있다.

자살 위험 징후에 대한 대처

가족이나 주변 사람의 자살 위험 징후를 발견하였다면 다른 가족, 교사, 동료 등과 위기 상황을 적극적으로 공유하고 해결 방안 마련을 위해 노력할 필요가 있다. 가급적 빨리 전문가의 도움을 받아야 하며, 가까운 정신보건센터 등 국가가 운영하는 전문 기관의 도움을 받을 수 있다.

> 자살 문제에 도움을 받을 수 있는 기관
>
> 중앙자살예방센터: 02-2203-0053
>
> 자살예방 핫라인: 1577-0199
>
> 중앙심리부검센터: 02-555-1095
>
> 희망의 전화: 129

04 생명을 살리는 게이트키퍼 교육

자살 사망자가 발생하면 주변 사람들은 깊은 슬픔과 함께 그에 못지않은 안타까움을 느낀다. 많은 이들이 "미리 알았다면 어떻게든 도왔을 것"이라며 후회를 표하거나, 어째서 도움을 구하지 않았는가 라고 자살 사망자에게 원망 섞인 회한을 품기도 한다.

더욱 안타까운 것은 자살 사망자의 우회적인, 심지어 직접적인 구조 요청을 인지하지 못하고 흘려보내는 일도 생긴다는 것이다. 자살을 생각하는 사람들이 이미 도움을 청하기 어려운 심리 상태에 빠져 있는 경우도 많다. 따라서, 자살에 대한 일반의 이해를 넓힘으로써 우리 주변에 있을 수 있는 자살 위험군에 대해 안전망을 펼칠 필요가 있다.

이러한 필요성에서 등장한 것이 게이트키퍼 교육이다. 게이트키퍼(gatekeeper)는 문지기란 뜻으로, 자살을 막는 행동을 자살이라는 문 앞을 가로막는 수문장 역할에 비유한 표현이다. 게이트키퍼는 특정한 직업이나 자격을 말하는 것이 아니다. 주변 사람들의 자살을 감지하고 예방할 수 있는 모든 사람이 게이트키퍼이다. 미국 보건국이 제시한 자살예방에 대한 국가전략(2001)에 따르면 게이트키퍼는 "누군가가 자살을 생각하고 있을 때 그 위기와 위험 신호를 인식할 수 있는 위치에 있는 사람"이다. 다시 말해 가족, 친구, 이웃, 교사, 성직자, 의사, 간호사, 직장 상사, 군인, 경찰관, 소방관 등, 자살 위험에 처한 사람을 인식하고 전문가에게 도움을 의뢰할 수 있는 위치에 있는 모두가 게이트키퍼인 것이다.

따라서 게이트키퍼 교육은 게이트키퍼를 양성하는 교육이라기보다, 이미 누군가의 게이트키퍼인 우리들이 그 역할을 더 잘할 수 있도록 역량을 증진하는 교육이라고 할 수 있다.

QPR

국내에서 가장 활발히 진행되고 있는 게이트키퍼 교육은 미국 워싱턴대학교의 폴 퀸넷이 1995년에 개발한 QPR이다.[5] QPR은 질문

---

5 Quinnett, 2007

(question), 설득(persuade), 의뢰(refer)의 머리 글자를 따와 만든 단어로, 자살 위험성을 탐색하고 개입하는 단계를 나타내고 있다.

QPR은 게이트키퍼들이 주변 사람들의 자살과 관련된 위험신호나 행동을 조기에 인지하고 조치를 취할 수 있는 방법을 안내한다. 특히 현재 자기 위해 행동을 하고 있거나 과거에 자살을 시도했던 사람의 가족이나 지인들에게 효과적인 개입 방침을 제공한다.

QPR의 중심은 게이트키퍼와 대상자의 직접적인 의사소통에 있다. 자살 의심을 보여주는 상황적 단서를 인식하면, 게이트키퍼는 자살이나 자살생각에 대해 직접적으로 질문함으로써 대상자와 의사소통을 시작한다. 대화를 통해 대상자가 스스로의 힘으로 자살생각에서 벗어날 수 있도록 돕고, 생명을 구하도록 설득한다. 그런 다음 더 전문적인 상담과 치료를 받을 수 있는 곳에 의뢰하거나 연계함으로써 지속적인 관리를 받을 수 있도록 한다.

QPR연구소는 미국과 다른 나라에서 4명 중 한 명에게 게이트키퍼 훈련을 제공하는 것을 목표로 한다. 특히 가정이 게이트키핑의 중심이 되어야 한다고 본다. 자살 위험 징후는 일상생활에서 가장 많이 드러나며, 이를 가장 잘 인식하고 반응할 수 있는 사람은 흔히 가족이기 때문이다. 가정은 위기에 대한 감지와 개입이 일어나기 가장 쉬운 곳이라고 할 수 있다. 이런 관점에서 QPR연구소는 적어도 한 가족당 한 사람이 QPR 교육을 받아야 한다고 제안하고 있다.

국내에도 QPR 자살예방 연구소가 있어 관련 교육을 직접 받을 수 있다. 이 연구소에서는 QPR 자살예방 프로그램을 기본 과정, 전문가 과정, 지도자 과정으로 나누어 제공하고 있으며 자살 위험성 평가 및 관리 과정도 포함하고 있다.

교육 신청: QPR 자살예방 연구소 sun8130@korea.ac.kr

ASIST

실용적 자살중재능력 훈련(ASIST; Applied Suicide Intervention Skills Training)과 SafeTALK는 캐나다 리빙웍스 교육사(LivingWorks Education Inc.)에서 제공하고 있는 자살예방 게이트키퍼 교육이다.[6] 이 단체는 1983년 캐나다 캘거리에서 자살개입 워크샵이라는 이름으로 교육 프로그램을 진행하기 시작했고, 이후 꾸준한 발전을 거쳐 지금에 이르고 있다. 이 훈련에서는 게이트키퍼들이 자살 위험 징후를 보이는 사람에게 다가가서, 이들을 적극적으로 수용하고, 도움을 줄 수 있는 기술 등에 대해 집중적으로 다룬다.

다른 게이트키퍼 교육과의 차별점은 일종의 자살 개입 모형을 포함하고 있어 굳이 정신건강 전문가나 기관에게 의뢰하거나 위탁할 필요가 없다는 점이다. 이는 꼭 전문가에게 의뢰를 하는 것이 최선의 대책이 아니라는 생각에서 출발한다. 주변 사람과의 실제적인 공감, 신뢰에 기반한 상호작용이 자살 시도자에게 믿음과 안정감을 불러일으켜 향후 안전을 확보할 수 있다는 것이다. 게이트키핑 분야의 초기 연구자 존 스나이더는 "자살을 시도하는 사람들 대부분은 도움을 받

6 Rodgers, 2010

을 수 있는 지역사회 통로가 붕괴되어 있는 상태이다. 그러므로 또 다른 인위적인 통로로 대체하려고 시도하기보다는 자신이 도움을 받을 수 있는 통로로 돌아가야 한다"[7]고 말했는데, ASIST는 이 견해에 기반을 두고 있다.

리빙웍스 교육사는 14시간의 게이트키퍼 훈련 워크숍인 ASIST 뿐 아니라 보다 축약된 교육인 SafeTALK도 함께 제공하는 등 교육 지역, 인원, 대상자와 시간에 따라 다양한 프로그램을 제공하고 있다. 타 게이트키퍼 교육에 비해 구체적이면서 구조화된 전문가 안내 지침을 가지고 있어 위기개입 전문가에게 실질적인 지침을 제공할 수 있다는 점이 강점이다.

국내에서는 2011년 5월 한국자살예방협회에서 전문 강사들을 초청하여 ASIST를 실시한 바 있으며 이때 양성된 국내 강사들이 ASIST를 지속해서 이어가고 있다. 현재 위 두 가지 프로그램은 한국자살예방협회에서 교육받을 수 있다. 자살 위험이 있는 사람을 어떻게 이해하고 어떻게 접근하여 도울 것인지를 교육하며, 자살 위험자의 현재와 미래 위험성, 자원 욕구 등에 근거하여 다양한 선택을 제공할 수 있도록 세이프플랜(safeplan) 교육을 실시하고 있다. 교육에 소요되는 기간은 2일 14시간이다.

교육 신청: 한국자살예방협회 kasp2005@hanmail.net

---

7 Snyder, 1971

05 자살예방을 위해 요구되는 사회적 인식 변화

자살은 아직도 한국사회에서 금기어이다. 많은 사람들이 자살에 대해 말하는 것은 물론 생각하기조차 꺼려하고, 그렇다보니 자살에 대한 현실적인 위험성 감지나 예방 조치가 취해지기 어렵다. 자살생각에 고통받고 있는 사람 역시 "자살하고 싶다"는 말을 꺼내는 순간 도움받기보다는 비난받기 십상이며, 이러한 분위기에서는 이들이 도움을 요청하기가 더욱 어려워진다.

실제 자살이 일어나도 사람들의 태도는 마찬가지다. 쉬쉬하며 언급을 피하거나, 자살 사망자나 그 유가족을 은근히 비난하고 기피하는 태도를 보인다. 이러한 사회적 편견 때문에 한국에서는 자살 사망자 유가족의 반 이상이 고인의 사인을 알리지 못하고 다른 사유를 들어 죽음을 설명하곤 한다. 자살을 허물이나 집안 망신으로 여기는 경우도 많다.

이러한 상황은 자살 생존자들이 사망자를 충분히 애도하고 슬픔을 치유하기 어렵게 만들 뿐 아니라 더 깊은 죄책감, 자살 사망자 못지 않은 우울과 고립을 경험하게 한다. 대부분의 자살 생존자가 가족의 자살 사건 이후 우울, 불안, 초조, 공포, 불면증을 경험한다. 또한 가까운 사람, 친인척, 지인, 직장 동료 등과의 관계를 회피하거나 점차 단절하는 경향을 보이고 있다. 특히 심각한 점은 많은 수가 알코올 문제를 보인다는 것이다. 이는 결국 자살 생존자의 자살률마저 높이는 결과가 된다.

자살을 방지하고, 유가족의 2차 피해를 막고 회복을 돕기 위해서는 한국사회에 흐르는 자살에 대한 낙인과 오해를 해소하는 것이 급선무이다. 자살은 특수한 사람들만의 문제가 아니며, 누구나 자살 위험을 경험할 수 있고 또 누구나 이를 극복할 수 있다는 것을 더 많은 사람들이 이해하고 공유해야 한다.

자살에 대한 인식 변화와 더불어, 각종 자살 위험요인에 대한 인식 변화도 필수적이다. 대표적인 것이 가정폭력과 알코올 사용 장애 문제이다.

아직도 가정폭력을 "남의 집안 문제", "자식 교육", "마누라 교육" 등으로 칭하며 무관심으로 일관하는 인식이 우리 사회 곳곳에 남아 있다. 잘못된 음주 문화와 맞물려 알코올 사용 장애를 용인하거나, 심지어 그에 뒤따르는 폭력을 용인하는 문화도 큰 폐해로 지적되고 있다.

많은 심리부검 결과가 보여주는 것은 아동·청소년 기간에 가정폭력, 방임, 학대 등을 경험하여 안정감과 애착을 형성하지 못한 경우 생애에 걸쳐 자살 위험성을 보인다는 것이다. 알코올 사용 장애와 가정폭력이 함께 나타나는 경우 피해자의 자살 위험성은 더욱 높아진다. 특히 성인이 된 후에 배우자 등으로부터 다시 폭력을 경험하게 될 경우 위험성이 크게 증가했다.

가정폭력은 가정 구성원뿐 아니라 사회 전체에 해를 끼치는 범죄이며, 발견되는 즉시 주변과 법 집행기관에서 적극적으로 개입하여 재발을 막아야 한다. 특히 상습적 가정폭력에 대해서는 피해자가 처벌을 원치 않더라도 강제에 준하는 공권력 집행이 필요하다.

정신질환에 대한 이해 역시 시급하다. 한국사회에서 자살 못지않게 터부시되는 단어가 정신질환이다. 우울증, 조현병, 양극성장애 등 여러 정신질환은 자살에 커다란 위험요인으로 작용하며, 진단과 치료, 주변의 지지가 반드시 필요하다.

하지만 정신질환으로 인해 치료를 받거나 약을 먹고 있다고 하면 주변에서 바라보는 시선은 그렇게 달갑지가 않다. 증세가 심하면 그만큼 더 많은 지원이 필요하지만, 현실에서는 병이 심할수록 편견과 혐오도 따라서 강해진다. 당사자나 가족들이 "정신병자 취급을 받느니 그냥 이대로 죽는 편이 낫겠다"고 하소연할 정도다. 이러한 사회적 편견과 금기시는 결국 당사자나 가족들이 문제를 부인하거나 적극적 치료를 주저하게끔 하고 환자를 높은 자살 위험성 속에 방치하는 결과를 낳는다.

우울증이 중요한 사회 문제로 대두되면서 부분적으로 인식 개선이 이루어지고 있기는 하나, 아직은 더 변화가 필요하다. 대중이 각종 정신질환에 대한 막연한 혐오나 두려움에서 벗어나 올바른 인식과 이해를 가질 수 있도록 교육과 정보 제공이 요구된다.

또한 정신질환으로 어려움을 겪는 사람들과 그 가족이 더 쉽게 도움을 받을 수 있도록 국가 차원의 체계 구축이 필요하다. 특히 중요한 자살 위험요인이면서 많은 사람들이 경험하고 있는 우울증에 대해서는 당사자, 가족이 주저하거나 어려워하지 않고 도움을 받을 수 있도록 원스톱 체계 구축이 필요한 시점이다. 주거지에서 가까운 곳에 즉각적 개입이 가능한 기관, 필요할 경우 쉽게 약물을 처방받을 수 있는 정신과 등을 일목요연하게 알려주는 로드맵이 있어야 한다. 가까운 시군 주민센터에서부터 주민을 대상으로 필요한 교육과 정보를 제공할 필요가 있다.

'왜'라는 끝없는 의문에 답을 찾아

심리부검의 선구자 슈나이드먼은 저서《자살하는 마음》[1]에서, 자살의 촉매제는 바로 "현재 내가 경험하는 심리적 고통"이라고 했다. 자살은 결국 "끊임없는 내적 대화의 최종 산물"이라고 설명하기도 했다.

자살을 생각하는 사람은 지속적인 고통을 겪는 과정에서 현재 자신이 처한 상황이 미래에도 좋아지지 않을 것이라는 비관적 신념을 갖게 된다. 고통에서 벗어나려는 노력들이 수포로 돌아가고, 맞닥뜨린 문제를 숙명처럼 여기게 되면서 내면에서 이루어지는 대화는 점점 '이것 아니면 저것'이라는 극단적인 형태가 되어간다. 마지막에는 이제 남은 방법은 스스로 죽는 것뿐이라는 결론에 이르고 만다.

건강한 사람의 관점에서는 그러한 결론이 터무니없어 보일 수도 있다. 하지만 고통과 좌절에 익숙해진 사람들에게는 자신 앞에 놓인

---

1 Shneidman, (1998).《The suicidal mind》. Oxford University Press.

다양한 선택지가 보이지 않는다. 자살이 해결책으로 보일 만큼 고통에 상시적으로 맞닿아있는 것이다. 그 심리를 이해하고, 그들이 스스로 다른 해결책을 찾아내고 선택할 수 있도록 돕는 것이 자살을 막는 방법이 될 것이다.

슈나이드먼, 리트먼, 파베로를 비롯한 많은 자살학자들은 지금껏 심리부검이라는 방법을 통해 죽은 사람의 의도와 동기를 심리학적으로 재구성하려고 노력해왔다. 모두가 자살을 쉬쉬하고 자살 사망자들이 어딘가 잘못된 사람 취급을 받던 시절, 그들은 누구나 경험하는 마음의 고통이 자살의 주요한 원인임을 밝혔다. 또한 자살 충동은 태어나면서 만들어지는 것이 아니라 삶의 과정 속에서 다양한 요인들이 겹쳐 만들어지는 것임을 보여주었다. 나 또한 마찬가지이다. 수많은 사례를 두고 "왜 자살을 했을까"라는 물음을 반복하는 과정에서 우리는 자살과 죽음의 실체에 한 발짝씩 다가서 왔으며, 죽음의 이유를 이해함으로써 나아가 자살하지 않도록 할 수 있는 방법, 즉 자살예방 방법을 탐색해왔다. 역설적이게도 죽음에 대한 질문을 통해 우리는 인간의 삶의 의미 그리고 생명의 무거움에 대한 현실적인 이해를 얻게 된다.

남겨진 생존자들 역시 이해의 과정을 통해서 혼란과 비탄을 가라앉히고 상실을 수용할 수 있다.《너의 그림자를 읽다》[2]의 저자 질 비알로스키는 자살로 사망한 동생을 이해하기 위해 슈나이드먼에게 편지를 쓴다. 편지에서 그는 이렇게 말한다.

---

2 질 비알로스키. (2011).《너의 그림자를 읽다: 어느 자살생존자의 고백》(김명진 옮김). 북폴리오.

"자살이란 진공 상태에서 일어나는 것이 아니라는 사실입니다. 저 개인과 가족의 역사를 기록하고 자살의 전신적 고통을 묘사하고자 합니다. 하지만 무엇보다 원하는 것은 자살을 제대로 이해하는 것입니다."

나와 함께 심리부검을 진행해준 유가족들 역시 이런 이야기를 내게 남겼다.

"내 감정 상태를 정확하게 자각할 수 있게 됐어요."

"조금씩이지만 마음에 평안이 찾아오고 있는 걸 느낄 수 있어요."

"고인을 떠나보내고 남아있는 가족과 동료가 있는 곳으로 돌아갈 수 있을 것 같아요."

"여전히 그 사람을 그리워하지만, 이제 '대체 왜 그랬을까'라는 생각에서 벗어나서 지금의 삶에 관심을 돌리게 되었어요."

우리는 자살을 이해하면 이해할수록 자살에 대한 오해와 편견, 그것이 끼치는 부정적인 영향에서 벗어날 수 있다. 그리고 이를 위해 필요한 것은 사망자의 삶과 죽음을 솔직히 직면할 수 있는 용기다. 한국에는 고인에 대해서는 덕담만 하고 나쁜 것은 입에도 담지 말라는 말이 있지만, 그 또한 어떤 의미에서는 죽음을 혹은 삶을 회피하는 태도이다. 심리부검 면담에서 사망자의 좋은 점만 미사여구로 늘어놓아 봐야 아무런 소용이 없다. 감추고 싶었던 비밀과 아픔, 유가족과 사회가 대면하기 두려워하는 사실을 있는 그대로 직시할 때 우리는 비로소 사망자를 제대로 이해하고, 생존자와 우리 이웃을 도울 기회를 가질 수 있다.

어쩌면 자살의 완전한 이유를 찾으려는 시도는 우리의 교만일 수 있다. 미국의 정신과 의사 에이버리 와이즈맨은 "우리는 죽음의 원인 같은 것을 찾는 것이 아니다. 우리는 그가 무엇과 함께 죽었는지를 찾는 것이지, 무엇으로 인해 죽었는지를 찾지 않는다"고 말한다. 나 또한 이 말에 깊이 공감하며 심리부검의 시작과 끝이 여기에 기반을 두어야 한다고 생각한다.

슈나이드먼이 말했듯, 망자가 이 세상에 남기고 간 심리적 유해는 결국 생존자의 마음의 벽장 속에 있다. 그 문을 두드리고 생존자와 함께 맞는 열쇠를 찾는 것은 마음 아프고 지난한 과정이다. 그래도 그 길을 나아가게 하고 방향을 인도하는 것은 바로 자살 사망자, 생존자, 그리고 자살 위험을 겪고 있는 사람들의 고통을 이해하고 공감하며 나아가 돕고자 하는 마음이다. 그들의 극심한 아픔을 조금이라도 더 이해하기 위해 시간과 노력을 아끼지 않는 공감자의 자세가 필요하다. 그때에 비로소 우리는 자살이라는 무거운 행위에 담긴 의미를 올바로 이해할 수 있을 것이다.

2018년 가을

서종한

자신의 이야기를 들려주고 싶은 분의 연락을 기다립니다.
언제나 불을 켜두고 있겠습니다.

서종한 profilerisaac@gmail.com

1장

1. Shneidman, E. S. (1977). Suicide, lethality, and the psychological autopsy. International psychiatry clinics, 6.2(1969), 225-250.
2. Henry, M., & Greenfield, B. J. (2009). Therapeutic effects of psychological autopsies: The impact of investigating suicides on interviewees. Crisis, 30(1), 20-24.
3. Berman, A. L. (2005). Forensic Psychiatry and Forensic Psychology. Psychological Autopsy; 서종한, 이창환, 김경일, & 김성혜. (2012). 한국 자살사망자 특징. 한국심리학회지: 일반, 31(2), 323-344.
4. 문국진. (1991). 자살의 증명과 심리부검. 대한법의학회지, 15(1), 1-13.
5. Berman, A. L. (2012). 2014 미국 자살예방협회 심리부검 자격과정 실습 사례를 요약하여 기술하였다.
6. 고법판결, 2013 서울고법 행정 9부 부장판사 박형남. 이에 대한 1심 판결은 서울행정법원 2012.7.20. 선고 2011구합3272 판결 내용을 참고
7. Snider, J. E., Hane, S., & Berman, A. L. (2006). Standardizing the psychological autopsy: addressing the Daubert standard. Suicide and Life-Threatening Behavior, 36(5), 511-518.
10. Hanus, M. (2001). La résilience à quel prix? Survivre & rebondirplain [What is the price of resiliency? Surviving and recovering]. Paris: Éditions Maloine.
11. Hawton, K., Appleby, L., Platt, S., Foster, T., Cooper, J., Malmberg, A. et al. (1998). The psychological autopsy approach to studying suicide: A review of methodological issues. Journal of Affective Disorders, 50, 269 – 276.
12. 서종한. (2015). 심리부검: 나는 자살한 것을 후회한다. 학고재.
13. Knox, K. L., Pflanz, S., Talcott, G. W., Campise, R. L., Lavigne, J. E., Bajorska, A., ... & Caine, E. D. (2010). The US Air Force suicide prevention program: implications for public health policy. American journal of public health, 100(12), 2457-2463.
15. Clark, D. C., & Horton-Deutsch, S. L. (1992). Assessment in absentia: The value of the psychological autopsy method for studying antecedents of suicide and predicting future suicides.
16. Robins, E., Murphy, G. E., Wilkinson Jr, R. H., Gassner, S., & Kayes, J. (1959). Some clinical considerations in the prevention of suicide based on a study of 134 successful suicides. American Journal of Public Health and the Nations Health, 49(7), 888-899; Dorpat, T. L., & Ripley, H. S. (1960). A study of suicide in the Seattle area. Comprehensive psychiatry; Barraclough, B. M., Bunch, J., Nelson, B.,

& Sainsbury, P. (1974). A hundred cases of suicide: clinical aspects. The British Journal of Psychiatry, 125(587), 355-373.
17. Bulletin of Suicidology, 1970, No. 7 – Fall, pp. 27-33; National Institute of Mental Health.

2장

1. Joiner, T. E. (2005). Why people die by suicide. Harvard University Press.
2. Shneidman, E. S. (1969). Suicide, lethality, and the psychological autopsy. International psychiatry clinics, 6(2), 225-250.
3. Adams, R. (1989). Watership down. Organizational Behavior Teaching Review, 13(3), 142-145.
4. Klonsky, E. D., Muehlenkamp, J., Lewis, S. P., & Walsh, B. (2011). Nonsuicidal self-injury (Vol. 22). Hogrefe Publishing.
5. 서종한, 조병철, 이가애, 김경일. (2017). 생태순간평가 일기법 기반 자살패턴분석. 한국자료분석학회지. 19(3)., 1535-1556; Nock, M. K. (2009). Why do people hurt themselves? New insights into the nature and functions of self-injury. Current directions in psychological science, 18(2), 78-83; Nock, M. K., & Prinstein, M. J. (2004). A functional approach to the assessment of self-mutilative behavior. Journal of consulting and clinical psychology, 72(5), 885; Nock, M. K., & Prinstein, M. J. (2005). Contextual features and behavioral functions of self-mutilation among adolescents. Journal of abnormal psychology, 114(1), 140.
6. Heilbron, N., Compton, J. S., Daniel, S. S., & Goldston, D. B. (2010). The problematic label of suicide gesture: Alternatives for clinical research and practice. Professional Psychology: Research and Practice, 41(3), 221.
7. Owens, D., Horrocks, J., & House, A. (2002). Fatal and non-fatal repetition of self-harm: systematic review. The British Journal of Psychiatry, 181(3), 193-199.
8. Beautrais, A. L. (2004). Further suicidal behavior among medically serious suicide attempters. Suicide and life-threatening behavior, 34(1), 1-11.
9. Rudd, M. D., Berman, A. L., Joiner Jr, T. E., Nock, M. K., Silverman, M. M., Mandrusiak, M., ... & Witte, T. (2006). Warning signs for suicide: Theory, research, and clinical applications. Suicide and Life-Threatening Behavior, 36(3), 255-262.
10. Busch, K. A., Fawcett, J., & Jacobs, D. G. (2003). Clinical correlates of inpatient suicide. The Journal of clinical psychiatry.
11. Nock, M. K., Park, J. M., Finn, C. T., Deliberto, T. L., Dour, H. J., & Banaji, M. R. (2010). Measuring the suicidal mind: Implicit cognition predicts suicidal behavior. Psychological science, 21(4), 511-517.
12. Ebert, B. W. (1987). Guide to conducting a psychological autopsy. Professional Psychology: Research and Practice, 18(1), 52.
13. Cavanagh, J. T., Carson, A. J., Sharpe, M., & Lawrie, S. M. (2003). Psychological

autopsy studies of suicide: a systematic review. Psychological medicine, 33(3), 395-405.
15. AAS(Associations of American Suicidology). (2014). 심리부검 자격과정 프로그램 매뉴얼.
16. Dumais, A., Lesage, A. D., Alda, M., Rouleau, G., Dumont, M., Chawky, N., ... & Turecki, G. (2005). Risk factors for suicide completion in major depression: a case-control study of impulsive and aggressive behaviors in men. American Journal of Psychiatry, 162(11), 2116-2124.
17. Matza, L. S., Revicki, D. A., Davidson, J. R., & Stewart, J. W. (2003). Depression with atypical features in the National Comorbidity Survey: classification, description, and consequences. Archives of general psychiatry, 60(8), 817-826.
18. Palmer, B. A., Pankratz, V. S., & Bostwick, J. M. (2005). The lifetime risk of suicide in schizophrenia: a reexamination. Archives of general psychiatry, 62(3), 247-253.
19. Darke, S., & Ross, J. (2002). Suicide among heroin users: rates, risk factors and methods. Addiction, 97(11), 1383-1394.
20. McCloskey, M. S., & Berman, M. E. (2003). Alcohol intoxication and self-aggressive behavior. Journal of Abnormal Psychology, 112(2), 306.
21. 최호선, 서중석, 표주연, 박윤희. (2012). 법의부검으로 확인된 자살례에 있어서 음주와의 상관관계에 관한 연구. 한국법의학회지, 36(1), 63-67.
22. Åkerlind, I., & Hörnquist, J. O. (1992). Loneliness and alcohol abuse: A review of evidences of an interplay. Social science & medicine, 34(4), 405-414.
23. American Psychiatric Association. (1994). Diagnostic and statistical manual of mental disorders (DSM-IV).
24. Gunderson, J. G., & Ridolfi, M. E. (2001). Borderline personality disorder. Annals of the New York Academy of Sciences, 932(1), 61-77.
25. American Psychiatric Association. (2013). Diagnostic and statistical manual of mental disorders (DSM-5®). American Psychiatric Pub.
26. Cleckley, H. (1941). The mask of sanity; an attempt to reinterpret the so-called psychopathic personality; Hare, R. D. (2003). The psychopathy checklist - Revised. Toronto, ON.
27. Cerel, J., Moore, M., Brown, M. M., van de Venne, J., & Brown, S. L. (2015). Who leaves suicide notes? A six-year population-based study. Suicide and Life-Threatening Behavior, 45(3), 326-334.
28. Canetto, S. S., & Lester, D. (2002). Love and achievement motives in women's and men's suicide notes. The Journal of psychology, 136(5), 573-576.
29. Foster, T. (2003). Suicide note themes and suicide prevention. The international Journal of Psychiatry in Medicine, 33(4), 323-331.
30. Joiner, T. E. (2005). Why people die by suicide. Harvard University Press.
31. 서종한, 최선희, 방성일, 김경일. (2017). 한국유서와 미국유서 간 비교연구: K-LIWC와 의미추출법(MEM)을 중심으로. 한국자료분석학회지, 19(2), 897-915.

33. Shneidman, E. S., & Farberow, N. L. (Eds.). (1957). Clues to suicide (Vol. 56981). McGraw-Hill Companies.
34. Ioannou, M., & Debowska, A. (2014). Genuine and simulated suicide notes: An analysis of content. Forensic science international, 245, 151-160.
35. Monroe, M. (2010). Fragments: Poems, Intimate Notes, Letters. Farrar, Straus and Giroux.
36. Fernandez-Cabana, M., García-Caballero, A., Alves-Pérez, M. T., García-García, M. J., & Mateos, R. (2013). Suicidal traits in Marilyn Monroe's fragments. Crisis, 34(2), 124-130
37. Pennebaker, J. W., Stone, L. D. (2003). Words of Wisdom: Language Use Over the Life Span. Journal of Personality and Social Psychology, 85(2), 291 – 301

3장

1. Roth, R. (2009). Distinguishing Homicides from Natural Deaths, Accidental Deaths, Suicides, and Feigned Deaths. Boston: The Belknap Press of Harvard University Press.
2. 통계청. (2014). 2013년 사망원인통계 결과(보도자료 전체 참고). 통계청.
3. Schwoebel, R. L. (1999). Explosion aboard the Iowa. Naval Institute Press.
4. Poythress, N., Otto, R. K., Darkes, J., & Starr, L. (1993). APA's expert panel in the Congressional review of the USS Iowa incident. American Psychologist, 48(1), 8.
5. Litman, R. E. (1968). Psychological-psychiatric aspects in certifying modes of death. Journal of forensic sciences, 13(1), 46-54.
6. Shneidman, E. S. (1976). Death: Current perspectives.
7. Rosenberg, M. L., Davidson, L. E., Smith, J. C., Berman, A. L., Buzbee, H., Gantner, G., ... & O'carroll, P. W. (1988). Operational criteria for the determination of suicide. Journal of Forensic Science, 33(6), 1445-1456.
8. Jobes, D. A., Casey, J. O., Berman, A. L., & Wright, D. G. (1991). Empirical criteria for the determination of suicide manner of death. Journal of Forensic Science, 36(1), 244-256.
9. Ebert, B. W. (1987). Guide to conducting a psychological autopsy. Professional Psychology: Research and Practice, 18(1), 52.
10. 윤중진. (2013). 법의학. 고려의학 출판사; 강신몽, 한길로, 하홍일, 최영식, 최병화, 조갑래 외. (2010). 타살의 흔적: 죽음과 의혹에 대한 현직 법의학자들의 현장 리포트. 시공사.
11. Rouse, D. A. (1994). Patterns of stab wounds: a six year study. Medicine, Science and the Law, 34(1), 67-71.
12. Simon, R. I. (2008). Naked suicide. Journal of the American Academy of Psychiatry and the Law Online, 36(2), 240-245.
13. Prahlow, J. A. (1998). Suicide by intrarectal gunshot wound. The American journal of forensic medicine and pathology, 19(4), 356-361.

14. Karger, B., Billeb, E., & Koops, E. (2002). Accidental firearm fatalities. International journal of legal medicine, 116(6), 350-353.
15. Lacks, R. D., Westveer, A. E., Dibble, A., & Clemente, J. (2008). Equivocal death investigation: case study analyses. Victims and Offenders, 3(2-3), 150-164.
16. Hennessee, D. (2004). Gentlemanly Guilt and Masochistic Fantasy in "Great Expectations". Dickens Studies Annual, 301-328.
17. Jenkins, A. (2000). When self-pleasuring becomes self-destruction: autoerotic asphyxiation paraphilia. International Electronic Journal of Health Education, 3(3), 208-216.
18. Hazelwood, R. R., Dietz, P. E., & Burgess, A. W. (1983). Autoerotic fatalities. Lexington, MA: Lexington books.
19. Shaffer, J. W., Perlin, S., Schmidt, C. W., & Himelfarb, M. (1972). Assessment in absentia: New directions in the psychological autopsy. In Johns Hopkins medical journal.
20. Frijns, T., Finkenauer, C., Vermulst, A. A., & Engels, R. C. (2005). Keeping secrets from parents: Longitudinal associations of secrecy in adolescence. Journal of Youth and Adolescence, 34(2), 137-148.
21. Phillips, M. R., Yang, G., Zhang, Y., Wang, L., Ji, H., & Zhou, M. (2002). Risk factors for suicide in China: a national case-control psychological autopsy study. The Lancet, 360(9347), 1728-1736.
22. Biffl, E. (1996). Psychological autopsies: do they belong in the courtroom. Am. J. Crim. L., 24, 123.
23. Ebert, B. W. (1987). Guide to conducting a psychological autopsy. Professional Psychology: Research and Practice, 18(1), 52.
24. Beskow, J., Runeson, B., & Åsgård, U. (1990). Psychological autopsies: methods and ethics. Suicide and Life-Threatening Behavior, 20(4), 307-320.
25. Werlang, B. G., & Botega, N. J. (2003). A semi-structured interview for psychological autopsy in suicide cases. Revista Brasileira de Psiquiatria, 25(4), 212-219.
26. Leach, M. J. (2005). Rapport: A key to treatment success. Complementary therapies in clinical practice, 11(4), 262-265.
27. Clark, D. C., & Horton-Deutsch, S. L. (1992). Assessment in absentia: The value of the psychological autopsy method for studying antecedents of suicide and predicting future suicides; Shneidman, E. S. (1998). The suicidal mind. Oxford University Press, USA.
28. Cohen, L. H., Towbes, L. C., & Flocco, R. (1988). Effects of induced mood on self-reported life events and perceived and received social support. Journal of personality and social psychology, 55(4), 669.
29. Hawton, K., Houston, K., Malmbergand, A., & Simkin, S. (2003). Psychological autopsy interviews in suicide research: The reactions of informants. Archives of suicide research, 7(1), 73-82; Murphy, S. A., Clark Johnson, L., Wu, L., Fan, J. J., &

Lohan, J. (2003). Bereaved parents' outcomes 4 to 60 months after their children's death by accident, suicide, or Homicide: a comparative study demonstrating differences. Death studies, 27(1), 39-61; Dalgleish, T., & Cox, S. G. (2000). Mood and memory. Memory disorders in psychiatric practice, 34-46.

30. Dreessen, L., Hildebrand, M., & Arntz, A. (1998). Patient-informant concordance on the Structured Clinical Interview for DSM-III-R personality disorders (SCID-II). Journal of Personality Disorders, 12(2), 149-161.

31. Segal, D. L., Mincic, M. S., Coolidge, F. L., & O'RILEY, A. L. I. S. A. (2004). Attitudes toward suicide and suicidal risk among younger and older persons. Death studies, 28(7), 671-678.

32. Salthouse, T. A. (2004). What and when of cognitive aging. Current directions in psychological science, 13(4), 140-144.

33. King, N. J., Tonge, B. J., Mullen, P., Myerson, N., Heyne, D., Rollings, S., ... & Ollendick, T. H. (2000). Treating sexually abused children with posttraumatic stress symptoms: A randomized clinical trial. Journal of the American Academy of Child & Adolescent Psychiatry, 39(11), 1347-1355.

34. Tall, K., Kõlves, K., Sisask, M., & Värnik, A. (2008). Do survivors respond differently when alcohol abuse complicates suicide? Findings from the psychological autopsy study in Estonia. Drug and alcohol dependence, 95(1-2), 129-133.

35. Schneider, B., Grebner, K., Schnabel, A., Hampel, H., Georgi, K., & Seidler, A. (2011). Impact of employment status and work-related factors on risk of completed suicide: A case-control psychological autopsy study. Psychiatry research, 190(2-3), 265-270; Tall, K., Kõlves, K., Sisask, M., & Värnik, A. (2008). Do survivors respond differently when alcohol abuse complicates suicide? Findings from the psychological autopsy study in Estonia. Drug and alcohol dependence, 95(1-2), 129-133.

36. Brent, D. A., Perper, J. A., Goldstein, C. E., Kolko, D. J., Allan, M. J., Allman, C. J., & Zelenak, J. P. (1988). Risk factors for adolescent suicide: a comparison of adolescent suicide victims with suicidal inpatients. Archives of General Psychiatry, 45(6), 581-588; Brent, D. A., Oquendo, M., Birmaher, B., Greenhill, L., Kolko, D., Stanley, B., ... & Salazar, J. O. (2002). Familial pathways to early-onset suicide attempt: risk for suicidal behavior in offspring of mood-disordered suicide attempters. Archives of general psychiatry, 59(9), 801-807; Velting, D. M., Shaffer, D., Gould, M. S., Garfinkel, M. R., Fisher, P., & Davies, M. (1998). Parent-victim agreement in adolescent suicide research. Journal of the American Academy of Child & Adolescent Psychiatry, 37(11), 1161-1166; Fisher, S. L., Bucholz, K. K., Reich, W., Fox, L., Kuperman, S., Kramer, J., ... & Bierut, L. J. (2006). Teenagers are right—Parents do not know much: An analysis of adolescent-parent agreement on reports of adolescent substance use, abuse, and dependence. Alcoholism: Clinical and Experimental Research, 30(10), 1699-1710.

37. Beins, B. C. (2017). Research method: A tool for life. Cambridge University Press; 서종한, 이창환, 김경일, & 김성혜. (2012). 한국 자살사망자 특징. 한국심리학회지: 일반, 31(2), 323-344.
38. Kane, R. L., & Kane, R. A. (2000). Assessment in long-term care. Annual Review of Public Health, 21(1), 659-686.
39. Zhang, J., Conwell, Y., Zhou, L., & Jiang, C. (2004). Culture, risk factors and suicide in rural China: a psychological autopsy case control study. Acta Psychiatrica Scandinavica, 110(6), 430-437.
40. Falloon, I. R. H., Mizuno, M., Murakami, M., Roncone, R., Unoka, Z., Harangozo, J., ... & Erickson, D. (2005). Structured assessment of current mental state in clinical practice: an international study of the reliability and validity of the Current Psychiatric State interview, CPS-50. Acta Psychiatrica Scandinavica, 111(1), 44-50.
41. 서종한, 최선희, & 김경일. (2018). 심리부검 기반 자살유형 연구. 보건사회연구, 38(2), 350-393.
42. Kane, R. L. (2004). Promoting psychological wellbeing for older people. Speech presented at the Asia-Pacific Regional Conference on Prevention of Elderly Suicide, Hong Kong.
43. Fremouw, W. J., De Perczel, M., & Ellis, T. E. (1990). Suicide risk: Assessment and response guidelines. Pergamon Press.
44. Shneidman, E. S. (1981). The psychological autopsy. Suicide & Life Threatening Behavion, 11, 325 – 340; Curphey, T. J. (1968, July). The psychological autopsy: The role of the forensic pathologist in the multidisciplinary approach to death. Bulletin of Suicidology. pp. 39 – 45.
45. Douglas, K. S., Hart, S. D., Webster, C. D., Belfrage, H., Guy, L. S., & Wilson, C. M. (2014). Historical-clinical-risk management-20, version 3 (HCR-20V3): development and overview. International Journal of Forensic Mental Health, 13(2), 93-108; Aufderheide, D. H. (2000). Conducting the psychological autopsy in correctional settings. Journal of Correctional Health Care, 7(1), 5-36.
46. Motto, J. A. (1977). Estimation of suicide risk by the use of clinical models. Suicide and Life-Threatening Behavior, 7(4), 236-245.
48. Juhnke, G. A., Granello, P. F., & Lebron-Striker, M. (2007). Is path warm. A suicide assessment mnemonic for counselors.
49. Moskos, M., Olson, L., Halbern, S., Keller, T., & Gray, D. (2005). Utah youth suicide study: psychological autopsy. Suicide and Life-Threatening Behavior, 35(5), 536-546.
50. Nock, M. K., Hwang, I., Sampson, N. A., & Kessler, R. C. (2010). Mental disorders, comorbidity and suicidal behavior: results from the National Comorbidity Survey Replication. Molecular psychiatry, 15(8), 868.
51. Isaac, M., Elias, B., Katz, L. Y., Belik, S. L., Deane, F. P., Enns, M. W., ... & Swampy Cree Suicide Prevention Team (12 members) 8. (2009). Gatekeeper training as a

preventative intervention for suicide: a systematic review. The Canadian Journal of Psychiatry, 54(4), 260-268; 임세원, & 오강섭. (2012). Suicide prevention by education. Journal of the Korean Medical Association, 55(4), 349-355.

4장

1. 서울시. (2018). 2018년도 서울시 인권실태조사(정보 공개본 참고). 서울시
2. 高橋 祥友. (1997). 自殺の心理學. 講談社現代新書.
3. Brent, D. A., Perper, J. A., Moritz, G., Allman, C., Friend, A. M. Y., Roth, C., ... & Baugher, M. (1993). Psychiatric risk factors for adolescent suicide: a case-control study. Journal of the American Academy of Child & Adolescent Psychiatry, 32(3), 521-529; Cavanagh, J. T., Carson, A. J., Sharpe, M., & Lawrie, S. M. (2003). Psychological autopsy studies of suicide: a systematic review. Psychological medicine, 33(3), 395-405; Beautrais, A. L., Joyce, P. R., & Mulder, R. T. (1996). Risk factors for serious suicide attempts among youths aged 13 through 24 years. Journal of the American Academy of Child & Adolescent Psychiatry, 35(9), 1174-1182.
4. 통계청 & 여성가족부. 2018. 2018 청소년 통계. 통계청; 전홍진, 배주미, & 우종민. (2013). 청소년 자살 관련 현황 및 위험요인. Journal of the Korean Medical Association, 56(2), 93-99; 홍세희, 정송, & 노언경. (2016). 청소년의 자살생각과 위험요인에 대한 메타분석. 청소년학연구, 23(5), 153-179.
5. 교육부. (2018). 2017년 1차 학교폭력 실태조사(결과 발표본 참조). 교육부.
6. 통계청. (2017, 2018). 2016, 2017년 한국의 사회동향(보도자료 전체 참조). 통계청.
7. King, L. (2009). Stopping Violence in Schools: A guide for Teachers. United Nations: Educational, Scientific and Cultural Organization; UNESCO. (2011). Stopping violence in schools: A guide for teachers. UNESCO. 자세한 내용은 http://unesdoc.unesco.org/images/0018/001841/184162e.pdf
8. 교육부. (2018). 2017년 1차 학교폭력 실태조사(결과 발표본 참조). 교육부.
9. UNICEF. (2006). United Nations Secretary-General's study on violence against children adapted for children and young people. In United Nations Secretary-General's study on violence against children adapted for children and young people. UNICEF. 자세한 내용은 https://www.unicef.org/violencestudy/pdf/Study%20on%20Violence_Child-friendly.pdf
10. 교육부 (2018). 2017년 1, 2차 학교폭력 실태조사(결과 발표본 참조). 교육부
11. Earnshaw, V. A., Elliott, M. N., Reisner, S. L., Mrug, S., Windle, M., Emery, S. T., ... & Schuster, M. A. (2017). Peer victimization, depressive symptoms, and substance use: a longitudinal analysis. Pediatrics, e20163426.
12. Lelleri, R. (2007). Schoolmates. Transnational research: Final report. Unpublished manuscript Bolognia (Italy).
13. Hillier, L., Turner, A., & Mitchell, A. (2005). writing themselves in again. Australian Research Centre in Sex, Health and Society.

14. Kim, Y. S., Leventhal, B. L., Koh, Y. J., Hubbard, A., & Boyce, W. T. (2006). School bullying and youth violence: causes or consequences of psychopathologic behavior?. Archives of general psychiatry, 63(9), 1035-1041; Kim, Y. S., Koh, Y. J., & Leventhal, B. L. (2004). Prevalence of school bullying in Korean middle school students. Archives of pediatrics & adolescent medicine, 158(8), 737-741; Kim, Y. S., & Leventhal, B. (2008). Bullying and suicide. A review. International journal of adolescent medicine and health, 20(2), 133-154.

15. Kim, Y. S., Leventhal, B. L., Koh, Y. J., Hubbard, A., & Boyce, W. T. (2006). School bullying and youth violence: causes or consequences of psychopathologic behavior?. Archives of general psychiatry, 63(9), 1035-1041.

16. Earnshaw, V. A., Bogart, L. M., Poteat, V. P., Reisner, S. L., & Schuster, M. A. (2016). Bullying among lesbian, gay, bisexual, and transgender youth. Pediatric Clinics, 63(6), 999-1010.

18. Geiger, B., & Fischer, M. (2006). Will words ever harm me? Escalation from verbal to physical abuse in sixth-grade classrooms. Journal of interpersonal violence, 21(3), 337-357.

19. Kim, Y. S., Koh, Y. J., & Leventhal, B. L. (2004). Prevalence of school bullying in Korean middle school students. Archives of pediatrics & adolescent medicine, 158(8), 737-741; Kim, Y. S., & Leventhal, B. (2008). Bullying and suicide. A review. International journal of adolescent medicine and health, 20(2), 133-154.

20. Srabstein, J. C., & Leventhal, B. L. (2010). Prevention of bullying-related morbidity and mortality: a call for public health policies. Bulletin of the World Health Organization, 88(6), 403-403. 자세한 내용은 http://www.who.int/bulletin/volumes/88/6/10-077123/en/

21. 박지영. (2014). 제3회 SOGI콜로키움 자료집: 성소수자에 대한 학교 폭력과 학교 측의 책임 - 대법원 2013.7.26. 선고 2013다203215 사건을 중심으로. SOGI법정책연구회.

22. Berlan, E. D., Corliss, H. L., Field, A. E., Goodman, E., & Austin, S. B. (2010). Sexual orientation and bullying among adolescents in the growing up today study. Journal of Adolescent Health, 46(4), 366-371; Earnshaw, V. A., Bogart, L. M., Poteat, V. P., Reisner, S. L., & Schuster, M. A. (2016). Bullying among lesbian, gay, bisexual, and transgender youth. Pediatric Clinics, 63(6), 999-1010.

23. Consolacion, T. B., Russell, S. T., & Sue, S. (2004). Sex, race/ethnicity, and romantic attractions: Multiple minority status adolescents and mental health. Cultural Diversity and Ethnic Minority Psychology, 10(3), 200.

24. 강병철, & 하경희. (2005). 청소년 동성애자의 동성애 관련 특성이 자살 위험성에 미치는 영향. 청소년학연구, 12(3), 267-289.

25. Mayock, P., Bryan, A., Carr, N., & Kitching, K. (2009). Supporting LGBT lives in Ireland: A study of the mental health and well-being of Lesbian, Gay, Bisexual and Transgender people.

26. O'Higgins-Norman, J. (2009). Straight talking: Explorations on homosexuality and

homophobia in secondary schools in Ireland. Sex Education, 9(4), 381-393.
27. Kosciw, J. G., Greytak, E. A., & Diaz, E. M. (2009). Who, what, where, when, and why: Demographic and ecological factors contributing to hostile school climate for lesbian, gay, bisexual, and transgender youth. Journal of youth and adolescence, 38(7), 976-988.
29. Morgan, R., Marais, C., & Wellbeloved, J. R. (2009). Trans: transgender life stories from South Africa. Sister Namibia, 21(4-5), 32-33.
30. Freuchen, A., Kjelsberg, E., & Grøholt, B. (2012). Suicide or accident? A psychological autopsy study of suicide in youths under the age of 16 compared to deaths labeled as accidents. Child and adolescent psychiatry and mental health, 6(1), 30.
31. Moskos, M., Olson, L., Halbern, S., Keller, T., & Gray, D. (2005). Utah youth suicide study: psychological autopsy. Suicide and Life-Threatening Behavior, 35(5), 536-546.

5장

1. Guidelines Group (NZGG) and Ministry of Health. (2003). The assessment and management of people at risk of suicide. 자세한 내용은 https://www.health.govt.nz/system/files/documents/publications/suicide_guideline.pdf
2. Joiner, T. E. (2005). Why people die by suicide. Harvard University Press.
3. Felson, R. B. (2009). Violence, crime, and violent crime. International Journal of Conflict and Violence (IJCV), 3(1), 23-39; Wikström, P. O. H., & Treiber, K. H. (2009). Violence as situational action. International Journal of Conflict and Violence (IJCV), 3(1), 75-96
4. Rudd, M. D., Joiner, T. E., & Rajab, M. H. (2001). Treating suicidal behavior: An effective, time-limited approach. Guilford Press.
5. Quinnett, P. (2007). QPR gatekeeper training for suicide prevention: The model, rationale, and theory. Retrieved July, 28, 2008.
6. Rodgers, P. L. (2010). Review of the applied suicide intervention skills training program (ASIST): rationale, evaluation results, and directions for future research. Calgary, Alberta, Canada: LivingWorks Education Incorporated.
7. Snyder, J. A. (1971). The use of gatekeepers in crisis management. Bulletin of Suicidology, 8(3), 39-44.

나가는 말

1. Shneidman, E. S. (1998). The suicidal mind. Oxford University Press.
2. Bialosky, J. (2011). History of a Suicide: My Sister's Unfinished Life. Arita.

심리부검:
사람은 왜 자살하는가?

1판 1쇄 발행 | 2018년 10월 22일
1판 4쇄 발행 | 2020년 11월 28일

지은이 | 서종한
펴낸이 | 김경배
펴낸곳 | 시간여행
기 획 | 박기현
본문 디자인 | [디자인 연;우]

등 록 | 제313-210-125호(2010년 4월 28일)
주 소 | 경기도 고양시 덕양구 지도로 84, 5층 506호(토당동, 영빌딩)
전 화 | 070-4350-2269
이메일 | sigan_pub@naver.com

종 이 | 엔페이퍼
인 쇄 | 한영문화사

ISBN 979-11-85346-87-8 (03180)

이 도서의 국립중앙도서관 출판예정도서목록(CIP)은 서지정보유통지원시스템 홈페이지(http://seoji.nl.go.kr)와 국가자료공동목록시스템(http://www.nl.go.kr/kolisnet)에서 이용하실 수 있습니다.(CIP제어번호: CIP2018032546)